掌尚文化

SALUTE & DISCOVERY
致敬与发现

山东省社会科学规划研究项目"产业结构视域下山东经济增长质量的时空演进与提升路径研究"（19CJJJ07）、聊城大学学术著作出版基金资助

# 产业结构视域下 山东经济

## 高质量发展的时空演进与提升路径研究

◉ 乔美华　著

经济管理出版社

ECONOMY & MANAGEMENT PUBLISHING HOUSE

图书在版编目（CIP）数据

产业结构视域下山东经济高质量发展的时空演进与提升路径研究/乔美华著 . —北京：经济管理出版社，2020.8

ISBN 978-7-5096-7368-3

Ⅰ.①产… Ⅱ.①乔… Ⅲ.①区域经济发展—研究—山东 Ⅳ.①F127.52

中国版本图书馆 CIP 数据核字（2020）第 152458 号

组稿编辑：张　昕
责任编辑：张　昕　张馨予
责任印制：黄章平
责任校对：王纪慧

出版发行：经济管理出版社
　　　　　（北京市海淀区北蜂窝 8 号中雅大厦 A 座 11 层　100038）
网　　址：www.E-mp.com.cn
电　　话：（010）51915602
印　　刷：唐山昊达印刷有限公司
经　　销：新华书店
开　　本：720mm×1000mm/16
印　　张：14
字　　数：215 千字
版　　次：2020 年 11 月第 1 版　2020 年 11 月第 1 次印刷
书　　号：ISBN 978-7-5096-7368-3
定　　价：88.00 元

　　朱兰博士曾经说过，"21 世纪是质量的世纪"。这句话反映了质量问题是一个国家、一个组织应认真对待的永恒主题。人类从开始制造产品开始，质量问题就一直是人们关注的焦点之一。尤其是 20 世纪 80 年代以后，人们更是将质量提到一个更高的高度，认为质量是影响企业组织生存和发展的关键要素之一。质量是民族素质和经济水平的综合反映，是一个国家科技和经济的体现。

　　本书在对山东经济高质量发展测度的基础上，考察其时序演进和空间异质性，并进一步探析经济高质量发展与产业结构的耦合协调关系及其门槛效应，最后提出驱动山东省经济高质量发展的产业结构调整建议，为山东省经济高质量发展的产业政策制定提供决策参考。本书主要从以下四个方面展开：

　　（一）山东省经济高质量发展评价测度

　　从技术角度和高质量发展综合指数角度对山东省经济高质量发展、经济发展的全要素生产率进行测度，设计遵循"投入—产出"框架的超效率 SBM 模型和包含非期望产出的 Malmquist-Luenberger 模型，测度山东 17 个地级市效率和全要素生产率。经济高质量发展综合指数测度，设计包括高质量发展的创新、协调、绿色、共享和开放的五个维度的指标体系，采用熵权法来测度各地市经济高质量发展综合指数，并进一步考察经济高质量发展的时空演进特征。

　　（二）产业结构与山东省经济高质量发展耦合协调分析

　　采用灰色关联度分析方法来考察产业结构与经济发展质量的耦合协调

关系。首先，介绍了耦合协调系统构建；其次，实证分析了山东省总体耦合协调在全国的排名情况；再次，分析了各区域产业结构与经济高质量发展的耦合协调情况；最后，详细考察了 17 个地市的耦合协调度，为制定经济高质量发展的产业结构调整政策提供参考。

（三）产业结构对经济高质量发展的影响

本书基于技术进步视角，以全要素生产率为对象考察了影响山东省经济高质量发展的因素。首先选用传统面板回归模型探析人力资源、环境规制和对外贸易等多种因素对经济高质量发展的影响。其次采用状态回归模型考察产业结构与城镇化水平对山东省绿色全要素生产率的联动效应。最后采用门槛回归技术实证分析产业结构对经济发展绿色全要素生产率的作用机制。

（四）驱动山东省经济高质量发展的产业结构调整路径建议

根据本书第三章至第七章的相关研究结论，同时借鉴国内外经济高质量发展经验，思考如何从产业结构视角促进山东经济提质增效，并提出牢固树立高质量发展理念、强化促进"产城"联动、深入推进产业结构调整和建立区域产业协调机制四个方面的产业发展建议。

当然，受笔者水平所限，书中出现错漏和不当之处在所难免，有些观点亦不完全正确，恳请广大同行和读者提出宝贵意见。

乔美华

2019 年 9 月

# 目　录
CONTENTS

# 第三章 山东经济增长质量：绿色发展效率测度与
分析 …………………………………………… 40

# 第四章 山东经济高质量发展综合指数测度与
分析 …………………………………………… 74

# 绪　论

近年来，山东省经济发展迅速，但能源过度耗费、产业结构失衡、创新驱动不足等经济发展质量问题也逐渐凸显，实现山东省经济高质量可持续发展的任务艰巨，依然面临产业层次低、产业结构不合理等问题。因此，应当遵循何种路径进行产业结构调整驱动山东省经济发展质量提升？上述问题亟待回答。

本书的研究有以下五个方面：如何构建经济高质量发展指标评价体系、测度山东省经济高质量发展指数、山东省经济高质量发展的影响因素有哪些、产业结构是如何具体影响山东省经济高质量发展的、提出驱动山东省经济高质量发展的产业结构调整对策建议。

## 第一节　研究背景和意义

### 一、研究背景

党的十八大以来，党和国家把质量提到了更加重要的战略高度，作出了许多具体部署。习近平总书记强调要推动"三个转变"——中国制造向中国创造转变、中国速度向中国质量转变、中国产品向中国品牌转变。在2016年底召开的中央经济工作会议上，习近平总书记明确指出供给侧结构性改革的主攻方向是提高供给质量，提升供给体系的中心任务是全面提高产品和服务质量，要树立质量第一的强烈意识，下最大力气抓全面提高质量，开展质量提升行动，提高质量标准，加强全面质量管理。李克强总理指出，我们所追求的发展必须是提质增效升级的发展，提质就是要全面提高产品质量、服务质量、工程质量和环境质量，从而提高经济发展质量。党的十九大提出，我国经济已由高速增长阶段转向高质量发展阶段，正处在转变发展方式、优化经济结构、转换增长动力的攻关期，建设现代化经济体系是我国跨越关口的迫切要求和发展的战略目标。质量是人类社会的不懈追求，它不仅反映一个企业和产业的核心竞争力、一个国家的综合实力，也反映一个民族的整体素质。

国家层面质量发展的战略地位不断提升，从强化质量宏观管理入手，推动将"实施质量强国战略"列入国家"十三五"规划纲要、"建设质量强国"写入中央政府工作报告。大力推动产品质量法、标准化法、计量法、立修法工作。全国人大常委会组织开展产品质量法执法检查，审议并促成标准化法修订。组织实施国务院《质量发展纲要（2011-2020年）》，每年联合中宣部、商务部、工业和信息化部、农业部、住房和城乡建设部等多个部门，共同制定实施年度行动计划。主动与国家发展改革委、工业和信息化部等部委协调联络，积极参与国家重要政策制定和重大项目编制，将"质量为先"作为基本方针写入《中国制造2025》，将"质量至上"作为基本原则写入《服务业创新发展大纲（2017-2025年）》。

近年来，山东省经济高速发展，多项经济发展指标均稳居全国优先序列。然而，通过分析发现经济高速发展的背后是高投入、高消耗和高增长。2018年山东省地区生产总值为76469.67亿元，第一产业产值为4950.52亿元，占比6.47%；第二产业产值为33641.72亿元，占比43.99%；第三产业产值为37877.43亿元，占比49.53%。其中，第二产业占比较高，全国第二产业产值占比40.36%，山东省高于全国均值三个百分点，第三产业产值比重低于全国均值两个百分点。并且，第三产业与第二产业产值之比，即产业结构高级化水平也低于全国平均水平。山东的经济结构是个重化结构，全省传统产业占工业的70%左右，重化工业占传统产业的70%左右，导致山东省经济总量大，但发展质量还不是很高。虽然现在三次产业比例已经发生了很大变化，山东省万元 GDP 能耗连续两年下降，"四新"经济投资已经占到了固定资产投资的 43.9%。从 GDP 增速看，虽然略有下降，并且这种下降换取了山东省高质量发展的空间，传统、落后的产能下降，新动能、高新技术上升，但能源过度耗费、产业结构失衡、创新驱动不足等质量问题逐渐凸显，山东省实现经济高质量持续发展的任务更加艰巨，资源型、重化工业型、产业层次低等产业结构问题始终是经济发展的"心头之痛"。那么，如何合理评价山东省总体和各地市的经济发展质量？产业结构、经济发展质量呈现怎样的时空演进态势？又应当遵循何种路径进行产业结构调整驱动山东省经济发展质量提升？上述问题亟待回答。

## 二、研究意义

（1）学术价值。本书运用经济增长质量这一指标，科学评价山东省总体及各地市区域经济增长质量，考察其时空演进态势，深入探寻产业结构调整与经济增长质量提升的内在逻辑与驱动机制，系统地提出产业结构调整提升经济增长质量的实施路径与相关对策（提升路径），初步比较系统地回答了山东省各区域经济增长质量现状，为什么要提升经济增长质量以及如何通过调整产业结构驱动经济增长质量这一重要理论与实践问题。本书对有关理论的建构提供了方法和理论。

（2）应用价值。研究产业结构调整驱动山东省经济增长质量提升机制有利于构建驱动山东省经济质量增长的产业结构架构，提高产业结构调整的针对性和实效性。在工业化阶段向城市化阶段转换的经济发展背景下，研究产业结构调整驱动山东省经济增长质量提升的内在机制，探寻其清晰可行的实现路径，为相关部门提供有益的决策依据，有助于践行《山东新旧动能转换重大工程实施规划》产业升级协作驱动经济增长质量的要求。

## 三、研究目标

第一，通过对山东省经济增长质量指数的测度，把握山东省总体和 17

个地市经济增长质量的时间序列和空间序列的时空演进态势。

第二，通过分析山东省 17 个地市以及构成"两区一圈一带"的 4 个区域、"济南、青岛、烟台" 3 个核心区之间产业结构对经济增长质量的影响，把握产业结构对经济增长质量的复杂相关关系。

第三，探寻产业结构对山东省经济增长质量的驱动机制，并借鉴国内外的成功经验和主要做法，系统地提出了通过产业结构调整来提升经济增长质量的实施路径与相关对策。

# 第二节 文献综述

产业结构与经济发展的关系一直是学者关注的热点问题，笔者从经济发展质量的内涵、产业结构的测度、产业结构对经济发展的影响三个方面进行了文献梳理。

## 一、经济发展质量的内涵

从经济学范畴来看，经济发展质量是经济发展的一系列固有特性满足经济发展固有要求程度的反映。Barro（2002）突破狭义的经济变量，对经济发展的质量（健康、生育、收入分配、政治制度、犯罪和宗教问题）进行了一系列研究，揭示了一些规律性的模式，即经济发展伴随着更高的预期寿命和更低的生育率。政治制度的合理化可以提高生活水平，收入不平等的变化并不显著影响经济发展的总体水平，犯罪率与发展水平关系不大，而是与收入不平等关系更为密切，宗教信仰通过教育水平影响经济发展等。钞小静和任保平（2011）认为，经济增长质量是指经济增长内在的性质与规律，并从经济增长质量分析的框架入手来进行考察，具体通过经济增长的结构、经济增长的稳定性、福利变化与成果分配以及资源利用和生态环境代价四个维度探索了中国经济增长结构转化与经济增长质量之间的关系。Mlachila 等（2014）提出了一种新的发展中国家增长质量指数，涵盖了增长的内在性质和社会维度，发现尽管绝大多数发展中国家收敛速度相对较慢，但增长质量一直在提高。此外，还发现政治稳定、公共扶贫支出、宏观经济稳定、金融发展、制度质量以及外国直接投资等因素是影响经济增长质量的主要外部因素。杜爱国（2018）基于新制度经济学的制度逻辑研究认为，高质量发展的制度内涵在于推动经济发展的质量变革、效率变革和动力变革。任保平和李禹墨（2018）认为，经济发展质量比经济增长速度有着更高的要求。高质量发展是经济效益、社会效益和生态效益的有机结合，而高质量发展的考量应该同时考虑人的全面发展、资源环境的可持续甚至机会的分配。因此，高质量发展的内涵应该包括经济发展高质量、改革开放高质量、城乡建设高质量、生态环境高质量、人民生活高质量五个维度。就目前研究而言，关于经济高质量发展的内涵并未达成完全一致的意见，绝大多数意见相同的部分是提高经济效率和经济高质量发展的关键。对此，一些国内学者从生产率的角度衡量经济的发展质量。陈诗一和陈登科（2018）采用劳动生产率来度量经济发展质量，主要通过对环境方面的研究来探索雾霾的污染与治理对中国经济高质量发展的影响。而张月友等（2018）着眼于服务业对经济发展的推动作用，并通过全要素生产率衡量经济高质量发展，认为目前我国产业结构的服务化趋势显著促进了我国全要素生产率的提升，因此，经济服务化过程中，服务业已成为在经济增长换挡期进行调结构和稳就业的重要抓手，通过生产率的提高引导经济增长。于斌斌（2015）通过对产业结构调整和生产率提升的经济增长效应的实证检验认为，一方面全要素生产率已经替代产业结构调整，成为中国经济增长的主要驱动力；另一方面，它也是化解产业结构调整对经济发展不良影响的重要途径之一。贺晓宇和沈坤荣（2018）同样认为，在现代化经济体系中，全要素生产率的提升是经济高质量发展的关键，阐述了现代经济体系的内涵，分析了现代化经济体系如何通过提升全要素生产率驱动经济高质量发展，论证了现代化经济体系的完善对全要素生产率提升、经济发展质量提高的推动作用。与单要素生产率相比，由于全要素生产率同时考虑了经济生产过程中资本和劳动要素投入，能够更为客观地衡量经济发展效率。任保平和李禹墨（2018）认为，在我国经济转向高质量发展的新阶段，需要注重生产力质量的提升问题。高质量发展内涵包含创新、协调、绿色、开放、共享五大发展理念，其中，创新是第一动力，协调发展是内生特点，绿色发展是普遍形态，开放发展是必由之路，共享发展是经济发展的根本目的。目前在发展动力转换的过程中，创新逐渐成为我国经济发展的首要动力，我国产业发展突出强调自主创新能力，因此诸多学者也把研究重点放在创新如何推进经济高质量发展上。华坚和胡金昕（2019）基于灰色关联分析，构建了科技创新系统与经济高质量发展系统耦合协调度评价模型，评价中国内地30个省级地区的耦合协调度，在得到科技创新引领经济增长质量提升结论的同时还剖析了各地区各省市之间科技创新效应的差别。创新不仅包括科技创新，还包括理论创新、制度创新、管理创新、文化创新、商业模式创新等方面。刘友金和周健（2018）提出，应该改变我国以往"跟随追赶"的发展模式，避免导致陷入"悲惨增长"的境地，对发展路径进行创新，坚持创新引领，重点突破核心技术，推进制造业迈向全球中高端价值链。现阶段我国社会主要矛盾决定了发展新经济是实现经济高质量增长的必然选择，经济高质量发展的五大内涵正是新经济所倡导的五大发展理念，师博和张冰瑶（2018）就此对新经济、新旧动能转换和经济发展的促进作用进行了解析，有学者认为，新经济是在新一轮的科技革命和产业革命的驱动下产生的新经济活动和经济形态，如陈维涛（2017）、黄群慧（2016）。还有人认为，新经济主要是指基于现代信息技术的新产业、新服务和新业态，如白津夫（2015）。协调作为经济高质量发展的内生特点，表现在城乡协调发展、区域协调发展、经济社会协调发展、物质文明和精神文明协调发展等多个方面。想要实现生产力的进步，必然要求城市和乡村由分离逐渐走向融合，废除不合理的城乡二元经济制度，保持合理的城市化推进速度（赵东明、白雪秋，2015；吴晓华，2009；阮云婷、徐彬，2017）。张志和龚健（2014）还通过研究国外城乡发展演变的阶段和方法，对我国统筹城乡发展以促进经济高质量增长提供了理论依据和政策参考。区域的协调发展是区域经济高质量发展的关键，长江经济带、粤港澳大湾区等区域的协调发展可以促进区域内、城市间的要素流动、经济交流和产业分工协作，通过区域协调发展带动全国经济高质量增长是关系国家发展全局的重大决策（杨文举、文欢，2019；覃成林、崔聪慧，2019），孙久文等（2017）通过分析我国区域经济的空间特征和演变趋势、雄安新区的集聚规模和结构、东北振兴的主要途径和全球生产网络与区域发展问题，为区域协调与区域发展提供了有益的理论探索；从经济社会协调发展的内涵上看，应该既强调经济系统又强调社会系统；既强调协调又强调发展。范柏乃等（2013）在离差系数的基础上测度我国经济社会协调发展水平，魏伟和黄亚玲（2007）提出，各个时期对经济社会协调发展的关注重点不同，必须根据我国国情和经济发展不同时期的不同问题提出最为适合促进经济社会协调发展的方式，从而促进经济增长质量提高的指标体系和发展路径。绿色发展的要义是促进人与自然和谐共生，是生态环境和经济增长之间的协调。有学者在全球视角下研究绿色发展格局，如黄健柏等（2017）考察了 21 世纪以来全球经济、资本、能源消耗和碳排放的流动格局，并基于非参数方法构建了"资源—环境—经济"的三维绿色发展效率评价指标，通过研究发现，能源消耗和碳排放等开始向亚洲内陆移动，而经济重心趋势不同，全球绿色发展呈现出显著的区域差异化和动态分化特征，绿色发展、资源节约和碳减排与能源价格、能源结构呈正相关关系，与地区生态承载力负相关，与经济发展水平呈"U"型关系。从我国范围内来看，金乐琴（2018）通过对改革开放 40 年来实施的 8 个五年计划中有关绿色发展指标实施情况的分析表明，中国可以通过在发展规划、科技创新、结构转型、治理体系完善等方面探索具体路径来实现高质量绿色发展。邹晓霞和张双悦（2017）从绿色区域、绿色城市、绿色产业和绿色制度等方面探索了绿色发展的未来走势，裴庆冰等（2018）更加集中地分析了绿色产业这一个维度，并且通过研究绿色经济在国内外的发展路径，提出了新形势下绿色产业的内涵和特征，并且印证了绿色产业在绿色经济发展中的重要地位。黄跃和李琳（2017）基于全国重点城市群数据分析，构建了城市经济绿色发展综合评价指标体系，采用投影寻踪模型、Pearson 相关和变异系数的研究方法，考察了中国城市群经济绿色发展的时空异质性。王勇等（2018）深入评价了中国大陆除西藏以外的 30 个省份 2013~2016 年的绿色发展状况，并采用空间计量模型实证考察了中国绿色发展的空间格局及其演变特点，研究发现，中国绿色发展水平整体呈现上升趋势且存在着明显的空间自相关特征，东中部的发展快于西部。许多学者将全国按照城市、省域和其他区域进行划分，通过重点研究各地绿色发展效率的现状与规律，希望能够得到一些结论和建议，以便找到提高我国绿色发展效率的有效方法。岳书敬等（2015）采用 SBM 方向距离函数，采集中国 96 个地级市 2006~2011 年的相关数据，测度各地市级城市绿色发展效率，并考察了产业集聚对中国城市绿色发展的综合效应。研究发现，中国城市绿色发展效率呈现显著提升，东部城市绿色发展效率高于中西部，但变异系数有所增加，产业集聚对绿色发展效率的影响呈"U"型特征。杨志江和文超祥（2017）也基于中国大陆 29 个省份 1999~2012 年的面板数据，采用跨期生产前沿的 SBM-DEA 模型测度中国各大省域的绿色发展效率，并考察了中国绿色发展效率的时间序列的演变特征与区域异质性，最后对其收敛性进行了检验，发现省际绿色发展效率水平总体不高，演进态势呈现"先降后升"的变化特征，三大经济区之间的差距逐渐增大，省际差异显著的三大经济区内部差距逐渐缩小，并向各自稳态水平收敛。曹鹏和白永平（2018）依据绿色发展内涵，构建绿色发展效率投入产出体系，通过 Super-SBM 模型测度不同时期中国省域绿色发展效率，并综合运用变异系数、基尼系数、泰尔指数、赫芬达尔指数、探索性空间数据分析和面板 Tobit 回归模型等方法，分析和探讨了研究期内各省域绿色发展效率的时空格局及其影响因素，得到了与杨志江相似的结论。黄杰（2018）采用非径向、投入产出双角度窗口 DEA 模型测度出中国内地 30 个省份的绿色发展效率，利用 Dagum 基尼系数测度和分解中国省际绿色发展效率的区域差异，并通过核密度函数对其演进趋势进行分析，发现省际绿色发展效率的总体区域差异愈发明显并存在梯度效应。车磊等（2018）基于 Super-SBM 模型对中国 2005~2015 年绿色发展效率进行测度，从空间异质、空间关联与空间机理三个维度分析了绿色发展效率的空间特征，运用空间杜宾模型验证绿色发展效率的溢出效应并探讨各要素的空间传导机制，研究发现绿色发展效率表现为先平稳、再快速、再稳定的变化规律，存在显著的空间正相关关系和空间溢出效应，空间差异不断扩大。王兵和黄人杰（2014）运用将 Malmquist-Luenberger 生产率指标相结合的方法，基于 2000~2010 年中国区域面板数据，研究环境约束下绿色发展效率和绿色全要素生产率，研究发现，中国东部地区在绿色发展效率、绿色全要素生产率、效率变化和技术进步上的表现皆优于中西部地区。袁润松等（2016）在考虑节能减排与经济增长双重目标的基础上，采用 SBM 模型构建绿色发展效率评价指标体系，并基于全局 Luenberger 指数将绿色发展效率指标进行分解，从区域技术创新、技术差距和规模效率三个维度来研究中国经济绿色发展的现状、区域异质性及其影响因素，发现中国绿色发展逐渐展现良好势头，呈现出区域差异化特征，东部发展明显优于中西部，并提出一些绿色发展策略。吴传清和黄磊（2018）采用熵权-TOPSIS 法评估 2011~2015 年长江经济带工业发展水平，采用考虑非期望产出的全局 SBM 模型测度 2011~2015 年长江经济带工业发展效率，并且基于耦合协调度模型分析两者的协同效应，发现长江经济带工业绿色发展水平上升，下、中、上游依次递减，发展效率增长缓慢但协同效应显著，由此提出了一些建议。作为我国重要经济区之一，还有一些学者也围绕长江经济带测度和评价绿色经济效率，如刘习平和管可（2018）、吴传清和宋筱筱（2018），并且得出了相似的结论。谢里和王瑾瑾（2018）则将研究重点放在测算与分析中国农村绿色发展绩效上，发现其整体呈现上升趋势，说明农村发展越来越注重环境保护和资源节约，农村绿色发展也存在地区差异，其中以东北为最优。吴传清和黄磊（2018）还从绿色技术追赶效应、绿色创新溢出效应和绿色制度激励效应等维度探讨了提升工业绿色发展效率的内在机理。张华等（2017）主要研究政府与公众力量如何同时发挥作用提升绿色发展效率，研究发现，政府规制"自上而下"的创新补偿效应、公众诉求"自下而上"的推力作用和政府与公众"上下结合"的协同效应将有利于绿色发展效率的提升。

开放发展的要义是解决发展内外联动问题，崔大沪（2004）认为，开放对经济的影响是两方面的，一方面，开放经济能够使我国传统的产业增长模式得到进步；另一方面，开放也会增加我国经济发展的国内外制约因素。因此，要同时注重产业增长的内源性和外源性增长质量。王洪庆（2015）将我国地区开放型经济发展水平评价指标体系划分为开放程度、开放质量和开放效益三个维度，通过测算得出各地区的开放型经济发展水平不尽相同。共享发展的要义是实现全民共享、全面共享、共建共享、渐进共享。林卡等（2017）通过共享经济案例探讨共享经济运行的前提，有哪些特点以及存在的问题，研究共享经济的"共享"特质所带来的社会效应，思考达成共享发展的目标所需要的共享发展战略的实施条件和社会环境。还有许多学者从不同角度分析了共享经济的发展目标并提出了遇到的问题和应对策略等（陈健、龚晓莺，2017；许荻迪，2018；高璇，2018）。还有一些学者突破了从单一方面阐述经济高质量增长的内涵，而是从两个或两个以上的维度进行研究，如李由（2006）、王军和李萍（2017）、霍国庆等（2017）、宋旭光和赵雨涵（2018）、李广培和吴金华（2017）、张文宇等（2018）。

## 二、产业结构、经济发展质量的测度与特征

产业结构是指工业、农业和服务业在经济结构中所占的比重，由于产业结构变迁是一个动态演化的过程，产业结构测度往往分为产业结构合理化程度和产业结构高级化水平两个维度来进行衡量。一些学者研究了某一区域内产业合理化和高度化对经济增长速度和增长质量的影响，如张红霞和王丹阳（2016）基于山东省级面板数据分析了劳动力、资本和技术要素投入对产业结构合理化和高级化会产生何种影响；冯江茹和范新英（2015）以山西省为例分析了资源型地区产业结构合理化和高度化与经济增长速度和增长质量的关系；杨艳琳和赵荣钧（2017）以转变调整经济发展方式和产业结构合理化内涵为基础，运用主成分分析法测算了全国及 30 个省份的产业结构合理化水平并进行聚类分析，发现了不同省份产业结构合理化的不同水平，和产业结构合理化水平与经济发展水平高度的不同协同程度；吕明元和陈维宣（2016）将产业结构演进方向分解为合理化与高级化两个维度，以劳动和资本要素生产率为基础重新构建产业结构升级的评价指标，并通过建立普通模型、增长模型与弹性模型实证检验产业结构演进方向对能源效率及其增长率的影响。研究发现，产业结构的合理化和高级化均可以显著提高能源效率。此外，绿色能源使用比例的提高也可以对能源效率的提升产生正向效应；马骏等（2018）对全国 30 个省市的产业结构转换与经济发展新动力的关系进行了实证分析，发现政府干预能够促进产业结构高级化。同时抑制产业结构合理化。区域结构则恰恰相反，会抑制产业结构高

级化而促进产业结构合理化；创新对产业结构转换有正向效应；而新动力对东部、中部和西部地区的影响不同；徐建伟（2014）分析了经济全球化形势下我国产业结构的演变历程，阐明了长期依赖技术进步、全球价值链分工、跨国公司扩张和低端的出口导向对我国产业结构升级带来的影响，同时提出了要素、市场、技术和企业方面的调整策略；匡远配和唐文（2015）测度我国各省域的产业结构合理化水平和高度化程度，构建产业结构合理化度—产业结构高度化值评判矩阵，并将各省所在区域进行划分。研究发现，我国产业结构合理化水平不断提高，高度值不断递增，产业结构优化值呈现"总体上分异、区域内聚类发展"的特征。干春晖等（2011）采用重新定义的泰尔指数来度量产业结构合理化水平，采用第三产业产值与第二产业产值之比作为产业结构高级化的度量；付凌晖（2010）利用三次产业各部分增加值占 GDP 的比重构成的向量作为产业结构高级化的衡量指标；付宏等（2013）则考虑得更加全面，同时将国际贸易、外商直接投资、金融发展和创新等领域的变量都纳入产业结构高级化的衡量指标范畴，选取固定资产投资、R&D 经费投入、外商直接投资、国际贸易、R&D 人员投入、金融发展程度以及人均收入水平这七个因素，并且在基本模型的基础上增加时间维度与动态因素，对产业结构高级化进程进行实证检验；王辉（2014）通过测度产业结构的高级化、合理化和软化指标来衡量产业结构的升级，采用 Moore 结构变化值度量产业结构高级化，用结构偏离度衡量产业结构合理化，用高新技术产业与金融业为代表的软产业总产值与国民生产总值的比值作为软化的衡量指标，发现了产业结构优化升级与经济发展有相互促进作用。李斌和苏珈漩（2016）运用 Super-DEA 模型测算我国各省份的绿色经济效率，首先，从产业结构合理化、高级化和软化三个维度测算各省份产业结构调整状况。研究发现，产业结构优化升级对绿色经济发展在不同地区均具有正向的促进作用，但不同地区的作用程度不同，产业结构调整的三个维度中，软度的促进作用最为显著。其次，在经济发展质量的测度上，经济发展质量的内涵有狭义与广义之分，分别对应不同的测度方法，部分学者从狭义的角度定义经济增长质量，选择全要素生产率衡量经济增长质量水平，这种方法目前已较为成熟，并得到了理论界的普遍认可。例如，孙国茂和孙同岩

（2017）采用索洛余值法测算全要素生产率指数，发现山东省全要素生产率呈下降趋势，使得产业结构优化效应不明显，可能阻碍经济发展速度与质量的提升，从而认为全要素生产率是经济持续发展的唯一动力。而在广义的经济发展质量内涵中，用来测算经济发展质量的指标更为广泛，比如结构、稳定性、福利变化与成果分配、资源利用和生态环境代价等维度都可以用来测算经济发展质量，成为考量我国经济高质量发展的重要方法之一。国内学者针对经济发展质量的具体评价方法主要有主成分分析法、因子分析法、熵值法、相对指数法和标准离差法等。任保平和文丰安（2018）总结出衡量高质量发展的标准包含经济发展的有效性、协调性、创新性、持续性、分享性，新时代中国高质量发展的决定因素包括人口质量与结构、资源环境质量、资本积累质量、技术进步质量、对外贸易质量和制度因素。因此，新时代要想实现中国高质量发展，应从科技创新、产业创新、制度创新、战略创新和促进人的全面发展等方面着手。徐志向和丁任重（2019）从总量、创新、协调、绿色、开放、共享六个维度构建了中国省际经济发展质量指标体系，并采用熵值法测算了中国省际经济发展质量综合指数，结果表明，中国省际经济发展质量正在逐步上升，但同时还存在着发展不稳定、不充分、不协调、不平衡等异质性问题。冷崇总（2008）具体列出了各个方面的评价指标，用劳动生产率、投资产出率、贷款产出率和耕地产出率评价经济发展的有效性；用经济增长率、就业弹性指数、生产能力利用率衡量经济发展的充分性；用产业结构比、城市化率、对外开放指数衡量经济发展的协调性；用资源供求系数、单位产值能源消耗量、环境质量成本变化率评价经济发展的持续性；用研究与开发投入占 GDP 的比重、高技术产业增加值占 GDP 的比重、专利授权指数衡量经济发展的创新性；用经济增长波动率、价格指数波动率评价经济发展的稳定性；用居民收入增长率、恩格尔系数、城乡居民收入比衡量经济发展的分享性。钞小静和惠康（2009）采用主成分分析法（PCA）确定各指标的权重，通过均值化方法对各指标数值进行无量纲化处理，并以基础指标的协方差矩阵作为输入，以避免使用标准化方法和相关系数矩阵所造成的对不同指标相对离散程度的低估或夸大，通过对中国改革开放 40 多年经济增长质量的测度结果表明，经济转型以来，我国在经济增长的同时，经济增长的质量也获得了一定程度的提高。师博和任保平（2018）将经济增长质量指标体系分解为增长的基本面和社会成果两个维度，其中增长的强度、稳定性、合理化、外向性四个方面构成基本面，人力资本和生态资本构成社会成果。由于上述六个指标的性质不同，不能通过直接加总来反映不同作用力的综合结果。因此，采用"最小—最大标准化"方法得到无量纲化指标测评值来代替各指标原始数据，进而为各指标赋予一定的权重加总，获得经济增长质量指数。研究发现，经济增长质量进入新的上升周期并将持续攀升，但地区间经济增长质量会在较长时期内维持不平衡态势。朱子云（2019）根据收集到的时间序列数据，采用均方差赋权法与专家咨询法组合赋权，并与达优指数法相结合，构造了综合指数算法模型，并采用结构分析法构造经济增长质量变动的因素贡献分解模型，发现经济性质量已经成为抑制经济质量增长的因素，而创新性质量、协调性质量、负面性质量对我国经济增长质量提升的作用越来越明显。一些学者对不同地区进行经济发展质量评价，如程启智和马建东（2019）以中国西部地区为例，将目标层分为经济结构、经济效率、经济稳定性、社会进步和资源环境代价五个维度，运用改进的熵值法对西部地区的经济发展质量进行综合评价，发现这五个维度与经济发展质量均呈正相关，其中社会进步维度对经济发展质量贡献最大，经济效率维度贡献最小。张红（2015）在梳理国内外有关经济发展质量问题的基础上，结合经济发展及其质量的相关理论，界定了经济发展质量的内涵和属性，从经济发展有效性、协调性、分享性、创新性和持续性五个维度构建了测度经济发展质量的指标体系，运用主成分分析法与聚类分析法将长江经济带上各市的经济发展质量进行了测度与分析。任保平和李禹墨（2018）认为，经济的发展质量不应该仅仅关注总量和规模的大小，而是应该综合多方面指标，追求它们的和谐共生。因此进一步细化了经济高质量发展的评判体系，并认为其由高质量发展的指标体系、政策体系、标准体系、统计体系、绩效评价体系、政绩考核体系六个方面组成。还有一些学者通过构建测度指标分析国际上其他国家的数据，为我国经济增长质量提高提供经验。刘思明等（2019）运用国际上 40 个主要国家的数据，将科技创新和制度创新同时纳入考量范围，以比例指标和强度指标为主，同时纳入部分规模指标来兼顾创新活动的规模效应和创新国际影响力，编制创新驱动力指数，全面度量各国创新驱动力，并通过面板数据模型考察其对经济高质量发展的影响。陈德铭（2018）更是分析了目前我国经济高质量发展所处的国际环境，尤其是美国、欧盟和日本对我国发展质量提升的态度，表明我国面临的国际环境虽不宽松，但经济高质量增长的趋势不会改变。

## 三、驱动经济增长质量提升的机制与路径研究

我国经济专项高质量发展面临着前所未有的风险和挑战，如传统发展方式惯性大、重大结构性矛盾依然突出、研发和创新能力不足、金融风险不断积累和释放、深层次体制机制矛盾突出（王一鸣，2018）。为了解决这些问题，诸多学者从不同的角度展开分析如何驱动经济高质量增长，对于中国经济发展质量驱动因素的研究成果十分丰富。杜人淮（2019）通过研究发现，经济出高速增长转向高质量发展的过程中，不可避免地会出现路径粘性的问题，表现为理念粘性、行为粘性、能力粘性、资本粘性和制度粘性等，这些粘性的存在会使转变发展模式的过程受到阻碍，需要有针对性地采取各种有效的具体对策。随洪光等（2017）通过测度中国大陆 29 个省市的人民币实际有效汇率和经济增长质量，考察了外商直接投资对汇率变化和经济发展质量的影响，发现外商直接投资降低了经济发展质量，而汇率甄别可以通过效率和可持续通道改善外商直接投资。沈国云（2017）通过对 29 个省市典型行业的面板数据分析，也证实了外商直接投资对经济增长质量的负面影响，同时发现随着对外开放水平的提高，这种负面影响逐渐减弱，这种相关关系是非线性且具有显著的区域异质性的，据此提出经济增长质量的提升可以通过有针对性的产业引资政策来实现。白俊红和吕晓红（2017）研究发现，不仅 FDI 数量与经济增长有关，FDI 质量的提高还能够促进经济发展方式的转变，并且这种影响在沿海地区比在内陆地区更为明显。赵显洲（2006）证明了经济发展和城市化在短期和长期中都存在相互作用，并且定量分析了我国改革开放以来经济发展的"城市化效应"和城市化的"经济效应"。彭宇文等（2017）通过分析

29 个省市的平衡面板数据，研究城镇化对经济增长质量的影响，发现新型城镇化对全国各地区的经济高质量发展均存在促进作用。此外，对外开放、产业结构升级、政府支出规模扩大和经济转型都能够通过巩固城镇化的收入效应来提升经济发展质量水平，而经济增长质量的提升会因城乡收入差距和能源消费强度扩大而受到抑制。王雄飞等（2018）积极探索了符合当前经济发展模式的财政模式，认为可以从创新驱动发展、生态文明建设、开放共享经济三个维度构建高质量发展的财政模式，并且可以通过创造多层次的现代财政制度、建立现代税收体系、改善营商环境和推进财政与其他改革配合来完善和充实这一模式。李香菊和杨欢（2019）结合高质量发展的内涵和实现路径，剖析了税收对高质量发展的作用机理和职能定位，认为税收在经济高质量发展中起着至关重要的作用，深化税制改革是经济高质量发展的内在要求，应从落实税收法定原则、深化税制改革、健全地方税体系、优化营商环境四个方面进行。魏婕等（2016）偏向于分析政府和官员行为在经济发展质量提升中的作用，认为任期限制使得政府官员通过财政偏向激励改善短期中的经济运行效果而忽略了经济在长期中的高质量发展，使得我国经济增长质量总体呈现不高的态势，并且通过省级面板数据的计量证实了这一结论。因此，应该通过转变政府主导的增长机制，或者完善对政府官员的考核机制，更加注重与经济发展质量有关的考核指标。陈佳美（2013）主要研究组织创新行为对经济高质量发展的贡献，认为组织创新行为推动经济增长质量提高的路径可以从经济增长的效率、经济增长的稳定性、资源利用和生态环境代价四个维度进行分析，组织创新的无序状态会抑制经济的高质量增长，而通过创新调整组织系统、保持组织活力可以显著提高经济的发展质量。目前我国服务业所占比重不断上升，已经成为经济的主体，也成为许多学者研究经济高质量发展的重点。李平等（2017）基于经济增长的动力机制，通过测算和分解全要素生产率增长率，发现生产性服务业拥有较高的技术进步水平和对资本要素和劳动要素较强的集聚能力，据此可以提升宏观经济总体全要素生产率，进而推动中国经济的可持续和高质量增长。因此，生产性服务业完全可以成为新常态下中国经济高质量增长的新动能。杨孟禹和张可云

（2016）采用空间杜宾模型研究服务业集聚及其空间溢出如何影响经济增长质量，发现多样化服务业集聚对各省份及其周边省份经济的高质量增长均具有推动作用。相比之下，服务业的专业化集聚和服务业内竞争对经济发展的影响并不显著。部分学者注重从经济结构角度来分析其与经济增长质量的关系。如常浩娟和王永静（2014）分析了我国产业结构变化和经济增长趋势的关系。研究发现，产业结构高级化对我国经济增长有着显著的正向促进作用，而相比之下产业结构合理化对经济增长的影响较弱，第二产业是保持经济稳定增长的关键。蒲晓晔和 Jarko Fidrmuc（2018）从需求结构和供给结构两方面探究推动经济高质量增长的动力，提出应该使需求和供给两方面相互促进，通过重塑需求动力、提升供给动力，从根本上解决有效需求和有效供给存在的问题，推动我国的经济增长质量提升。黄聪英（2019）依据实体经济在经济体系中的重要地位，着重分析如何高质量发展实体经济，认为实体经济的高质量发展应该从产业结构升级、关键技术创新和营商环境优化三个方面入手，全面优化产业结构、激发企业发展活力、加强政府宏观调控，推进现代化经济体系建设。干春晖等（2011）研究发现，产业结构合理化和高级化进程对经济增长的影响均呈现明显的阶段性特征，其中产业结构合理化与经济增长之间的关系比较稳定，相比之下产业结构高级化则表现出较大的不确定性，产业结构合理化和高级化对经济波动的影响主要表现为不可预测的周期性波动，而它们的影响机制却恰恰相反：产业结构高级化会导致经济波动，产业结构合理化则是抑制经济波动的原因。总体上现阶段我国产业结构合理化对经济发展的贡献与产业结构高级化相比更为突出。研究认为，政府在制定产业结构政策时，应在进一步强调产业结构合理化效应的同时，对制约产业结构高级化效应的限制条件进行突破，使得产业结构高级化进程有效推进，从而使产业转型升级对经济高质量增长的持续推动作用得到充分发挥。李娟伟等（2014）认为，目前制约我国经济增长质量和效益的主要因素之一是经济结构失衡。想要摆脱这种困境，就要从需求结构、供给结构和产业结构三方面入手，通过逐步转换投资方式和渠道、调整出口结构、提高国内居民的消费需求来优化需求结构；通过调整最终产品供给结构、强调政府在公共品供给方面的责任与职能、通过财税等政策培育优良的创新环境、逐步改善制度供给质量优化供给结构；通过发展现代农业、注重新型工业化道路的规划与建设、加大对资源和环境的保护投入、积极发展现代服务业优化产业结构，将政府、市场和微观主体有机结合起来，提高我国经济发展质量和效益。韩永辉等（2017）将重点放在政府的产业政策如何推动产业结构升级上，创新性地利用产业相关的地方性法规和地方政府规章定量识别产业政策，结合省区面板数据，检验产业政策对产业结构合理化和高度化的驱动作用，同时考察了产业政策力量与市场力量的协同互补效应以及政府能力在产业政策影响机制中的作用，发现地方市场化程度和地方政府能力与产业结构优化升级密切相关。还有一部分学者将研究重点放在创新如何驱动经济高质量增长上。张车伟（2017）表示，中国将成为新一轮"产业革命的引领者"，经济中形成了许多新产业和新业态，当我国的经济增长主要依靠创新经济来拉动时，我国的经济增长就更加可持续。陈昌兵（2018）认为，目前我国经济发展正处于一个动力转换阶段，创新逐渐成为我国产业升级的主要动力，在创新驱动下，我国经济发展将由依靠要素投资和牺牲环境为主，转型升级为服务业升级和高端制造业发展、深度城市化和技术创新推动等。刘思明等（2019）选取世界上 40 个主要国家的创新驱动力数据，研究发现科技创新和制度创新对一国全要素生产率的提高都能够起到积极影响，并且科技创新的影响更为显著，创新驱动的效果在发达国家更为突出。这表明了若我国想要摆脱当前经济发展中的各种问题，提升经济增长质量，就必须提高国家创新驱动水平，形成科技创新和制度创新协同发展的创新机制，建设创新型国家。王定祥和黄莉（2019）认为，当前驱动我国经济发展的创新要素依然是技术创新，其对经济发展的驱动作用主要体现在两方面，一是技术创新的投入产出过程，二是技术创新应用到生产中的投入产出过程。绿色经济和生态经济同样会对我国经济高质量发展产生影响，冯莉和曹霞（2018）通过研究生态环境和经济发展的关系，提出应该大力发展循环经济和绿色经济，遵循经济规律，发挥市场主导作用，以"生态+"理念促进经济高质量发展。王夏晖和何军（2018）、孙晓雷和何溪（2015）也从生态经济的基础上研究了推动经济高质量增长的路径。现阶段我国的主要矛盾决定了我们应该大力发展新经济，实现旧动能和新动能的转换，师博和张冰瑶（2018）解析了新经济对于我国经济增长质量提升的驱动作用，张车伟等（2019）认为，依靠要素投入的旧动能已经难以支持我国经济的高速发展，因此，必须开发生产率更高、增长动力更强的新动能，创新经济就是这样一种新动能，能够对经济增长做出巨大贡献，体现了新一轮产业革命带来的巨大变革。山东省正面临着新旧动能转换的关键时期，有些学者针对山东省的经济现状将重点研究新旧动能转换如何影响山东省经济发展。黄少安（2017）通过研究山东省与全国相比在动能使用和转换上有何共性和区别，发现从需求角度看，增长动力结构由投资、消费和出口构成，在此基础上应该继续加大投资；从供给角度看，必须通过产业结构优化升级寻求增长动力。主要可以依靠新技术和新的管理方式提升既有产业的水平，实现产业结构的合理化和高级化，政府可以通过改善要素结构间接推动产业升级和产业结构优化。同时，还要克服山东省经济板块在全国经济体系中的相对独立性和孤立性；政府管理方式改革、国有企业改革和民营企业改革三管齐下、相互联动可以产生改革的最大动力和红利。此外，还有学者从其他维度，如城市用地扩张、规模经济和环境规制，来探究经济高质量增长的路径。赵可等（2016）通过对全国、东部、中部和西部四个维度中城市用地扩张对经济增长质量影响的研究，发现随着城市用地扩张对城市集聚经济效益和规模经济效益先产生正向影响，超过一定限度后又会对经济效益产生负面影响，抑制经济增长质量的提高，即存在倒"U"型关系，目前我国土地要素投入存在冗余，要素配置不是最优比例。除此之外，人力资本、城市化、产业结构升级、基础设施等变量对经济增长质量有正向影响。黄清煌和高明（2016）选取30个省的面板数据，运用联立方程组模型进行实证研究，发现环境规制对经济增长的质量和数量存在两种方向相反的影响，一方面，环境规制通过"创新补偿效应"对经济增长质量产生积极影响；另一方面，又通过"遵循成本效应"抑制了经济增长数量的提高。同时，环境规制在不同地区和不同的经济发展阶段对经济发展产生的影响不同，因此要推行差异化的环境规制，实现经济发展环境改善的双赢。

## 四、研究述评

国内外文献基于不同维度对经济增长质量提升问题的研究为本书提供了理论支持和方法借鉴，但仍存在以下三点不足：①以往研究主要针对中国省际层面、大区域层面经济增长质量或全要素生产率的评价，针对某一省份特别是山东省地市层面的系统研究尚不多见。②许多学者在分析经济趋同现象的时候忽略了地理空间关联效应对经济趋同现象的影响，对于发展并不均衡的山东省而言，忽视各区域产业结构及经济增长质量提升的空间协调与共同发展，不利于实现山东省经济增长质量的持续提升，研究内容有待深化。③从研究方法方面看，现有文献主要使用线性面板数据模型和交互效应模型，缺乏使用空间计量模型对产业结构调整驱动山东省经济增长质量的空间关联效应、直接效应和间接效应的研究，研究结论有可能产生偏误，鲜有学者采用动态面板门槛模型或面板分位数模型考察产业结构对经济增长质量的非线性影响关系。本书针对历史文献有待拓展的内容，基于山东省 17 个地市 2000~2017 年面板数据，通过空间计量、动态面板回归等方法，有针对性地研究产业结构调整提升山东经济增长质量的路径与政策选择。

# 第三节 研究内容

以区域经济发展理论、经济增长理论和经济高质量发展为理论基础，借鉴历史文献研究，笔者针对产业结构视域下山东经济高质量的发展研究从五个方面展开，具体如下：

（1）理论基础。产业结构调整驱动经济增长质量的理论基础。包括：①全面搜集经济增长质量的相关理论，界定经济增长质量的内涵和意义；②考察经济增长质量测度的主要指标、测度方法与工具，特别是各区域全要素生产率的测度与分解方面的最新进展；③构建"理论基础→模型构建→实证检验→比较借鉴→政策建议"的逻辑分析框架，考察产业结构驱动山东经济增长质量提升的内在机制。

（2）模型构建。产业结构驱动经济增长质量提升的模型构建。借鉴二元经济理论框架，建立包含传统和现代两个产业部门的经济增长质量理论模型，并进一步拓展纳入区域经济发展水平、城镇化等因素，考察在不同经济发展水平、城镇化水平等情况下，产业结构对经济增长质量的影响。设计如下计量经济模型：①Super-SBM 和 Malmquist-Luenberger 模型。经济发展的全要素生产率测度，设计遵循"投入—产出"框架的超效率 SBM 模型和包含非期望产出的 Malmquist-Luenberger 模型，测度山东省 17 个地市效率和全要素生产率。②经济高质量发展综合指数测度，设计包括高质量发展的创新、协调、绿色、共享和开放的五个维度的指标体系，采用熵权法测度各地市经济高质量发展综合指数。③耦合协调型和门槛面板模型。设计产业结构和经济高质量发展两子系统，构建耦合协调模型；以产业结构为门槛依赖变量，城镇化、区域经济发展水平等为门槛变量，分别设定单一门槛模型、双重门槛模型和多重门槛模型。

（3）实证检验。产业结构调整驱动经济高质量发展的实证分析。①产业结构、经济增长质量指数测度及动态演进特征分析。包括：第一，山东省 17 个地市 2000～2017 年的经济增长质量指数测度、产业结构合理化和产业结构高级化的测算；第二，使用空间计量模型和核密度估计分析产业结构、经济高质量发展的时空动态演进及收敛态势，为后续计量分析做好数据准备；第三，考察 17 个地市之间以及"两区一圈一带" 4 个区域、"济南、青岛、烟台" 3 个核心经济增长质量的空间外溢效应。②驱动机制检验。运用耦合协调模型等实证分析产业结构与经济发展质量的耦合协调关系。采用门槛模型分析随经济发展水平、城镇化水平等变化，产业结构对经济高质量发展的异质门槛效应。③路径探寻。根据上述研究探寻产业结构驱动经济高质量发展的可行路径。

（4）比较借鉴。产业结构驱动经济高质量发展的经验借鉴。探讨发达国家和新兴市场国家在提高经济发展质量过程中，产业结构调整的不同道路及其表现出的共同特点，在此基础上总结各国发展经济过程中的得与失。分析我国经济发展质量较高的区域产业结构调整举措，为山东经济追求质量型增长提供重要的借鉴和启发作用。

（5）政策建议。实施路径与政策选择。包括：①实施路径。围绕山东省区域战略布局，一方面考虑各区域经济发展水平、城镇化水平和产业结构合理化、高级化水平等因素；另一方面考虑邻近区域产业结构调整的外溢效应，提出山东省总体、各地市及4区3核的产业结构调整原则。②政策选择。在梳理分析现行政策的基础上，结合山东省产业结构调整面临的新情况和新问题，依据理论模型、实证研究及案例分析的研究结果，给出产业结构调整驱动山东经济发展质量提升的政策建议和发展思路。

# 第四节 研究思路与方法

## 一、研究思路

沿着"理论基础→模型构建→实证检验→比较借鉴→政策建议"的研究思路，运用相应的研究方法开展研究（见图1-1）。①理论基础。运用文献研究方法，在对相关学术文献进行系统梳理、概括和追踪的基础上，运用分析、归纳、综合和演绎等方法，建立产业结构调整驱动山东经济增长质量的理论框架。②模型构建。借鉴二元经济理论框架，建立包含传统和现代两个产业部门的经济增长质量理论模型，构建产业结构驱动经济增长质量的数理模型，剖析产业结构调整驱动经济增长质量提升的内在机制。③实证检验。运用动态空间计量、动态门槛模型和多元线形回归等方法，实证检验产业结构驱动山东省经济发展质量的具体机制，形成产业结构调整驱动经济发展质量的基本理论体系和基本观点。④比较借鉴。运用案例分析方法，结合理论模型与实证分析的研究结论，对国内外产业结构调整驱动经济发展质量的案例进行深入分析，为探寻山东省经济发展质量提升的实现路径提供实践基础和经验借鉴。⑤政策建议。运用分析、归纳、综合和演绎方法，研究产业结构驱动山东经济发展质量的路径和相关政策。

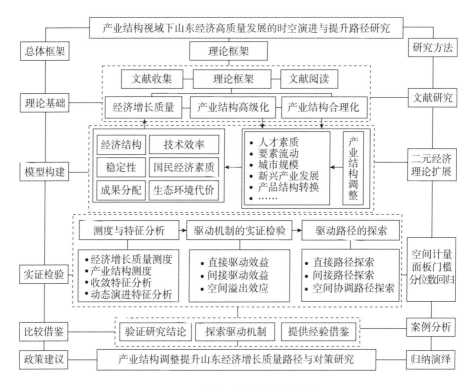

图 1-1　框架、方法和技术路线

## 二、研究方法

（1）Super-SBM 和 Malmquist-Luenberger 模型。①使用包含非期望产出的超效率 SBM 方向距离函数测度经济增长质量的技术效率。②使用 Malmquist-Luenberger 模型测度山东省 17 个地市全要素生产率（全域曼奎斯特指数），分析技术效率和技术进步对全要素生产率的贡献度。

（2）多元回归和面板门槛模型。①耦合协调分析。使用耦合协调模型考察产业结构与经济发展质量的耦合协调关系。②采用多元回归总体分析经济发展质量的影响因素。③使用面板门槛回归方法考察山东省产业结构合理化、产业结构高级化对经济发展质量的影响。

（3）核密度估计（Kernel Density Estimation）。①采用高斯核函数的核密度估计分析山东产业结构合理化和产业结构高级化的动态演进过程。②使用该方法考察17个地市经济发展质量的时空演化特征。

（4）运用分析、归纳、综合和演绎的方法，研究产业结构驱动经济增长质量提升的路径和相关政策。

# 第五节　研究创新点

本书在山东省经济高质量发展测度的基础上，考察产业结构驱动经济高质量发展的机制与路径，在以下三个方面进行了拓展：

（1）学术视角。测度山东省17个地市、4区3核的经济发展质量，考虑产业结构变化不仅会作用于本地经济发展质量，也可能会对邻近区域产生影响，并通过循环反馈机制产生一系列变化，本书从产业结构交互效应视角，考察其与经济发展质量的复杂影响关系。

（2）学术观点。探寻山东省区域经济发展质量、产业结构的协调机制，在经济新常态的阵痛期，一方面考虑各区域自身的经济发展水平、城镇化水平和产业结构合理化、高级化水平等因素，另一方面考虑邻近区域产业结构调整的外溢效应，因地制宜地制定区域产业结构调整提升经济增长质量的相关政策。并且本书选择山东省17个地市的统计数据，相比较于以往文献的省级数据，得出的研究结论更有针对性，作为提升山东省经济发展质量的决策参考也更加真实可靠，这将形成有价值的观点或得到新发现。

（3）学术方法。①采用最新的全局参比 Malmquist-Luenberger 模型测度经济增长质量的生产率指标，避免了规模效益无可行解问题。②采用动态空间计量模型，有利于在处理内生性问题的基础上检验和测度产业结构驱动经济增长质量的直接机制、间接机制和空间关联机制。③采用动态门槛回归模型回归方法，有利于进一步掌握产业结构调整对经济增长质量的非线性复杂影响关系。

# 经济高质量发展基本理论

区域经济也叫"地区经济",指分布于各个行政区域的国民经济。它的形成是劳动地域分工的结果。在长期的社会经济活动中,由于历史、地理、政治、经济以及宗教等因素的作用,一些在经济等方面有比较频繁联系的居民区逐渐形成了各具特色的经济区。本章重点介绍了区域经济发展理论、经济增长理论和经济高质量发展的内涵,为后续山东省经济高质量发展的产业政策研究奠定理论基础。

## 第一节　区域经济发展理论

### 一、区域经济含义

区域经济指在一定区域内经济发展的内部因素与外部条件相互作用而产生的生产综合体。以一定地域为范围,并与经济要素及其分布密切结合的区域发展实体。区域经济反映不同地区经济发展的客观规律及内涵和外延的相互关系。

区域经济是在一定区域内,经济发展的内部因素与外部条件相互作用而产生的生产综合体。每一个区域的经济发展都受到自然条件、社会经济条件和技术经济政策等因素的制约。水分、热量、光照、土地和灾害频率等自然条件都影响着区域经济的发展，有时还起到十分重要的作用。在一定的生产力发展水平条件下，区域经济的发展程度受投入的资金、技术和劳动等因素的制约。技术经济政策对于特定区域经济的发展也有着重大影响。

区域经济是一种综合性的经济发展的地理概念。它反映区域性的资源开发和利用的现状及其问题，尤其是指矿物资源、土地资源、人力资源和生物资源的合理利用程度，主要表现在地区生产力布局的科学性和经济效益上。区域经济的效果，并不单纯地反映在经济指标上，还要综合考虑社会总体经济效益和地区性的生态效益。

## 二、区域经济的基本特点

（1）地域性。在区域经济中，地理因素是其基本要素，一个国家的地理区位、自然资源会对国家的发展、国家经济行为产生重要影响。在国家的经济活动中，总是选择邻近地区的合作。地域上的连接产生的经济关系称之为区域经济关系。这种关系通常表现为经济集团化，或者是对立乃至遏制、互设壁垒等，前者称之为互补关系，后者称之为竞争关系。

（2）系统整体性。系统整体性是区域经济具有共性的基础。区域经济实质上是由各个区域内、同级区域间、各级区域间的各种经济活动相互联系、相互制约而形成的具有明确的结构和功能的复杂经济系统，类似国家经济表现出综合性、宏观性、目的性和全局性的特征。区域经济所追求的是区域内、外各种经济活动在结构上的合理组合和功能上的互补，对所能支配区域的内外资源进行有效配置，从而在整体上实现区域经济的增长与发展，产生出单一经济活动无法获得的经济效果。

（3）空间差异性。空间差异性是区域经济的鲜明特点之一，就是区域内部或区域间各种经济活动和行为（包括要素禀赋、部门构成、经济规模、经济增长能力等）表现出的空间上的不同。可以说，现实中完全相同的区域经济活动是不存在的。也正是这样，区域经济活动才表现出多样性和丰富多彩性。这也要求我们在进行区域经济发展规划时，充分重视区域经济的空间差异性特征，从区情出发，实事求是，不可生搬硬套。

（4）互补性（或开放性）。区域经济活动的关联性和空间差异性必然导致区域之间经济发展要素和商品供需关系或发展上的互补，而且区域经济的对外开放程度越高，区域经济发展直接或间接受其他相关区域经济发展的影响越大。实际上，世界经济发展到今天，各区域之间的互补性很强，以至于任何一个区域的经济发展都不可能离开其他区域而独立进行。

（5）利益的相对独立性。在国民经济系统中，区域是相对独立的经济利益主体，每个区域都有自己的经济利益，这就决定了区域之间在经济发展上存在竞争。而在这种竞争中，落后地区总是处于劣势，这样就会使地方保护主义"抬头"，人为地制造行政区域基础上的市场分割，阻碍资源要素和商品的流通，出现经济发展中的区域间"相互掣肘"现象。这种现象严重地阻碍了全国统一市场的形成，经济学家称之为"诸侯经济"。尽管如此，区域经济包含在整个国民经济系统中，其发展要符合整个国民经济的要求，受到国民经济全局利益的约束。实际上，区域经济服从国家利益。

## 三、区域经济发展理论的类型

（1）区域经济发展梯度理论。这种理论认为区域经济发展是不平衡的，就好像是处于不同的阶梯上，高收入地区处于高梯度，低收入地区处于低梯度，而在高收入地区和低收入地区之间还有几个中间梯度。有梯度就必然有空间上的转移，高梯度地区首先应用新技术，先发展一步，而后随时间推移，逐步有序地从高梯度地区向处于二级、三级的低梯度地区推移。随着经济发展，梯度推移加快，区域间差距可以逐步缩小，最终实现经济分布的相对均衡。

区域经济发展梯度转移理论是建立在工业生产生命循环阶段论基础上的。工业生产生命循环阶段论的首创者是美国哈佛大学的弗农等。他们认为，各工业部门，甚至各种工业产品，都处在不同的生命循环阶段上。它们也和生物一样，在发展过程中要经历创新、发展、成熟、衰老四个阶段。

区域经济的盛衰主要取决于它的产业结构优劣。创新活动发源于高梯度地区，然后按照顺序逐步由高梯度地区向低梯度地区转移。梯度转移主要是通过多层次的城市系统扩展开来。

处在创新阶段的工业部门一般都布局在处于高梯度的经济发达的大城市。主要原因在于：处在发展阶段的工业部门一般布局在第二梯度中一些条件具备的城市。处在成熟阶段与衰退阶段的工业部门布局在经济发展最低梯度地区。

梯度发展理论的动态表象。在区域经济梯度推移过程中有三种效应在同时起作用，即极化效应、扩散效应和回流效应，它们共同制约着地区生产分布的集中和分散。极化效应作用的结果会使生产进一步向条件好的高梯度地区集中，扩散效应会促使生产向其周围的低梯度地区扩散，回流效应的作用会削弱低梯度地区，促成高梯度地区进一步发展。这三种效应综合作用的结果就是不断扩大发达地区与欠发达地区之间的差距。因为在这里起主导作用的是极化效应，回流效应起推波助澜的作用。

不同梯度上的区域经济发展战略。高梯度区域要采取创新型经济发展战略。中梯度上的萧条区应实行改造型发展战略。低梯度区域应实行渐进型发展战略。

（2）辐射理论。现代化与经济发展中的辐射理论。经济发展与现代化进程中的辐射是指经济发展水平和现代化程度相对较高的地区（辐射源）与经济发展水平和现代化程度相对较低的地区进行资本、人才、技术、市场信息（辐射媒介）等的流动和思想观念、思维方式、生活习惯等方面的传播。通过流动和传播，进一步提高经济资源配置的效率，以现代化的思想观念、思维方式、生活习惯取代与现代化相悖的旧的习惯势力。我们把经济发展水平和现代化程度较高的地区称为辐射源。辐射的媒介是交通条件、信息传播手段和人员的流动等。

（3）增长极理论。在经济增长过程中，不同产业的增长速度不同，其中增长较快的是主导产业和创新产业，这些产业和企业一般都是在某些特定区域集聚、优先发展，然后对周围地区进行扩散，形成强大的辐射作用，带动周边地区的发展。这种集聚了主导产业和创新产业的区域被称为"增长极"。

（4）比较理论。区域差异理论。

古典区位论：成本决定论，区位选择总是趋向生产总成本费用最低的地点，这就是"成本决定论"。

近代区位论：利润决定论，以市场—价格分析揭示出利润最大化是影响区位选择的决定性因素，使区位论走向宏观化，弥补了传统成本决定论排除市场因素的缺陷。

现代区位论：综合决定论，合理的区位选择和产业配置必然受多种因素的影响，必须对多种因素进行综合分析。决策者最终选择的区位，不一定是成本最低的或利润最高的区位，而是综合优势最显著的区位。

地域分工理论。一是绝对优势理论。一个国家仅生产本国所需的全部物品是不明智的。因为每个国家都有擅长生产和不擅长生产的东西，如果外国能以比我们自己制造还便宜的商品来供应我们，我们最好就用具有某些优势的行业生产出来的部分产品向他们购买。每个国家都有其绝对有利的、适宜于某些特定产品的生产条件。如果每个国家都按其绝对有利的方式去生产专业化产品，然后进行交换，各国的资源就能正确配置和有效利用，从而提高劳动生产率，增加国民财富。同理，这种绝对优势理论也可用于不同国家的同种产品。二是比较优势理论。参与国际贸易的各个国家虽然在经济发展、资源情况等方面存在着差异，但每个国家都能以处于比较优势的产品参加国际贸易。有些国家可能在生产成本和劳动生产率等各个方面都占优势，则可在优中择优，找到最具比较优势的产品参加贸易；而有些国家可能在各方面都处于劣势，但也能在劣中相权取其轻，找到比较优势。这样参加贸易的各国都节约了社会劳动，并能消费和享受更多的产品。概括地讲，只要成本比率在各国间存在差异，各国就能够生产各自的比较优势产品（即相对成本较低的产品），并在国家之间进行交换，通过贸易增进利益。

区域产业结构比较理论。区域产业结构静态比较理论是指各个区域在某一时间点上的产业结构在区际分工阶梯中的相对地位的比较。决定一个地区在全国区域分工中的相对地位的主要因素是该地区非农产业的发展水平，特别是主要制造业的专业化程度。因此，地区产业结构静态比较可从非农产业发展水平的区域比较和制造业构成技术水平的区域比较这两个方面进行。非农产业发达，主要制造业专业化程度较高的地区，在经济联系和区际分工中的地位相对有利。区域产业结构动态比较理论是指地区产业结构的变动比较。一是产业结构变化状况的区域比较，二是产业结构转换能力的区域比较。

# 第二节　经济高质量发展的内涵

## 一、早期的经济增长质量思想

作为经济增长质量相关理论的启蒙大师，苏联学者卡马耶夫（1977）提出了"经济增长质量"的概念，对经济增长质量的含义、必要性、评价指标、影响因素、应对策略等作出了一系列完整的论述。首先，他认为社会主义经济增长的实质包含两层含义：一是产品数量的持续高速增长，即经济增长的速度；二是牢牢把握居民大致的兴趣爱好，适当改进产品结构，精简产品生产过程中的资源投入规模，努力提高利用效率，即经济增长的质量。在此基础上，还强调单纯的物质生产或提高成效都是片面的、不可持续的，经济发展到一定规模，必须要同时注重质量的提升。

## 二、经济增长质量和数量学说

巴罗（Barro，2002）指出经济增长包括数量和质量两个方面，并详细区分了两者的关系，强调经济增长数量取决于人均 GDP 增长率和投资占 GDP 的份额，并对其进行了自我否定，认为两者的思想不足以反映一个国家或地区的真实经济状况，究其原因，是忽略了包含受教育水平、预期寿命、健康状况、法律与秩序的发展程度等因素的经济增长质量。通过利用 1960~2000 年 20 个发达国家和 20 个发展中国家的面板数据，实证分析了各影响因素的作用机制，得到以下结论：高水平的教育程度、良好的健康状况、低水平的人口出生率、高水平的政府福利支出、完善的法律与秩序和低通货膨胀均对经济增长质量具有正向促进作用，并与高人均 GDP 增长率和高投资率共同构成真正实现经济健康稳定增长的条件。巴罗克服了过去理论叙述问题的缺陷，将"经济增长质量"的理论分析和经验分析结合起来，具有较强的借鉴意义。但其所构建的经验模型没有就制度的影响作出深入讨论，因而有待进一步完善。

## 三、高质量的经济增长理论

托马斯等（Thomas et al.，2001）指出，为弥补发展速度在某些方面的不足，高质量的经济增长将帮助实现发展的终极目标——人类福利。何谓高质量的经济增长呢？就是在控制其他条件不变时，人力资本、自然资本及物质资本的投入使产出最大化的情况，并提供了一个评价经济增长质量的指标体系，涉及人类发展、收入增长、环境可持续三个方面。

## 四、包容性增长理论

亚洲开发银行提出的"包容性增长理论"基本内容有以下四点：①当个人背景（或个人努力和勤奋程度）不同时，不仅会导致收入差距扩大，而且会导致非收入差距（就业、教育、医疗等）的扩大。②扩大经济福利分享的覆盖面和公平性。虽然 30 年前，众多国家的经济发展已经实现了巨大跨越，但发展成果仅由少数人享受，贫困依然存在，底层人民的生活得不到保障，如果不及时加以解决的话，势必构成这些国家未来发展的瓶颈。③继续保持稳定的经济增长势头，因为经济增长可以创造新的就业岗位，提升工资福利待遇，亦可支撑教育体系、医疗卫生水平和创新能力提升，降低贫困率。④革除贫困人口和弱势群体所面临的权利丧失和社会排斥，使之同样享有政治、经济、社会权利，以及公正平等的劳动力市场机制和借贷市场机制等。

## 五、新时代经济高质量发展理论

党的十九大报告作出中国社会主义进入新阶段的重大判断，深刻揭示了我国发展所处的新的历史方位。新时代是我国经济发展进入新阶段的特征。中国经济发展在进入新时代后呈现出来的特征是高速发展转向中高速发展。同时党的十九大报告指出，我国经济已由高速增长阶段转向高质量发展阶段，高质量发展体现创新、协调、绿色、开发、共享五大发展理念，我国正处在转变发展方式、优化产业结构、转换增长动力的攻关期。

# 第三节　经济增长理论模型

在宏观经济学中，经济增长通常被定义为产量的增加。具体而言有以下两点：①经济增长指一个经济体所产生的物质产品和劳务在一个相当长时期内的持续增长，即经济总产量的增长；②经济增长是按人口平均计算的实际产出的持续增长，即人均产量的增长。

作为经济增长源泉的最主要的因素是劳动数量增加和质量提高（即人力资本的增长）、资本存量的增加和技术进步（是广义概念，包括采用新技术、新产品、先进管理手段以及资源配置的高效率等）。

增长率的分解式如式（2-1）所示：

$$G_Y = G_A + \alpha G_L + \beta G_K \tag{2-1}$$

式中，$G_Y$ 为产出的增长率；$G_A$ 为技术进步增长率；$G_L$ 和 $G_K$ 分别为劳动和资本的增长率；$\alpha$ 和 $\beta$ 为参数，分别是劳动和资本的产出弹性。

## 一、哈罗德—多马模型

哈罗德—多马模型主要研究在保持充分就业的条件下，储蓄和投资的增长与收入增长之间的关系。

（1）模型的假设前提。

1）全社会只生产一种产品。

2）储蓄 S 是国民收入 Y 的函数，即 $S = sY$（s 代表这个社会的储蓄比例，即储蓄在国民收入中所占的份额）。

3）生产过程中只使用两种生产要素，即劳动 L 和资本 K。

4）不存在技术进步，也不存在资本折旧问题。

5）劳动力按照一个固定不变的比率增长。

6）生产规模报酬不变，即生产任何一单位产品所需要的资本和劳动的数量都是固定不变的。

7）不存在货币部门，且价格水平不变。

（2）模型的基本方程。

哈罗德模型的基本方程如式（2-2）所示：

$$G = \frac{\Delta Y}{Y} = \frac{s}{v} \tag{2-2}$$

式中，G 表示国民收入增长率 $\Delta Y/Y$（即经济增长率），s 表示储蓄率 $S/Y$，v 表示边际资本—产量比率 $\Delta K/\Delta Y$（假定边际资本—产量比率等于资本—产量比率 $K/Y$），且 $v = I/\Delta Y$。它表明，要实现均衡的经济增长，国民收入增长率就必须等于社会储蓄倾向与资本产量比两者之比。

多马模型的基本方程如式（2-3）所示：

$$G = \Delta I/I = s \times \delta \tag{2-3}$$

式中，$\Delta I/I$ 为投资增长率，即哈罗德模型中的经济增长率；$\delta$ 表示资本生产率 $\Delta Y/I$，即哈罗德模型中 v 的倒数。多马模型与哈罗德模型的区别在于多马模型用资本生产率表示资本—产量比，且 G 表示投资增长率，故：

$$G = \frac{s}{v} = s \times \delta \tag{2-4}$$

（3）实际增长率、有保证的增长率和自然增长率。

1）实际增长率 $G_A$。

指在一定储蓄比例之下由资本的实际变化量与国民收入的实际变化量的比率 v 导出的国民收入增长率，用 $G_A$ 表示：

$$G_A = s/v$$

2）有保证的增长率 $G_W$。

$$G_W = \frac{s_d}{v_r} \tag{2-5}$$

式中，$s_d$ 为合意的储蓄率（假设既定），$v_r$ 为企业家意愿中所需要的资本—产量比率。所谓"有保证的增长率"是指与企业家意愿中所需求的资本—产量比率 $v_r$ 相适应的国民收入增长率，即能满足投资等于储蓄的稳定的增长率。

这一公式表明，当既定的合意储蓄率（符合居民意愿储蓄需求）和合意资本—产量比率（符合企业家意愿投资需求）所决定的增长率是有保证的增长率时，经济可以实现稳定的增长。在此增长率下，企业家预期的投资需求恰好等于本期的储蓄供给。

3）自然增长率 $G_N$。

动态分析中实现充分就业条件下均衡增长的要求，如式（2-6）所示：

$$G_A = G_W = \frac{s}{v} = \frac{s_d}{v_r} = n = G_N \tag{2-6}$$

式中，$G_A$ 是由有效需求决定的实际增长率，$G_W$ 是 $s_d$ 除以 $v_r$ 所得的有保证的增长率，$n$ 是一国的人口增长率，$G_N$ 是指人口增加和技术进步所容许的增长率，即自然增长率。

A. 在分析经济短期波动原因时，哈罗德提出了实际增长率的概念。若 $G_A = G_W$，实际投资率将等于合意的储蓄率（$G_A v = s = G_W v_r$），进而实现经济的稳定增长；若 $G_A < G_W$，实际投资率将低于合意的储蓄率而引起经济收缩；若 $G_A > G_W$，实际投资率将高于合意的储蓄率而导致经济扩张。经济波动是由于这两者不一致而引起的。

B. 在分析经济长期波动原因时，哈罗德提出了自然增长率的概念，即自然增长率是人口增长与技术进步所允许达到的长期的最大增长率（用 $G_n$ 表示）。如式（2-7）所示：

$$G_n = \frac{s_o}{v_r} \tag{2-7}$$

式中，$s_o$ 表示一定制度下最适宜的储蓄率，$v_r$ 表示预期的资本—产量比率。若 $G_W = G_n$，表明社会的所有劳动能力和生产设备在既定的技术水平下得到充分利用；若 $G_W < G_n$，表明储蓄和投资的增长率低于人口增长和技术进步所容许程度而出现长期繁荣趋势；若 $G_W > G_n$，表明储蓄和投资的增长率超过人口增长和技术进步所容许程度而出现长期停滞趋势。

（4）均衡增长路径的存在性问题和稳定性问题。哈罗德模型需要解决两个问题：第一个问题是经济沿着均衡途径增长的可能性是否存在，或者就具体的经济活动来说，是否存在一条均衡增长途径。这个问题又被称为"存在性问题"；哈罗德认为，一方面实现充分就业均衡增长的可能性是存在的。另一方面，由于储蓄比例，实际资本—产量比和劳动力增长率分别是由各不相同的若干因素独立决定的，因此，除非偶然的巧合，这种充分就业的均衡增长是不会出现的。于是，哈罗德认为，虽然 $G_N = G_A = G_W$ 这种理想的充分就业均衡增长途径是存在的，但是，一般来说，实现充分就业均衡增长的可能性是极小的，也就是说，在一般情况下，经济很难按照均衡增长途径增长。第二个问题是经济活动一旦偏离了均衡增长途径，其本身是否能够自动地趋向于均衡增长途径，这个问题又被称为"稳定性问题"。参见哈罗德的"不稳定原理"。

## 二、哈罗德的"不稳定原理"

根据达到均衡增长要求的公式变形 $G_A v = G_W v_r = s$，经济活动一旦偏离了均衡增长途径，即实际增长率与有保证的增长率之间一旦发生了偏差，经济活动不仅不能自我纠正，而且还会产生更大的偏离。

具体分析过程如下：如果 $G_A$ 大于（或小于）$G_W$，那么 v 就会小于（或大于）$v_r$，企业的固定资产和存货就会少于（或多于）企业家所需要的数量，进而促进企业家增加（或减少）订货，增加（或减少）投资，从而使实际产量水平进一步地提高（或降低），最终使实际增长率 $G_A$ 与有保证的增长率 $G_W$ 之间出现更大的缺口，经济发展不是连续上升，就是连续下降，呈现出剧烈波动的状态。

## 三、新古典增长模型

（1）新古典增长理论的基本假定。①社会储蓄函数为 S=sY，s 是作为参数的储蓄率；②劳动力按一个不变的比率 n 增长；③生产的规模报酬不变。

（2）基本方程。在上述假定条件下，如果经济中不存在技术进步，则索洛推导出新古典增长模型的基本方程，如式（2-8）所示：

$$\Delta k = sy - (n+\delta) \ k \qquad\qquad (2-8)$$

式中，k 为人均资本，s 为储蓄率，y 为人均产量（y=f（k）），n 为劳动力的增长率，δ 为资本的折旧率。从而 sy 为社会的人均储蓄；（n+δ）k 为新增劳动力所配备的资本数量和资本折旧，称为资本广化（即意味着为每一个新生的工人提供平均数量的资本存量）；Δk 为人均资本的增加，称为资本深化（即意味着每个工人占有的资本存量上升）。因而新古典增长模型的基本方程又可表述为式（2-9）：

$$资本深化＝人均储蓄-资本广化 \qquad\qquad (2-9)$$

（3）稳态分析。所谓稳态指的是一种长期均衡状态。在稳态时，人均资本达到均衡值并维持在均衡水平不变；在忽略了技术变化的条件下，人均产量也达到稳定状态，即 k 和 y 达到一个持久性的水平。稳态的条件见式（2-10）：

$$sy = (n+\delta) \ k \ （即 \Delta k = 0） \qquad\qquad (2-10)$$

稳态增长率见式（2-11）：

$$\frac{\Delta Y}{Y} = \frac{\Delta N}{N} = \frac{\Delta K}{K} = n \qquad\qquad (2-11)$$

因此，稳态中（人均资本不变，即 Δk=0），总产量（或国民收入）的增长率和总的资本存量的增长率均等于劳动力的增长率，n 即为稳态增长率（稳态中的产出增长率），且这一增长率是独立于储蓄率的（等式中无 s）。

（4）储蓄率增加对产量增长的影响。储蓄率的增加不能影响到稳态增长率（因为这一增长率是独立于储蓄率的），但确实能提高收入的稳态水平。

（5）人口增长对产量增长的影响。①人口增长率的增加降低了人均资本的稳态水平，进而降低了人均产量的稳态水平。②人口增长率的上升增加了总产量的稳态增长率（要达到稳态，需维持较高的稳态增长率，否则无法保证稳态）。

（6）资本黄金分割率。经济增长是一个长期的动态过程，提高一个国家的人均消费水平是一个国家经济发展的根本目的。在此前提下，经济学家费尔著斯于1961年提出了黄金分割率，其基本内容是：如果一个经济体的目标是使人均消费最大化，那么在技术和劳动增长率固定不变时，经济中的人均资本量（资本—劳动比率）应使得资本的边际产品等于劳动的增长率，见式（2-12）：

$$f'(k^*) = n \qquad (2-12)$$

丹尼森把影响经济增长的因素归结为以下六个：①劳动；②资本存量的规模；③资源配置情况；④规模经济；⑤知识进展；⑥其他影响单位投入产量的因素。其中，知识进展是发达国家最重要的增长因素（相对）。这里知识进展含义广泛，包括技术知识、管理知识的进步和由于采用新的知识而产生的关于结构和设备更为有效的设计，还包括从国内外有组织的研究、个别研究人员和发明家，或者简单的观察和经验中得来的知识。丹尼森认为，技术知识和管理知识的重要性是相同的，不能只重视前者而忽视后者。

库兹涅茨分析的经济增长因素有以下三个：①知识存量的增加；②劳动生产率的提高；③结构方面的变化。库兹涅茨把知识力量因素和生产因素与结构因素联系起来，以强调结构因素对经济增长的重要影响，这是他与丹尼森分析的不同之处，也是一个重要贡献。"倒 U 字假说"又称库兹涅茨曲线，是指在经济未达到充分发展的阶段前收入分配将随同经济发展而趋于不平等；其后，经历收入分配暂时无大变化的时期，当到达经济充分发展的阶段时，收入分配将趋于平等。如果用横轴表示经济发展的某些指标（通常为人均产值），纵横表示收入分配不平等程度的指标，则这一假说揭示的关系呈倒"U"型。

## 四、新经济增长理论模型

新经济增长理论是指用规模收益递增和内生技术进步来说明一国长期经济增长和各国增长率差异的研究成果的总称。新增长理论最重要的特征之一是试图使增长率内生化，因而又称为内生增长理论。

稳态增长率的外生化是新古典增长理论最主要的缺陷（此类模型无法对劳动力增长率和技术进步率做出解释）。此外，该理论关于经济中的生产函数具有规模报酬不变的性质的假定往往与事实不符。而其对在稳态时经济增长与储蓄率应是无关联的预言出现经验性的偏差（数据显示，各国的储蓄率与增长正向相关)。

新增长理论模型有两种基本类型(完全竞争条件下):

(1)外部性条件下的内生增长模型。此类模型采用马歇尔提出的外部经济分析法研究经济增长问题。模型假定总量生产函数呈现规模收益递增的特征,造成规模收益递增的原因在于技术产生的溢出效应。

该类模型主要包括罗默的知识溢出模型(1986)、卢卡斯的人力资本溢出模型(1988)、巴罗的公共产品模型和拥挤模型、克鲁格曼—卢卡斯—扬的边干边学模型、斯托齐的边干边学模型,其中罗默模型和卢卡斯模型最具代表性。

(2)凸性增长模型。此类模型的思路是在总量生产函数规模收益不变,即凸性生产技术的假设下说明经济实现内生增长的可能性。所谓生产技术具有凸性是指如果有两种生产方法能生产相同的产量,那么这两种方法的加权平均也至少能生产同样的产出量。

该类模型主要包括:AK 模型、琼斯—真野惠里模型、雷贝洛模型、金—雷贝洛模型、拉德尤等的模型。其中,比较重要的是琼斯—真野惠里模型和雷贝洛模型。

经济周期又称商业循环,指经济活动沿着经济发展的总体趋势所经历的有规律的扩张和收缩。经济周期大致经历繁荣、衰退、萧条和复苏四个阶段。

类型:①长周期又称长波(即康德拉耶夫周期),平均50年为一个周期;②中周期又称中波(即朱格拉周期),平均8~10年为一个周期;③短周期又称短波(即基钦周期),平均40个月为一个周期。

大致分为凯恩斯主义和非凯恩斯主义经济周期理论。其中,非凯恩斯主义的经济周期理论主要有:①消费不足论;②投资过度论;③货币信用过度论;④创新理论;⑤心理理论;⑥太阳黑子论;⑦政治周期理论。

## 五、乘数—加速数模型

1. 乘数原理和加速数原理

(1)乘数原理。说明投资变动对收入变动的影响,投资数量的增长会通过乘数作用使收入增加，进而刺激消费，并进一步促进投资以更快的速度增长，从而产生循环放大效应。反之亦然。

（2）加速数原理。说明收入变动或消费需求的变动引起投资变动的理论。其含义包括以下五点：第一，投资并不是产量（或收入）的绝对量的函数，而是产量变动率的函数。即投资变动取决于产量的变动率，若产量的增加逐期保持不变（产量变动率为零），则投资总额也不变。第二，投资率变动的幅度大于产量（或收入）的变动率，产量的微小变化会引起投资率较大幅度的变化。第三，若要保持增长率不下降，产量必须持续按一定比率增长。一旦产量的增长率变缓，投资增长率就会停止或下降。即使产量绝对地下降，或者相对地放缓了增长速度，也可能引起投资缩减。第四，加速数与乘数一样都从两个方向发生作用。即当产量增加时，投资的增长是加速的，当产量停止增长或减少时，投资的减少也是加速的。第五，要使加速原理发挥正常作用，只有在过剩生产能力全部消除时才能实现。

（3）由萨缪尔森所提出的乘数—加速数模型的基本方程如式（2-13）所示：

$$\left.\begin{array}{ll} Y_t = C_t + I_t + G_t & \text{产品市场的均衡公式} \\ C_t = \beta Y_{t-1}，0 < \beta < 1 & \text{简单的消费函数} \\ I_t = I_0 + V（C_t - C_{t-1}），V > 0 & \text{加速原理} \end{array}\right\} \quad (2-13)$$

式中，V 为加速数 K/Y（即资本—产量比率，一定时期每生产单位货币产量所需求的资本存量的货币额。K 为一定时期的资本存量，Y 为一定时期的平均产量水平），β 为边际消费倾向 $\Delta C / \Delta Y$，$Y_t$ 为现期收入，$Y_{t-1}$ 为前期收入，$G_t$ 为现期政府购买，$I_t$ 为现期投资，$I_0$ 为自发投资（指由出口、技术、政府政策等外生因素的变动所引起的投资），$V(C_t - C_{t-1})$ 为引致投资（指由收入或消费的变动所引起的投资）。

由乘数—加速数模型的基本方程合并可以得到经济周期波动的描述方程（为一阶差分方程），见式（2-14）：

$$Y_t = \beta Y_{t-1} + I_0 + V（C_t - C_{t-1}）+ G_1 \quad (2-14)$$

2. 基本思想

乘数—加速数模型描述了乘数和加速数交互作用导致经济周期变化的

过程。投资影响收入和消费（乘数作用），反过来，收入和消费又影响投资（加速数作用）。

# 本章小结

本章首先阐述了区域经济发展的含义和特点，并介绍了区域经济发展的理论重点；其次界定了经济高质量发展的内涵，新时代经济高质量发展内涵包括创新、协调、绿色、开发、共享五个方面；最后阐述了本书所需要的经济增长理论模型，为本书后续章节研究产业结构视域下经济高质量发展提供理论基础和依据。

# 山东经济增长质量：绿色发展效率测度与分析

本章利用 2007～2017 年山东省 17 个地市的经济绩效和全要素生产率面板数据，构建了非期望产出的超效率 SBM 模型和全要素生产率评价模型，测度各指标统计值，对比分析了山东省各地市和"两区一圈一带"在经济绩效、ML 指数、技术效率和技术进步上的空间区域差异和随时间的变动趋势。

# 第一节　模型设计

## 一、超效率 SBM 模型

数据包络分析法是一种基于被评价单元对象间相对比较的非参数技术效率分析方法，是 1978 年由著名的运筹学家 Charnes、Cooper 和 Rhodes 首次提出的一种系统分析方法，是通过保持决策单元（DMU）输入或者输出的不变，借助于数学规划和统计数据确定相对有效的生产前沿面，将各个决策单元投影到 DEA 的生产前沿面上，并通过比较决策单元偏离 DEA 前沿面的程度来评价它们的相对有效性。DEA 方法是效率分析方面研究中普遍采用的一种非参数效率分析方法。其自诞生之日起被广泛地应用于企事业单位经营效率、各类资源配置效率等行业领域。由于 DEA 有使用范围广、系统原理相对简单这两个特点，在分析多投入、多产出的情况时的优势尤其明显，所以其应用范围拓展迅速，涉及教育、电力、邮政、电信、物流企业管理等众多领域。国内外这方面的文献数量并不多，现有文献主要是效率评价。

DEA 方法是以相对效率概念为基础、以非线性规划为工具、对同类型的部门或单位进行相对有效性或效益评价的一种非参数统计方法。应用数学规划模型计算比较决策单元之间的相对效率，对评价对象做出评价，能充分考虑对于决策单元本身最优的投入产出方案，因而能够更理想地反映评价对象自身的信息和特点，同时对于评价复杂系统的多投入、多产出分析具有独到之处。

DEA 方法是处理多输入、多输出问题的多目标决策方法，特别适用于具有多种投入、多种产出的复杂系统，具有以下四个特点：

第一，DEA 以决策单位各输入输出的实际数据求得最优权重，从最有利于决策单元的角度进行评价，从而避免主观地确定各输入输出指标的权重。

第二，DEA 方法属于非参数法，衡量效率时不需要预设投入和产出之间的生产函数与相关参数，允许生产前沿函数因为决策单位的不同而不同，不需要弄清楚各个评价决策单元的输入与输出之间的关联方式，排除了很多主观的因素，具有很强的客观性。

第三，DEA 方法并不直接对数据进行综合，因此决策单元的最优效率指标和投入指标值及产出指标值的量纲选取无关，应用 DEA 方法建立模型无须对数据进行无量纲化处理。

第四，对于非有效决策单元，DEA 的评价结果不仅能指出指标的调整方向，而且还可以利用松弛变量分析给出具体的调整量。

DEA 方法于 1978 年被首次提出以来，各界学者从不同的角度入手，对其作了大量研究，DEA 理论中已有多种模型，其中应用比较普遍的模型有径向距离函数模型 CCR 模型和 BCC 模型、至前沿最远距离模型 SBM 模型、超效率 SE-DEA 模型、CCGSS 模型和 CCW 模型等。基于本书内容的需要，设计采用投影值约束加权 SBM 模型（RWSBM 模型）进行截面数据分析，采用 Malmquist 全局参比指数模型进行评价单元面板数据动态变化分析。

DEA 基础模型是径向函数模型，在径向函数模型中，无效 DMU 的改进方式为所有投入产出等比例增加或减少，DEA 径向距离函数模型的基础模型是 CCR 模型和 BCC 模型。

DEA 方法最基本的模型就是 CCR 模型，其基本假设是规模收益不变，模型得出的技术效率包括了规模效率的成分，所以也经常被称为综合技术效率。DEA 将效率的测度对象作为决策单元（Descision Ming Unit，DMU），DMU 可以是任意具有可以测量的投入、产出（或输入、输出）的部门、单位等单元，如厂商、学校、医院、分公司和项目决策单位，也可以是个人，如员工、学生等。必要条件是各个 DMU 之间具有可比性。

假设有 n 个决策单元，每个决策单元都由 m 种类型的输入以及 s 种类型的输出，如式（3-1）所示：

$$
X = \begin{bmatrix} v_1 \\ v_2 \\ \vdots \\ v_i \\ \vdots \\ v_m \end{bmatrix} = \begin{bmatrix} x_{11} & x_{12} & \cdots & x_{1j} & \cdots & x_{1n} \\ x_{21} & x_{22} & \cdots & x_{2j} & \cdots & x_{2n} \\ \vdots & \vdots & & \vdots & & \vdots \\ x_{i1} & x_{i2} & \cdots & x_{ij} & \cdots & x_{in} \\ \vdots & \vdots & & \vdots & & \vdots \\ x_{m1} & x_{m2} & \cdots & x_{mj} & \cdots & x_{mn} \end{bmatrix}
$$

$$
\tag{3-1}
$$

$$
Y = \begin{bmatrix} u_1 \\ u_2 \\ \vdots \\ u_r \\ \vdots \\ u_i \end{bmatrix} = \begin{bmatrix} y_{11} & y_{12} & \cdots & y_{1j} & \cdots & y_{1n} \\ y_{21} & y_{22} & \cdots & y_{2j} & \cdots & y_{2n} \\ \vdots & \vdots & & \vdots & & \vdots \\ y_{r1} & y_{r2} & \cdots & y_{rj} & \cdots & y_{rn} \\ \vdots & \vdots & & \vdots & & \vdots \\ y_{s1} & y_{s2} & \cdots & y_{sj} & \cdots & y_{sn} \end{bmatrix}
$$

式中，每个决策单元 $j$（$j = 1, 2, \cdots, n$）对应一个输入向量 $x_j = (x_{1j}, x_{2j}, \cdots, x_{mj})^T$ 和一个输出向量 $Y_j = (y_{1j}, y_{2j}, \cdots, y_{nj})^T$。$x_{ij}$ 为第 $j$ 个决策单元对第 $i$ 种类型输入的投入总量，$x_{ij} > 0$；$y_{ij}$ 为第 $j$ 个决策单元对第 $r$ 种类型输出的产出总量，$y_{ij} > 0$；$v_i$ 为对第 $i$ 种类型输入的一种度量；$u_r$ 为对第 $r$ 种类型

输出的一种度量；$i = 1, 2, \cdots, m; j = 1, 2, \cdots, n; r = 1, 2, \cdots, s$。

假设有 n 个（$n \geq 1$）决策单元（DMU），每个 DMU 都有 m 项输入指标和 s 项输出指标，见式（3-2）。

$$\mathrm{Max}\, h_{j\varepsilon} = \frac{\sum_{r=1}^{s} U_r Y_{rj\varepsilon}}{\sum_{i=1}^{m} V_i X_{ij\varepsilon}}$$

$$\mathrm{s.t.}\ \frac{\sum_{r=1}^{s} U_r y_{rj}}{\sum_{i=1}^{m} V_i X_{ij}} \leq 1 \tag{3-2}$$

$$U_r \geq \varepsilon > 0,\ V_i \geq \varepsilon > 0$$

$$r = 1, 2, \cdots, s;\ i = 1, 2, \cdots, m;\ j = 1, 2, \cdots, n$$

式中，$y_{rj}$ 和 $X_{ij}$ 分别为第 j 个决策单元 DMU 的第 r 项产出和第 i 项投入；$U_r$ 和 $V_i$ 分别为产出项 r 和投入项 i 的权重；效率评价指数 $h_{j\varepsilon}$ 的含义是：在权重 $U_r$ 和 $V_i$ 下，投入为 $X_{ij}$ 产出为 $y_{rj}$ 时，决策单元 j 的投入产出比，即相对效率值。$\varepsilon$ 为非阿基米德无穷小量（小于任何正数且大于 0 的数）。CCR 模型的线性规划形式如式（3-3）所示：

$$\mathrm{Max}\, h_{j\varepsilon} = \sum_{r=1}^{s} U_r Y_{rj\varepsilon}$$

$$\mathrm{s.t.}\ \sum_{i=1}^{m} V_i X_{ij} = 1 \tag{3-3}$$

$$\sum_{r=1}^{s} U_r Y_{rj\varepsilon} - \sum_{i=1}^{m} V_i X_{ij} \leq 0$$

$$U_r \geq \varepsilon > 0,\ V_i \geq \varepsilon > 0$$

$$r = 1, 2, \cdots, s;\ i = 1, 2, \cdots, m;\ j = 1, 2, \cdots, n$$

为方便计算，通过对偶形式简化，模型将被转换为式（3-4）：

$$Minh_{j\varepsilon} = \theta_\varepsilon$$

$$\sum_{j=1}^{m} \lambda_j x_{rj} \leqslant \theta_\varepsilon x_{ij\varepsilon}$$

$$\sum_{j=1}^{m} \lambda_i Y_{rj} \geqslant Y_{rj\varepsilon} \tag{3-4}$$

$$\lambda_j \geqslant 0$$

$$r = 1, 2, \cdots, s; \ i = 1, 2, \cdots, m; \ j = 1, 2, \cdots, n$$

当 θ=1 时，说明该决策单元 DEA 有效，达到最优配置；当 θ<1 时，说明该决策单元 DEA 无效，存在资源浪费。λ≠0 对应所有 j 概括为被评价的所有决策单元 DMU 参数集合，通过 $\sum_{j=1}^{n} \lambda_j$ 能够判断各决策单元 DMU 的规模报酬阶段：

当 $\sum_{j=1}^{n} \lambda_j$ < 1 时，DMU 处于规模报酬递增阶段；

当 $\sum_{j=1}^{n} \lambda_j$ = 1 时，DMU 处于规模报酬不变阶段；

当 $\sum_{j=1}^{n} \lambda_j$ > 1 时，DMU 处于规模报酬递减阶段。

上述的 CCR 模型以规模效益不变为假设前提，但这种假设往往与实际情况不符。判断一个决策单元无效率时，可能该单元并非技术无效率，可能是由配置效率引起的，还可能是由规模不合理引起的。BCC 模型是将技术效率分解为纯技术效率和规模效率，综合技术效率、纯技术效率及规模效率三者之间的关系为：综合技术效率（TE）＝纯技术效率（PTE）×规模效率（SE）。BCC 模型如式（3-5）所示：

$$Maxh_{j\varepsilon} = \frac{\sum_{r=1}^{s} U_r Y_{rj\varepsilon}}{\sum_{i=1}^{m} V_i X_{ij} + V_{j\varepsilon}} \tag{3-5}$$

$$s.t. \ \frac{\sum_{r=1}^{s} U_r y_{rj\varepsilon}}{\sum_{i=1}^{m} V_i X_{ij} + V_{i\varepsilon}} \leqslant 1$$

$$U_r \geqslant \varepsilon > 0, \quad V_i \geqslant \varepsilon > 0$$

$$r = 1, 2, \cdots, s; \quad i = 1, 2, \cdots, m, \quad j = 1, 2, \cdots, n$$

BCC 模型的线性规划形式如式（3-6）所示：

$$Maxh_{j\varepsilon} = \sum_{r=1}^{s} U_r Y_{rj\varepsilon} - V_{i\varepsilon}$$

$$s.t. \sum_{i=1}^{m} V_i X_{ij\varepsilon} = 1$$

$$\sum_{r=1}^{s} U_r Y_{rj\varepsilon} - \sum_{i=1}^{m} V_i X_{ij} - V_{i\varepsilon} \leqslant 0$$

$$U_r \geqslant 0, \quad V_{i\varepsilon} \geqslant 0$$

$$(3-6)$$

$$r = 1, 2, \cdots, s; \quad i = 1, 2, \cdots, m; \quad j = 1, 2, \cdots, n$$

$V_{i\varepsilon}$ 代表规模报酬指标，通过它能够判断出决策单元 DMU 的规模报酬阶段：

当 $V_{i\varepsilon} < 0$ 时，该决策单元处于规模报酬递增阶段；

当 $V_{i\varepsilon} = 0$ 时，该决策单元处于规模报酬不变阶段；

当 $V_{i\varepsilon} > 0$ 时，该决策单元处于规模报酬递减阶段。

将上述线性规划模型对偶转化为式（3-7）：

$$Minh_{j\varepsilon} = \theta_\varepsilon$$

$$s.t. \sum_{i=1}^{m} \lambda_i x_{ij} \leqslant \theta_\varepsilon X_{ij\varepsilon}$$

$$\sum_{j=1}^{n} \lambda_j X_{ij} \geqslant Y_{ij\varepsilon}$$

$$\sum_{J=1}^{N} \lambda_j = 1$$

$$\lambda \geqslant 0$$

$$(3-7)$$

$$r = 1, 2, \cdots, s; \quad i = 1, 2, \cdots, m; \quad j = 1, 2, \cdots, n$$

当 $\theta = 1$ 时，说明该决策单元 DEA 有效，达到最优配置；当 $\theta < 1$ 时，说明该决策单元 DEA 无效，存在资源浪费。

传统 DEA 模型的本质是属于角度和径向的 DEA 度量方法，在评价决策单元效率时，期望决策单元的产出越高越好，投入则越小越好，这便是通常所认为的期望投入产出。这种方法会形成投入要素的"松弛"或者"拥挤"问题，当存在产出或者投入的"非零松弛"情况时，容易高估决策单元的效率值。为克服角度和径向 DEA 模型的缺点，考虑到生产活动中涉及期望产出和非期望产出，Tone 提出非角度、非径向的 SBM 模型，其模型构成如下：

假设生产系统有 n 个决策单元，每个决策单元均有投入 X、期望产出 $Y^g$ 和非期望产出 $Y^b$ 三个向量，这三个向量分别为 $x \in R^m$、$y^g \in R^{s_1}$、$y^b \in R^{s_2}$，可定义矩阵 X、$Y^g$、$Y^b$ 如式（3-8）所示：

$$X = \left[ x_1, \cdots, x_n \right] \in R^{m \times n} > 0$$
$$Y^g = \left[ y_1{}^g, \cdots, y_2{}^g \right] \in R^{s_1 \times n} > 0 \qquad (3-8)$$
$$Y^b = \left[ y_1{}^b, \cdots, y_2{}^b \right] \in R^{s_2 \times n} > 0$$

考虑非期望产出的 SBM 模型如式（3-9）所示：

$$\rho = \min \frac{1 - \dfrac{1}{m} \sum_{i=1}^{m} \dfrac{s_i^-}{x}}{1 + \dfrac{1}{s_1 + s_2} \left( \sum_{r=1}^{s_1} \dfrac{s_r^g}{y_{rk}} + \sum_{l=1}^{s_2} \dfrac{s_l^b}{y_{lk}} \right)} \qquad (3-9)$$

$$s.t. \ x_k = X\lambda + s^- \ y_k^g = Y^g\lambda - s^g \ y_k^b = Y^b\lambda + s^b$$

$$s^- \geq 0, \ s^g \geq 0, \ s^b \geq 0, \ \lambda \geq 0$$

式中，$s^b$ 为非期望产出、$s^g$ 为期望产出、$s^-$ 为投入的松弛量；$\lambda$ 为权重向量；$\rho$ 表示目标效率值，取值区间为 $[0, 1]$；$\rho = 1$，说明该决策单元是有效的，$\rho < 1$，说明决策单元无效，投入或产出存在改进空间。

但经济发展的过程必然存在环境污染等非期望产出，且若干不同地区的经济活动同时处于 DEA 效率前沿面时，则无法有效地区分决策单元。因此，本书在评价山东经济发展绩效时采用考虑非期望产出的 Super-SBM 模型。参照 Tone 等的做法，排除决策单元（$x_0$，$y_0$）的有限生产可能性集如式（3-10）所示：

$$P/ \ (x_0, y_0) =$$

$$\left\{ (x, \bar{y}^g, \bar{y}^b) \mid \bar{x} \geq \sum_{j=1}^{n} \lambda_j x_j, \ \bar{y}^g \leq \sum_{j=1}^{n} \lambda_j y_j^g, \ \bar{y}^b \geq \sum_{j=1}^{n} \lambda_j y_j^b, \ \bar{y}^g \geq 0, \ \lambda \geq 0 \right\}$$

$$(3-10)$$

考虑非期望产出的 Super – SBM 模型的分式规划形式如式（3–11）所示：

$$\rho^* = \min \frac{\dfrac{1}{m}\sum\limits_{i=1}^{m}\dfrac{\bar{x_i}}{x_{ik}}}{\dfrac{1}{s_1+s_2}\left(\sum\limits_{r=1}^{s_1}\dfrac{\bar{y}_r^g}{y_{rk}^g}+\sum\limits_{l=1}^{s_2}\dfrac{\bar{y}_l^b}{y_{lk}^g}\right)}$$

$$s.t.\ \bar{x}\geqslant\sum_{j=1,\neq0}^{n}\lambda_j x_j,\ \bar{y}^g\leqslant\sum_{j=1,\neq0}^{n}\lambda_j y_j^g$$

$$\bar{y}^b\leqslant\sum_{j=1,\neq0}^{n}\lambda_j y_j^b,\ \bar{x}\geqslant x_k,\ \bar{y}^g\leqslant y_k^g,\ \bar{y}^b\leqslant y_k^b$$

$$\sum_{j=1,\neq0}^{n}\lambda_j=1,\ \bar{y}^g\geqslant0,\ \lambda\geqslant0$$

(3–11)

式中，$\rho^*$ 是目标效率，其他变量含义同式（3–9）。考虑非期望产出的超效率 SBM 模型具有以下两点优势：一是决策单元的效率值不会局限于 0~1，这就可以对多个效率进行有效的决策单元排序；二是充分考虑并且可以有效地解决投入、产出变量的松弛性问题。

## 二、Malquist 指数

当被评价 DMU 的数据为包含多个时间点观测值的面板数据时，就可以对生产率的变动情况、技术效率和技术进步各自对生产率变动所起的作用进行分析，这就是常用的 Malmquist 全要素生产率（Total Factor Productivity，TFP）指数。

Malmquist 生产率指数的概念最早源于 Malmquist（1953），因此又称为 Malmquist 指数。Fare 等（1992）最早采用 DEA 的方法计算 Malmquist 指数，并将 Malmquist 指数分解为两个方面的变化：一是被评价 DMU 在两个时期内的技术效率的变化（Techical Efficiency Change，EC）；二是生产技术的变化（Technological Change，TC），在 DEA 分析中反映生产前沿的变动情况。

Malmquist 生产率指数模型经过多年的研究和发展，包括相邻参比 Malmquist 指数模型、相邻联合前沿参比单一 Malmquist 指数模型、固定参比 Malmquist 指数模型和全局参比 Malmquist 指数模型（Global Malmquist）等。现有文献进行面板数据效率动态特征分析时多采用相邻参比 Malmquist 指数模型，相邻参比 Malmquist 指数模型是最早采用，也是采用最多的模型。本书构建全要素生产率全局参比指数模型进行研究，主要考虑全局参比 Malmquist 指数模型的优势有：全局参比 Malmquist 指数模型不存在 VRS 模型无可行解的问题。全局参比 Malmquist 指数模型的计算，相当于增加了 DMU 的数量，提高了计算精度。全局参比 Malmquist 指数模型得出的各期效率值具有可比性，可以制作折线图、柱状图等，可以直观地观察各个时期的生产率变化情况。

全局参比 Malmquist 指数模型是由 Pastor 和 Lovell（2005）提出的一种 Malmquist 指数计算方法，以所有各期的总和为参考集，各期采用同一前沿，Malmquist 生产率指数如式（3-12）所示：

$$M_g\left(x^{t+1},\ y^{t+1},\ x^t,\ y^t\right)=\frac{E^g\left(x^{t+1},\ y^{t+1}\right)}{E^g\left(x^t,\ y^t\right)} \tag{3-12}$$

技术效率变化如式（3-13）所示：

$$EC=\frac{E^{t+1}\left(x^{t+1},\ y^{t+1}\right)}{E^t\left(x^t,\ y^t\right)} \tag{3-13}$$

前沿 t+1 与全局前沿接近的程度可由 $\frac{E^g\left(x^{t+1},\ y^{t+1}\right)}{E^{t+1}\left(x^{t+1},\ y^{t+1}\right)}$ 来表示，比值越大说明前沿 t+1 与全局前沿越接近；前沿 t 与全局前沿接近的程度可由 $\frac{E^g\left(x^t,\ y^t\right)}{E^t\left(x^t,\ y^t\right)}$ 来表示，比值越大说明 t 与全局前沿越接近；前沿 t+1 与前沿 t 相比，其变动情况技术变化则可以由两个比值的比值来表示，见式（3-14）：

$$TC_g=\frac{\dfrac{E^g\left(x^{t+1},\ y^{t+1}\right)}{E^{t+1}\left(x^{t+1},\ y^{t+1}\right)}}{\dfrac{E^g\left(x^t,\ y^t\right)}{E^t\left(x^t,\ y^t\right)}}=\frac{E^g\left(x^{t+1},\ y^{t+1}\right)E^t\left(x^t,\ y^t\right)}{E^{t+1}\left(x^{t+1},\ y^{t+1}\right)E^g\left(x^t,\ y^t\right)} \tag{3-14}$$

Malmquist 指数可以分解为效率变化和技术变化，见式（3-15）、式（3-16）：

$$M_g\left(x^{t+1},\ y^{t+1},\ x^t,\ y^t\right)=\frac{E^g\left(x^{t+1},\ y^{t+1}\right)}{E^g\left(x^t,\ y^t\right)} \tag{3-15}$$

$$= \frac{E^{t+1} \left( x^{t+1}, \ y^{t+1} \right)}{E^t \left( x^t, \ y^t \right)} \left( \frac{E^g \left( x^{t+1}, \ y^{t+1} \right)}{E^{t+1} \left( x^{t+1}, \ y^{t+1} \right)} \frac{E^t \left( x^t, \ y^t \right)}{E^g \left( x^t, \ y^t \right)} \right) \quad (3\text{-}16)$$

$$= EC \times TC_g$$

$$= PEC \times SEC \times TC$$

式中，PEC 为经济发展纯技术效率变化，SEC 为经济发展规模效率变化，TC 为技术变化。PEC 和 SEC 的乘积为技术效率变化（EC）。技术效率变化（EC）表示从 t 到 t+1 时期决策单元生产状况与生产前沿面的迫近程度；技术进步（TC）表示从 t 到 t+1 时期生产前沿面的移动情况。对经济发展全要素生产率变化（MI）、纯技术效率变化（PEC）、规模效率变化（SEC）、技术进步变化（TC）各项的判断有以下四点：

第一，经济发展全要素生产率变化（MI）的判别。当 MI>1 或 MI<1 时，表明从 t 到 t+1 期全要素生产率增长为正值或负值；当 MI＝1 时，表明从 t 到 t+1 期全要素生产率没有变化。

第二，经济发展纯技术效率变化（PEC）的判别。当 PEC>1 或 PEC<1 时，纯技术效率得到提升或退步；当 PEC＝1 时，纯技术效率没有变化。

第三，规模效率变化（SEC）的判别。当 SEC>1 或 SEC<1 时，表明规模效率提高或降低；当 SEC＝1 时，表明规模效率不变。

第四，技术进步变化（TC）的判别。当 TC>1 或 TC<1 时，表明技术水平在进步或衰退；当 TC＝1 时，表明技术水平没有变化。

## 三、指标选取与数据来源

本书选取 2008~2017 年山东省 17 个地市的相关数据为样本。根据历史文献选取能量消耗（E）、资本（K）、劳动力（L）作为经济发展效率测算投入指标，选择行业增加值（GDP）为期望产出，碳排放量为非期望产出。资料来源于《山东统计年鉴》及相关统计公报数据，投入产出指标及其数据计算说明如下：

资本（K）采用各区域的存量指标，固定资产投资为基本数据，选取资产折旧率为 10%，计算资本储量前，首先用固定资产投资指数对投资额进行平减，以消除价格干扰因素。劳动力（L）指标选取各区域从业人员，单位为万人。能量消耗（E）选取终端消费量，折算标准煤，单位为万吨标准煤，折算系数依据表3–1。

目前，从中国官方发布的统计年鉴中可以获取工业能源消耗数据，但并没有涉及工业碳排放数据，国际主要的温室气体排放数据开发机构仅限于国家层面的碳排放宏观数据，没有提供中国各个行业或者省份的 $CO_2$ 排放具体数据，这使得工业碳排放数据的测算作为工业经济政策决策和经济理论研究的一项基础性工作成为当务之急。已有文献在估算地区碳排放量数据时所采用的方法大致分为两种：一种方法是按照省级的能源平衡表中各个地区的天然气、油品合计和煤合计的消费总量来评估碳排放量，通过计算相应的能源碳排放系数与能源消费总量的乘积，得到各个省级的碳排放总量（蒋金荷，2011；刘明磊等，2011），但是这种方法相对粗糙，因为油品和煤中具体不同类型的细分能源，其碳排放系数并不完全一致，不加细分地统一用一种能源碳排放系数去测算，误差会较大。另一种方法是依据分地区能源平衡表上一次能源的终端消费量来估算碳排放量，只是不同学者在具体细分能源时的选择有所不同，张先锋（2013）和马大来（2015）分别选择汽油、焦炭、原油、天然气等9种和煤炭、石油、天然气3种细分能源，Wen–JingYi等（2011）选择18种能源进行估算。但这里要说明的是，本书并没有将电石、石灰、水泥等这些非碳燃烧物质在生产过程中所产生的 $CO_2$ 纳入碳排放总量。第一，与化石能源消耗所产生的 $CO_2$ 量相比，非碳燃烧物质在生产过程中产生的 $CO_2$ 很少，各个省份电石、石灰等这些非碳燃烧物的数据严重缺失（杜立民，2010）；第二，本书在后文测度工业碳排放效率时，如若将电石、石灰、水泥等非碳燃烧物质汇总纳入模型框架中，可能因为非碳燃烧物与化石燃料分属于不同类别的物质，而导致度量出的工业碳排放效率产生较大误差，这也是研究者并没有将非碳燃烧物所产生的 $CO_2$ 考虑其中的原因。

碳排放估算主要有物料衡算法、模型法和实测法三种方法。其中，模型法是利用综合评价模型或系统模型对 $CO_2$ 排放进行预测和估算，如英国经济学家尼古拉斯·斯特恩调研完成并发布的《斯特恩报告》中提及的 PAGE 模型，估算结果受到模型设定和模型中选取的关键参数的影响较大，常见于碳减排政策评估和宏观碳排放预测。实测法需要科学采样和持续检测，适用于污染物排放连续、稳定的排放口，此方法评估工业碳排放存在可靠性差、控制难、范围有限、成本高等一系列问题，实际工作中难以推广和使用。物料衡算法基于碳质量守恒定律，旨在估算化石能源燃烧的碳排放，统计不同地区、不同含碳能源的消耗情况，汇总得到 $CO_2$ 排放总量。数据获取容易、操作简单，有效地避免了能源作为燃料所导致的重复计算，在 $CO_2$ 排放数据估算中得到广泛应用，IPCC（政府间气候变化专门委员会）正是基于物料衡算法编制温室气体排放清单的。相比较而言，本书使用分省的终端能源消费量来估算 $CO_2$ 排放，更显合理，具体见式（3-17）：

$$CO_2 = \sum_{i=1} (CO_2)_i = \sum_{i=1} E_i \times CF_i \times CC_i \times COF_i \times (44/12) \quad (3-17)$$

式中，涉及的变量 $E_i$ 为工业能源消耗量（实物量），44/12 为 $CO_2$ 气化系数，$COF_i$ 为碳氧化因子，$CC_i$ 为能源的碳含量，$CF_i$ 为各类一次能源的平均低位发热量，i 为化石能源的消耗类别，考虑到 $CO_2$ 的来源主要是化石燃料能源，这里共包括十五种能源：原煤、洗精煤、其他洗煤、型煤、焦炭、焦炉煤气、其他煤气、原油、汽油、煤油、柴油、燃料油、液化石油气、炼厂干气和天然气，每一种能源的碳排放系数见表3-1。

表3-1　15种工业 $CO_2$ 排放估算中的参数明细

| 具体能源 | 平均低位发热量（KJ/kg） | 标准煤系数（kgce/kg） | 单位热值含碳量（t-C/TJ） | 碳氧化率 | $CO_2$ 排放系数（kg-$CO_2$/kg 或 kg-$CO_2$/m³） |
|---|---|---|---|---|---|
| 原煤 | 20908 | 0.7143 | 26.37 | 0.94 | 1.09003 |
| 洗精煤 | 26344 | 0.9 | 25.41 | 0.93 | 2.2829 |
| 其他洗煤 | 8363 | 0.2857 | 25.41 | 0.93 | 0.7247 |
| 型煤 | 15910 | 0.5429 | 33.56 | 0.9 | 1.7622 |
| 焦炭 | 28435 | 0.9714 | 29.42 | 0.93 | 2.8604 |
| 焦炉煤气 | 17354 | 0.5929 | 13.58 | 0.98 | 0.8469 |
| 其他煤气 | 16308 | 0.5571 | 12.1 | 0.98 | 0.7091 |
| 原油 | 41816 | 1.4286 | 20.08 | 0.98 | 3.0202 |

续表

| 具体能源 | 平均低位发热量（KJ/kg） | 标准煤系数（kgce/kg） | 单位热值含碳量（t-C/TJ） | 碳氧化率 | $CO_2$ 排放系数（kg-$CO_2$/kg 或 kg-$CO_2$/m³） |
|---|---|---|---|---|---|
| 汽油 | 43070 | 1.4714 | 18.9 | 0.98 | 2.9251 |
| 煤油 | 43070 | 1.4714 | 19.6 | 0.98 | 3.0179 |
| 柴油 | 42652 | 1.4571 | 20.2 | 0.98 | 3.0959 |
| 燃料油 | 41816 | 1.4286 | 21.1 | 0.98 | 3.1705 |
| 液化石油气 | 50179 | 1.7143 | 17.2 | 0.98 | 3.1013 |
| 炼厂干气 | 46055 | 1.5714 | 18.2 | 0.98 | 3.0119 |
| 天然气 | 38931 | 1.33 | 15.32 | 0.99 | 2.1622 |

资料来源：《综合能耗计算通则》（GB/T 2589—2008）的附录及《省级温室气体清单编制指南》（发改办气候〔2011〕1041号）的表1-5和表1-7。

在终端能源消费中，由于煤中的煤矸石、转炉煤气消费比例较小且相关数据难以获取，且考虑电力碳排放主要来自核电、水电和火电等电力生产中的碳排放较少，故忽略不计。

## 第二节　绿色发展效率测度结果分析

为测度山东省的绿色发展效率，分别研究了"两区一圈一带"经济发展技术效率与全要素生产率特征，研究参考了国务院批复的《黄河三角洲高效生态经济区发展规划》《山东半岛蓝色经济区发展规划》等国家战略规划。其中，黄区包括东营、滨州及潍坊寒亭区、寿光市、昌邑市，德州乐陵市、庆云县，淄博高青县和烟台莱州市；蓝区包括山东全部海域和青岛、东营、烟台、潍坊、威海、日照6个城市及滨州市的无棣、沾化2个沿海县所属陆域。"一圈"包括济南、淄博、泰安、莱芜、德州、聊城、滨州，共7个城市；"一带"包括枣庄、济宁、临沂、德州、聊城、菏泽6个城市和泰安市的宁阳县、东平县。

# 一、效率结果分析

## 1. 各地市经济绩效分析

本书采用考虑投入产出松弛问题的超效率 SBM 模型，将能源投入和污染物排放纳入经济绩效测评，基于上述各地市区域投入产出数据，利用 MAXDEA 统计分析软件进行测度，结果如表 3-2 所示，分别给出了 17 个地市的经济绩效评价值。

表 3-2　山东省各地市经济绩效统计值（2007~2017 年）

| 地市 | 2007 年 | 2008 年 | 2009 年 | 2010 年 | 2011 年 | 2012 年 | 2013 年 | 2014 年 | 2015 年 | 2016 年 | 2017 年 | 均值 |
|---|---|---|---|---|---|---|---|---|---|---|---|---|
| 青岛 | 1.604 | 1.347 | 1.206 | 1.401 | 1.335 | 1.208 | 1.193 | 1.171 | 1.177 | 1.254 | 2.685 | 1.416 |
| 威海 | 1.076 | 1.141 | 1.109 | 1.120 | 1.139 | 1.208 | 1.137 | 1.125 | 1.130 | 1.303 | 1.651 | 1.194 |
| 烟台 | 1.540 | 1.195 | 1.202 | 1.149 | 1.101 | 1.058 | 1.094 | 1.097 | 1.149 | 1.163 | 1.141 | 1.172 |
| 东营 | 1.096 | 1.153 | 1.107 | 1.153 | 1.293 | 1.149 | 1.154 | 1.130 | 1.271 | 1.221 | 1.000 | 1.157 |
| 莱芜 | 1.000 | 1.126 | 1.073 | 1.059 | 1.316 | 1.033 | 1.278 | 1.148 | 1.111 | 1.277 | 1.106 | 1.139 |
| 济南 | 1.153 | 1.044 | 1.038 | 1.050 | 0.930 | 1.255 | 1.017 | 1.110 | 1.106 | 1.296 | 1.151 | 1.105 |
| 潍坊 | 1.062 | 1.142 | 1.133 | 1.082 | 0.984 | 1.018 | 1.058 | 1.061 | 1.087 | 1.012 | 1.069 | 1.064 |
| 日照 | 1.652 | 1.206 | 0.933 | 1.189 | 0.700 | 0.728 | 0.931 | 0.851 | 0.773 | 1.003 | 0.891 | 0.987 |
| 淄博 | 0.979 | 1.060 | 1.054 | 1.044 | 1.107 | 0.909 | 0.922 | 0.877 | 0.884 | 0.939 | 0.891 | 0.970 |
| 济宁 | 1.069 | 1.163 | 0.931 | 0.971 | 0.918 | 1.002 | 0.839 | 0.926 | 0.988 | 0.914 | 0.942 | 0.969 |
| 菏泽 | 1.037 | 0.871 | 0.885 | 0.975 | 0.888 | 1.004 | 1.065 | 0.932 | 0.973 | 0.957 | 0.992 | 0.962 |
| 枣庄 | 1.010 | 0.902 | 0.879 | 0.850 | 0.757 | 0.756 | 0.839 | 0.743 | 0.714 | 1.075 | 1.017 | 0.867 |
| 聊城 | 1.074 | 1.013 | 0.982 | 0.982 | 0.751 | 0.760 | 0.776 | 0.705 | 0.768 | 0.861 | 0.848 | 0.865 |
| 泰安 | 0.914 | 0.950 | 0.904 | 0.912 | 0.693 | 0.702 | 0.724 | 0.745 | 0.823 | 1.117 | 0.891 | 0.852 |
| 滨州 | 0.833 | 0.852 | 0.957 | 0.928 | 0.735 | 0.742 | 0.775 | 0.681 | 0.684 | 0.787 | 0.866 | 0.804 |
| 临沂 | 0.841 | 1.044 | 0.915 | 0.871 | 0.663 | 0.871 | 0.707 | 0.680 | 0.771 | 0.642 | 0.709 | 0.792 |
| 德州 | 0.731 | 0.755 | 0.744 | 0.693 | 0.650 | 0.729 | 0.753 | 0.716 | 0.775 | 0.813 | 0.838 | 0.745 |
| 几何均值 | 1.098 | 1.057 | 1.003 | 1.025 | 0.939 | 0.949 | 0.957 | 0.923 | 0.952 | 1.037 | 1.099 | 1.004 |

从山东省 17 个地市的总体情况来看，2007~2017 年，山东省整体经济绩效大致呈现"U"型的变化趋势，2007~2011 年，经济绩效总体趋势在震荡中下降，2008 年、2017 年经济绩效分别为 1.098 和 1.099，达到 11 年间的最高点。2014 年，经济绩效降至最低点 0.923，随后逐步上升。但各年均值都没有超过 1，说明全省经济运行效率较低，投入或产出存在改进的空间。

山东省 17 个地市的经济绩效在研究期间表现出显著的区域差异性，对其绩效均值由低到高进行排序，见表 3-2。按照经济绩效均值，可将 17 个城市大致分为三类：第一类是高经济绩效城市，其绩效均值在 1 以上（包含 1），从表中可以清楚地看出，青岛、威海、烟台、东营、莱芜、济南和潍坊 7 个地市属于高经济绩效城市，其经济绩效均值在 1 以上，且每一年数据都超过 1，表示其经济运行是有效率的，应该继续保持并按照当前趋势继续发展。而日照等其余 10 个地市经济绩效均值的分布区间为 [0.745，0.987]，均小于 1，说明其经济运行效率不高，投入和产出还有待进一步优化，所以将它们划分为第二类中经济绩效城市，其经济绩效在 0.8~1，包括日照、淄博、济宁等 8 个地市。第三类为低经济绩效城市，其经济绩效小于 0.8，包括临沂和德州。绩效最高的青岛与最低的德州之间绩效差值达到 0.6 以上。在中低经济绩效城市中，济宁、枣庄河泰安等城市经济绩效数据波动幅度较大，在某些年份绩效能够达到 1 以上，说明这些地区的经济发展具有较大潜力，可以通过政府政策的倾斜和鼓励来使经济运行达到有效率的状态。而滨州、德州和临沂在 11 年数据中所有年份的绩效都没有超过 1，说明经济发展绩效还存在很大的改进空间。考察投入产出数据发现，临沂绿色经济发展绩效较低的原因主要是非期望产出较大。

总的来说，山东省各地市经济绩效之间存在较大差异，不同绩效的城市没有表现出显著的区域集聚现象。

2. "两区一圈一带"经济发展绩效分析

将各区域内所包含地市的经济绩效统计值进行汇总处理，得到"两区一圈一带"四个区域的经济绩效统计值，如表 3-3 所示。

表3-3 山东省"两区一圈一带"经济绩效统计值（2007~2017年）

| 区域 | 2007年 | 2008年 | 2009年 | 2010年 | 2011年 | 2012年 | 2013年 | 2014年 | 2015年 | 2016年 | 2017年 | 均值 |
|------|--------|--------|--------|--------|--------|--------|--------|--------|--------|--------|--------|------|
| 黄区 | 0.940 | 0.992 | 0.999 | 0.980 | 0.954 | 0.909 | 0.932 | 0.893 | 0.940 | 0.954 | 0.933 | 0.948 |
| 蓝区 | 1.338 | 1.197 | 1.115 | 1.182 | 1.092 | 1.062 | 1.095 | 1.073 | 1.098 | 1.159 | 1.406 | 1.165 |
| 一圈 | 0.955 | 0.971 | 0.965 | 0.953 | 0.883 | 0.876 | 0.892 | 0.855 | 0.879 | 1.013 | 0.942 | 0.926 |
| 一带 | 0.954 | 0.957 | 0.891 | 0.893 | 0.760 | 0.832 | 0.815 | 0.778 | 0.830 | 0.911 | 0.891 | 0.865 |
| 均值 | 1.098 | 1.057 | 1.003 | 1.025 | 0.939 | 0.949 | 0.957 | 0.923 | 0.952 | 1.037 | 1.099 | 1.004 |

　　从空间格局角度来看，各区域经济绩效均值由"蓝区""黄区"向"一圈""一带"依次递减，说明山东半岛蓝色经济区与黄河三角洲地区的经济运行效率优于省会都市圈和西部经济隆起带。尽管"蓝区"发展相对较快，经济发展绩效值均超过1，均值达到1.165，德州、聊城和菏泽等一带区域绿色经济发展绩效较低，绩效值为0.865，但是仍存在较大的改进空间，应发挥好青岛的"龙头"作用，提高济南辐射带动能力，支持济莱协作区加快建设，鼓励鲁北滨海地区发展先进的重化工业，落实好西部经济隆起带发展政策。主动融入"一带一路"、京津冀协同发展、长江经济带三大战略，促进山东省与周边省市共同发展（见图3-1）。

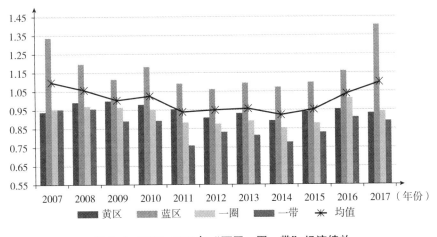

图3-1 2007~2017年"两区一圈一带"经济绩效

从时序角度看，绩效均值最高的 2017 年与最低的 2011 年相比，绩效差值达到 0.126。单独年份经济绩效的最大值出现在 2017 年的"蓝区"，为 1.406，最小值出现在 2011 年的"一带"，为 0.760。2008～2011 年，四个区域之间的经济绩效差距逐渐拉开，半岛蓝色经济区和省会都市圈一直处于引领发展的位置，2012 年后绩效差距开始缩小。

从图 3-2 中可以清晰地看到，每一个区域在 2007～2017 年的经济绩效大体上都呈现"U"型变化的趋势。"蓝区"在各个年度的经济绩效都要优于其他地区，而"一带"在绝大部分年度的经济效率都最低，两者绩效均值相差 0.3，尤其在 2011 年，区域间经济绩效的差异尤为明显，"蓝区"的经济绩效要比"一带"的经济绩效高出 0.332，更加突出体现了山东半岛上沿海地区与全部海域在经济发展中的优势。"蓝区"和"黄区"的各年份经济绩效相对较好且比较平稳，"蓝区"和"黄区"的经济发展分别以山东半岛和黄河三角洲为依托，开展海洋经济和高效生态的发展模式初见成效，并且两区的地理区域有交叉、资源产业可以互补，应该继续保持这一战略方向，引领山东东部发展。"一圈"和"一带"地区的绩效较差且波动不大，尤其是"一带"地区，2011 年以前，经济绩效在震荡中不断下降，各年间绩效高低差值在 0.23 以上，而 2013 年 8 月"西部经济隆起带"的规划开始实施后，经济绩效开始稳步提升，尤其在 2015～2016 年达到了最高的增长率，为 13.51%，而省会都市圈的经济绩效在 2010 年后有一个明显的下降后回升的过程，这说明战略规划中省会城市经济圈和西部经济隆起带的转型升级、要素集聚和产业辐射作用已经初步显现，因此可以进一步深化这一战略，发挥省会的带动作用和推动鲁苏豫皖冀交界地区的跨越融合发展。

## 二、全要素生产率指数分析

### 1. 各省域全要素生产率情况分析

根据 DEA-Malmquist 计算各省绿色全要素生产率，得到 30 个省份的绿色全要素生产率漫奎斯特指数如表 3-4、图 3-3 所示，为了更好地反映绿色全要素生产率的动态演进特征，刻画核密度分布如图 3-4 所示。

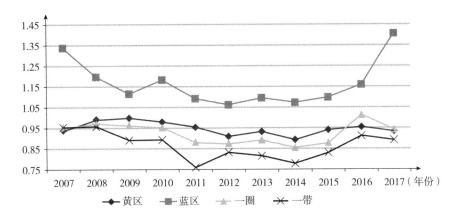

图 3-2　2007~2017 年"两区一圈一带"经济绩效

表 3-4　2009~2017 年各省区绿色全要素生产率　　单位：%

| 地区 | 2009 年 | 2011 年 | 2013 年 | 2015 年 | 2016 年 | 2017 年 | 均值 |
|---|---|---|---|---|---|---|---|
| 北京 | 0.971 | 1.119 | 1.062 | 1.060 | 1.109 | 1.169 | 1.069 |
| 天津 | 0.916 | 1.092 | 1.016 | 1.002 | 1.056 | 1.231 | 1.037 |
| 河北 | 0.853 | 1.108 | 0.982 | 0.981 | 1.111 | 1.132 | 1.013 |
| 山东 | 1.035 | 1.140 | 1.070 | 1.013 | 1.175 | 1.120 | 1.079 |
| 北部沿海 | 0.944 | 1.114 | 1.033 | 1.014 | 1.112 | 1.163 | 1.049 |
| 西藏 | 1.000 | 1.040 | 1.004 | 0.972 | 0.995 | 1.000 | 1.000 |
| 甘肃 | 0.835 | 0.999 | 0.959 | 0.949 | 1.007 | 1.330 | 0.986 |
| 青海 | 0.868 | 0.949 | 0.971 | 0.998 | 0.986 | 1.010 | 0.966 |
| 宁夏 | 0.896 | 1.016 | 0.959 | 0.990 | 1.010 | 1.146 | 0.989 |
| 新疆 | 0.894 | 0.954 | 0.943 | 0.924 | 1.014 | 1.257 | 0.985 |
| 大西北 | 0.899 | 0.991 | 0.967 | 0.967 | 1.002 | 1.149 | 0.985 |
| 广西 | 0.860 | 1.071 | 0.996 | 1.007 | 1.017 | 0.946 | 0.981 |
| 重庆 | 0.935 | 1.120 | 1.048 | 1.029 | 1.081 | 1.113 | 1.042 |
| 四川 | 0.803 | 1.149 | 1.000 | 1.099 | 1.163 | 1.224 | 1.057 |
| 贵州 | 0.896 | 0.954 | 0.982 | 1.006 | 0.998 | 1.101 | 0.984 |
| 云南 | 0.869 | 1.101 | 0.984 | 1.002 | 1.000 | 1.063 | 0.998 |

续表

| 地区 | 2009 年 | 2011 年 | 2013 年 | 2015 年 | 2016 年 | 2017 年 | 均值 |
|---|---|---|---|---|---|---|---|
| 大西南 | 0.873 | 1.079 | 1.002 | 1.029 | 1.052 | 1.089 | 1.012 |
| 辽宁 | 0.969 | 1.113 | 1.015 | 1.186 | 1.349 | 1.047 | 1.080 |
| 吉林 | 0.970 | 1.183 | 1.044 | 0.971 | 1.007 | 1.099 | 1.028 |
| 黑龙江 | 0.823 | 1.103 | 0.970 | 0.996 | 0.981 | 1.024 | 0.984 |
| 东北地区 | 0.920 | 1.133 | 1.009 | 1.051 | 1.112 | 1.057 | 1.031 |
| 上海 | 1.033 | 1.166 | 1.004 | 1.033 | 1.114 | 1.137 | 1.071 |
| 江苏 | 1.061 | 1.169 | 1.071 | 1.085 | 1.179 | 1.192 | 1.119 |
| 浙江 | 0.964 | 1.209 | 1.071 | 1.056 | 1.119 | 1.143 | 1.076 |
| 东部沿海 | 1.019 | 1.181 | 1.049 | 1.058 | 1.137 | 1.157 | 1.089 |
| 山西 | 0.824 | 1.068 | 0.919 | 0.942 | 1.005 | 1.872 | 1.034 |
| 内蒙古 | 0.957 | 1.072 | 0.944 | 1.115 | 0.971 | 1.048 | 1.007 |
| 河南 | 0.890 | 1.087 | 1.053 | 1.032 | 1.105 | 1.171 | 1.050 |
| 陕西 | 0.898 | 1.086 | 0.999 | 0.961 | 1.008 | 0.980 | 1.005 |
| 黄河中游 | 0.892 | 1.078 | 0.979 | 1.012 | 1.022 | 1.268 | 1.024 |
| 福建 | 0.969 | 1.008 | 1.012 | 1.003 | 1.126 | 1.353 | 1.040 |
| 广东 | 0.978 | 1.530 | 0.940 | 0.991 | 1.094 | 1.095 | 1.056 |
| 海南 | 0.852 | 0.982 | 0.957 | 0.973 | 1.019 | 1.181 | 0.978 |
| 南部沿海 | 0.933 | 1.174 | 0.970 | 0.989 | 1.080 | 1.210 | 1.025 |
| 安徽 | 0.913 | 1.142 | 0.985 | 0.999 | 1.053 | 1.093 | 1.017 |
| 江西 | 0.880 | 1.159 | 0.995 | 0.987 | 1.040 | 1.049 | 1.011 |
| 湖北 | 0.891 | 1.050 | 1.027 | 1.086 | 1.175 | 1.138 | 1.039 |
| 湖南 | 0.883 | 1.044 | 1.003 | 1.026 | 1.148 | 1.095 | 1.026 |
| 长江中游 | 0.892 | 1.099 | 1.003 | 1.024 | 1.104 | 1.094 | 1.023 |
| 几何均值 | 0.913 | 1.092 | 0.999 | 1.014 | 1.068 | 1.138 | 1.025 |

从整体情况来看，2008～2017 年 ML 指数均值为 1.025，总体
Malmquist 生产率指数大于 1，意味着全要素生产率总体增加，但每年增长

的比例有所不同，2008~2017 年的平均增长率为（1.025-1）×100%＝2.5%。2017 年，Malmquist 生产率指数增长幅度最大，高达 13.8%，全国考虑非期望产出的全要素生产率增长的年份有 6 年统计值在 1 以上，2013 年 ML 指数为 0.999，接近 1。少数年份 ML 指数小于 1，生产率水平下降，其中 2009 年 ML 指数有明显下降，下降率达到（1-0.913）×100%＝8.7%，可以反映出非期望产出即碳排放对生产力的制约。山东省绿色全要素生产率为 1.079，全要素生产率总体增加，年均生产率指数提高了 7.9 个百分点。

图 3-3　2008~2017 年中国经济绿色全要素生产率静态图

从图 3-3 可以看出，中国经济绿色全要素生产率水平呈现大幅增长的良好态势，这与已有文献的研究结论基本相同。八大经济区绿色全要素生产率水平区域差异不大，东部沿海和北部沿海略高，大西北地区和长江中游地区略低。从省域层面来看，绿色全要素生产率水平最高的为东部沿海的江苏，其次为北部沿海的北京和山东，绿色全要素生产率水平较低的为青海、广西、贵州、黑龙江、陕西和海南，绿色全要素生产率均值在 1 以下。

图 3-4 中的横轴表示全要素生产率水平，纵轴表示核密度。第一，从核密度分布图的曲线形状来看，中国经济全要素生产率"偏态"特征逐渐显著，经历了由"单峰"→"双峰"→"单峰"的交替演进，随着时间的推移，我国整体全要素生产率提升过程中各省之间距离有缩小的趋势。具

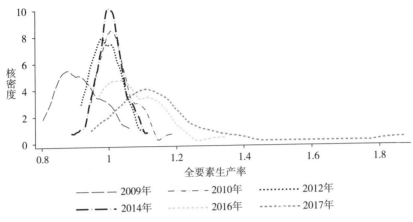

图 3-4　2009~2017 年中国经济全要素生产率核密度分布

体而言，2009~2014 年核密度曲线呈现对称分布，2016 年"偏态"特征显著，直至 2017 年，核密度右翼延长肥大的右尾，2012 年就可以观察到显著的"双峰"特征，这种特征一直持续到 2016 年，在 2017 年又恢复到"单峰"特征。表明在 2012~2016 年，中国各省份全要素生产率呈现两极分化的现象，处于中上等和较差水平的全要素生产率水平的省份提升速度相对加快，全要素生产率水平较高的省区提升速度显著减弱，这段时期，全要素生产率水平高的省份和生产率水平低的省份分别在两个均衡点收敛。第二，从绿色全要素生产率核密度分布图位置平移情况来看，逐年整体向右移动，可以较为直观地看出我国各省经济绿色全要素生产率增长的势头。第三，绿色全要素生产率核密度分布图的波峰变化显示，各省份的绿色全要素生产率 2009~2017 年由"尖峰"形状转向"宽峰"形状，且变化显著，随着时间推移峰度越发平缓，2017 年又出现大幅度右拖尾，表明省区绿色全要素生产率的趋异。

2. 山东全要素生产率总体情况分析

考虑非期望产出的全要素生产率用 ML 指数衡量，又可以分解为技术效率和技术进步两个方面，将山东省在 2007~2017 年的上述三项指标汇总得到表 3-5。

表 3-5　山东省全要素生产率总体情况统计值（2007~2017 年）

| 年份 | 技术效率 | 技术进步 | ML 指数 |
|---|---|---|---|
| 2007~2008 | 0.933 | 1.228 | 1.146 |
| 2008~2009 | 0.942 | 1.038 | 0.978 |
| 2009~2010 | 1.083 | 1.034 | 1.120 |
| 2010~2011 | 0.843 | 0.988 | 0.833 |
| 2011~2012 | 1.039 | 1.005 | 1.044 |
| 2012~2013 | 1.040 | 0.942 | 0.980 |
| 2013~2014 | 0.948 | 1.068 | 1.012 |
| 2014~2015 | 1.035 | 0.991 | 1.026 |
| 2015~2016 | 1.174 | 1.009 | 1.185 |
| 2016~2017 | 1.110 | 1.164 | 1.292 |
| 几何均值 | 1.015 | 1.047 | 1.062 |

如表 3-5 所示，2007~2017 年，考虑非期望产出的全要素生产率变化均值为 1.062，生产率指数年均提高（1.062-1）×100% ＝6.2%，主要来源于技术进步的贡献，考察期间，技术进步变化均值为 1.047，年均提高 4.7 个百分点，相比于技术进步，技术效率变化较小，年均提高 1.5 个百分点。由此可以看出，2007~2017 年，山东省技术效率不断提高、技术不断进步，考虑非期望产出的全要素生产率波段盘整提升，反映了全省的生产率提升主要依靠技术的不断进步而非技术效率的提高，非期望产出即工业能源消耗和工业碳排放已经成为制约山东省经济绿色全要素生产率提高的重要因素。

如图 3-5 所示，从山东省的整体情况来看，2008~2017 年 ML 指数呈现"下降"和"提升"的交替更迭式变化态势，重点表现在 2014 年以前交替更替特征显著，2014 年以后，山东全要素生产率上升态势显著，全要素生产率指数均大于 1，且上升幅度不断增大，2014~2015 年，生产率提高约（1.012-1）×100% ＝1.2%，发展到 2016~2017 年，生产率提高超过 20 个百分点，主要来源于技术效率和技术进步共同发力，技术效率提高接近 11 个百分点，技术进步提高约 16 个百分点，形成了生产率指数急剧提

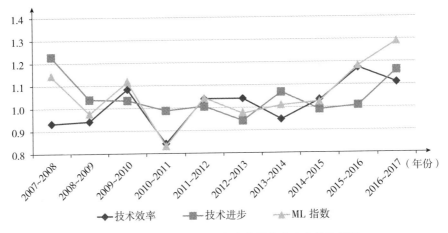

图 3-5　2007~2017 年山东省全要素生产率总体情况

升的局面。考察期内，全要素生产率指数低于 1 的分别是 2008~2009 年、2010~2011 年、2012~2013 年，降幅最大的是 2010~2011 年，生产率指数降幅高达（1-0.83302）×100%=16.4%，降幅急剧的原因是由于技术效率和技术进步的双重下降，尤其是技术效率的大幅度下降。

考察期内，山东省经济发展技术进步指数变化呈现浅"U"型特征，先出现小幅度下降，然后盘整上升，技术进步年均提高（1.047-1）×100%=4.7%，其中 2007~2008 年增幅最大，高达 22 个百分点，2016~2017 年其次，增幅约为 16 个百分点。山东经济发展技术进步指数有小于 1 的情况，表示技术进步出现下降的情况，分别为 2010~2011 年、2012~2013 年和 2014~2015 年，意味着该年度较前一年度出现小幅技术退步，其中 2013 年比 2012 年降幅稍大，降幅约为 0.6 个百分点。

山东省经济发展技术效率指数呈现波段式上涨的态势，年均技术效率指数为 1.015，意味着山东技术效率指数年均提高（1.015-1）×100%=1.5%，整体看来技术效率指数提高幅度小于技术进步，也就是说山东省全要素生产率的提高更多地来源于技术进步的贡献度。技术效率增幅最大的为 2015~2016 年，增幅超过 17 个百分点，2016~2017 年，增幅放缓，但也高达 11 个百分点，技术效率最低的为 2010~2011 年，同时也是全要素生产率最低的时间点，技术效率降幅接近 16%。

## 3. 山东省 17 个地市 ML 指数分析

Malmquist-Luenberger 指数是考虑非期望产出的全要素生产率，可以反映出经济中的总产出与全部真实投入之间的关系。将山东省 17 个地市在 2007~2017 年的 ML 指数汇总得到表 3-6。

表 3-6　17 个地市 ML 指数（2007~2017 年）

| 地市 | 2007~2008 年 | 2008~2009 年 | 2009~2010 年 | 2010~2011 年 | 2011~2012 年 | 2012~2013 年 | 2013~2014 年 | 2014~2015 年 | 2015~2016 年 | 2016~2017 年 | 均值 |
|---|---|---|---|---|---|---|---|---|---|---|---|
| 滨州 | 1.079 | 1.124 | 0.984 | 0.777 | 0.995 | 0.865 | 0.874 | 0.956 | 0.944 | 1.028 | 0.963 |
| 德州 | 1.103 | 0.985 | 0.942 | 0.911 | 1.092 | 0.947 | 0.951 | 1.067 | 0.987 | 1.052 | 1.004 |
| 东营 | 1.219 | 0.919 | 2.148 | 0.514 | 1.098 | 0.928 | 0.992 | 1.169 | 0.926 | 0.883 | 1.080 |
| 菏泽 | 0.885 | 1.016 | 1.363 | 0.694 | 0.999 | 1.029 | 0.799 | 1.018 | 1.057 | 1.394 | 1.025 |
| 济南 | 1.055 | 1.054 | 1.080 | 0.898 | 1.039 | 0.996 | 0.987 | 0.989 | 0.829 | 1.964 | 1.089 |
| 济宁 | 1.616 | 0.808 | 0.977 | 0.768 | 1.120 | 0.943 | 0.983 | 1.063 | 0.916 | 1.175 | 1.037 |
| 莱芜 | 1.032 | 0.955 | 0.995 | 1.238 | 0.755 | 1.172 | 0.900 | 0.968 | 1.963 | 2.532 | 1.251 |
| 聊城 | 1.120 | 0.972 | 1.002 | 0.755 | 0.994 | 0.884 | 0.909 | 0.955 | 0.944 | 1.088 | 0.962 |
| 临沂 | 1.419 | 0.881 | 0.952 | 0.756 | 1.261 | 0.760 | 0.962 | 1.122 | 0.834 | 1.166 | 1.011 |
| 青岛 | 1.481 | 1.046 | 1.292 | 1.019 | 1.008 | 1.074 | 1.057 | 1.084 | 2.891 | 1.861 | 1.381 |
| 日照 | 1.529 | 0.775 | 1.285 | 0.530 | 0.991 | 1.002 | 0.910 | 0.895 | 1.385 | 1.228 | 1.053 |
| 泰安 | 1.151 | 0.952 | 1.001 | 0.746 | 1.011 | 0.998 | 1.026 | 1.104 | 1.640 | 1.399 | 1.103 |
| 威海 | 1.686 | 0.998 | 1.047 | 1.036 | 1.119 | 0.981 | 1.024 | 1.063 | 1.223 | 2.402 | 1.258 |
| 潍坊 | 1.258 | 0.998 | 0.931 | 0.858 | 1.062 | 1.012 | 0.998 | 1.013 | 0.909 | 1.481 | 1.052 |
| 烟台 | 1.324 | 1.097 | 1.131 | 0.988 | 1.026 | 1.097 | 1.044 | 1.138 | 1.046 | 1.206 | 1.110 |
| 枣庄 | 1.089 | 0.976 | 0.967 | 0.851 | 0.941 | 0.929 | 0.873 | 0.900 | 1.173 | 1.992 | 1.069 |
| 淄博 | 1.315 | 1.032 | 1.002 | 0.864 | 1.013 | 0.970 | 0.951 | 0.939 | 0.554 | 1.662 | 1.030 |

17 个地市在 2007~2017 年 ML 指数总体存在明显的区域差异性，绝大多数地市经济发展绿色全要素生产率考察期内总体上升，仅聊城和滨州绿色全要素生产率出现小幅下降，其全要素生产率指数分别为 0.962 和

0.963，年均下降不足 4 个百分点，其他 15 个地市绿色全要素生产率呈现不同程度的上升，其中上升最大的为青岛，绿色全要素生产率年均提高 （1.381-1）×100%＝38.1%，增幅显著，增幅较小的为临沂和德州，绿色全要素生产率呈现小幅上涨。为了更清晰地刻画各地市绿色全要素生产率的横向比较情况，将 2007～2017 年山东省 17 个地市的 ML 指数均值由低到高进行排序。各地市的 ML 指数存在明显的区域差异性，全要素生产率最高的青岛比最低的聊城的 ML 指数要高出 0.12。可以看到聊城、滨州两个城市考虑非期望产出的全要素生产率均值略低于 1，期间全要素生产率提高不大，其他 15 个地市绿色全要素生产率指数均高于 1，呈现不同程度的提高，排在前六名的地市为青岛、威海、莱芜、烟台、泰安和济南。

根据山东省 17 个地市 ML 指数计算出"两区一圈一带"ML 指数统计值如表 3-7 所示。

表 3-7　"两区一圈一带"ML 指数统计值（2007～2017 年）

| 区域 | 2007～ 2008 年 | 2008～ 2009 年 | 2009～ 2010 年 | 2010～ 2011 年 | 2011～ 2012 年 | 2012～ 2013 年 | 2013～ 2014 年 | 2014～ 2015 年 | 2015～ 2016 年 | 2016～ 2017 年 | 均值 |
|---|---|---|---|---|---|---|---|---|---|---|---|
| 黄区 | 1.195 | 1.012 | 1.201 | 0.785 | 1.052 | 0.944 | 0.953 | 1.029 | 0.864 | 1.221 | 1.021 |
| 蓝区 | 0.998 | 0.972 | 1.306 | 0.824 | 1.050 | 1.016 | 1.004 | 1.060 | 1.397 | 1.510 | 1.116 |
| 一圈 | 1.195 | 1.012 | 1.201 | 0.785 | 1.052 | 0.944 | 0.953 | 1.029 | 0.864 | 1.221 | 1.021 |
| 一带 | 1.197 | 0.941 | 1.029 | 0.783 | 1.060 | 0.927 | 0.929 | 1.033 | 1.079 | 1.124 | 1.010 |
| 均值 | 1.146 | 0.984 | 1.184 | 0.794 | 1.054 | 0.958 | 0.960 | 1.038 | 1.051 | 1.319 | 1.045 |

如表 3-7 所示，"黄区"在 2007～2017 年的 ML 指数变化均值为 1.021，10 年间黄河三角洲地区 ML 指数有升有降，总体均值上涨了 2.1 个百分点，2016～2017 年上涨幅度最大，绿色全要素生产率指数为 1.221，上涨了 22 个百分点，当然，也存在部分年份生产率出现下降的情况，如 2010～2011 年、2012～2013 年、2013～2014 年和 2015～2016 年，其中 2010～2011 年的下降幅度最大，下降幅度超过 20 个百分点，多数年份绿色全要素生产率呈现提升特征。相比于"黄区""一圈一带"蓝区绿色全要

素生产率最高，生产率 MI 指数均值为 1. 116，意味着年均增加 11. 6 个百分点，其中 2016～2017 年上涨幅度最大，高达（1. 510－1）×100% ＝ 51. 0%，其次是 2009～2010 年，上涨幅度值为 30. 6 个百分点，只有三个年份，绿色全要素生产率出现下降，MI 指数小于 1。“一圈”绿色全要素生产率与黄区基本一致，“一带”经济发展绿色全要素生产率最低，MI 指数均值为 1. 010，绿色全要素生产率考察期内变化不大（见图 3-6）。

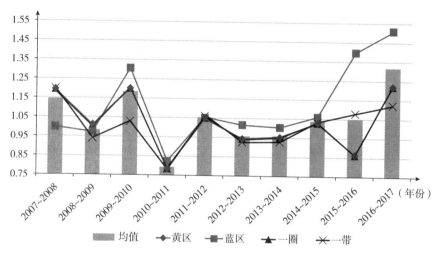

图 3-6　2007～2017 年“两区一圈一带”ML 指数统计值

从时序角度来看，四个区域的 ML 指数随时间推移的变动趋势比较一致，最小值都出现在 2010～2011 年，并且经过一系列的震荡波动后，在 2017 年均出现大幅回升水平。具体从不同区域来看，“黄区”存在两个明显的下降波谷的特征，分别是 2010～2011 年的 0. 785 和 2015～2016 年的 0. 864，存在一个上升波峰，是 2011～2012 年的 1. 052，在 2016～2017 年实现了 22. 1% 的最大增长率。“蓝区”存在一个明显的下降波谷，是 2010～2011 年的 0. 824，存在两个上升波峰，分别是 2009～2010 年的 1. 306 和 2016～2017 年的 1. 510，同样地，“蓝区”的最大增长率也出现在 2016～2017 年。“一圈”与“一带”地区的 ML 指数变动更是几乎完全一致，“一圈”比“一带”的 ML 指数高出大致相同的数值，说明省会都市圈的技术进步和技术效率都要优于西部经济隆起带。2008～2009 年，“一圈”和

"一带"地区的 ML 指数均出现大幅降低，下降率接近 20 个百分点，这种情况的出现在很大程度上是由于受到了全球性金融危机的影响，2010 年，ML 指数又开始了新一轮的下降，但很快就在 2011 年恢复到之前的水平，但是 2008~2017 年，"一带"的各年 ML 值四个年度小于 1，但是最终在 2015~2016 年、2016~2017 年两区域分别取得了大幅的增长，扭转了这种局面，迎来了绿色全要素生产率的提高。

4. 山东 17 个地市技术效率分析

技术效率指投入与产出因素之间的最佳配置状态。将山东省 17 个地市在 2007~2017 年的技术效率统计值汇总得到表 3-8。

表 3-8　17 个地市技术效率统计值（2007~2017 年）

| 地市 | 2007~2008 年 | 2008~2009 年 | 2009~2010 年 | 2010~2011 年 | 2011~2012 年 | 2012~2013 年 | 2013~2014 年 | 2014~2015 年 | 2015~2016 年 | 2016~2017 年 | 均值 |
|---|---|---|---|---|---|---|---|---|---|---|---|
| 滨州 | 1.023 | 1.124 | 0.969 | 0.792 | 1.010 | 1.045 | 0.878 | 1.005 | 1.152 | 1.100 | 1.010 |
| 德州 | 1.033 | 0.985 | 0.932 | 0.938 | 1.122 | 1.033 | 0.951 | 1.082 | 1.048 | 1.030 | 1.016 |
| 东营 | 0.836 | 0.746 | 1.952 | 0.506 | 0.966 | 0.924 | 0.980 | 1.125 | 0.961 | 0.819 | 0.981 |
| 菏泽 | 0.840 | 1.016 | 1.328 | 0.756 | 1.044 | 1.055 | 0.799 | 1.044 | 1.292 | 1.188 | 1.036 |
| 济南 | 0.905 | 0.994 | 1.012 | 0.885 | 1.027 | 1.064 | 0.993 | 0.996 | 0.791 | 1.446 | 1.012 |
| 济宁 | 1.338 | 0.801 | 0.977 | 0.789 | 1.145 | 1.021 | 0.984 | 1.076 | 0.916 | 1.034 | 1.008 |
| 莱芜 | 1.126 | 0.953 | 0.986 | 1.243 | 0.785 | 1.236 | 0.898 | 0.968 | 1.349 | 1.436 | 1.098 |
| 聊城 | 0.943 | 0.970 | 0.999 | 0.764 | 1.013 | 1.020 | 0.909 | 1.089 | 1.121 | 0.985 | 0.981 |
| 临沂 | 1.241 | 0.876 | 0.952 | 0.761 | 1.314 | 0.811 | 0.962 | 1.135 | 0.833 | 1.104 | 0.999 |
| 青岛 | 1.096 | 0.895 | 1.162 | 0.953 | 0.904 | 0.988 | 0.982 | 1.005 | 1.764 | 1.425 | 1.117 |
| 日照 | 0.972 | 0.774 | 1.274 | 0.589 | 1.040 | 1.279 | 0.913 | 0.909 | 1.298 | 0.888 | 0.994 |
| 泰安 | 1.040 | 0.951 | 1.010 | 0.760 | 1.012 | 1.032 | 1.029 | 1.105 | 1.357 | 0.797 | 1.009 |
| 威海 | 0.987 | 0.972 | 1.010 | 1.017 | 1.061 | 0.941 | 0.989 | 1.005 | 1.153 | 1.267 | 1.040 |
| 潍坊 | 1.121 | 0.988 | 0.931 | 0.855 | 1.059 | 1.065 | 1.005 | 1.039 | 0.891 | 1.093 | 1.005 |
| 烟台 | 1.001 | 1.006 | 0.956 | 0.958 | 0.961 | 1.034 | 1.003 | 1.048 | 1.012 | 1.081 | 1.039 |
| 枣庄 | 0.893 | 0.975 | 0.967 | 0.891 | 0.998 | 1.111 | 0.885 | 0.961 | 1.505 | 1.225 | 1.041 |

续表

| 地市 | 2007~2008 年 | 2008~2009 年 | 2009~2010 年 | 2010~2011 年 | 2011~2012 年 | 2012~2013 年 | 2013~2014 年 | 2014~2015 年 | 2015~2016 年 | 2016~2017 年 | 均值 |
|---|---|---|---|---|---|---|---|---|---|---|---|
| 淄博 | 1.082 | 0.994 | 0.991 | 0.869 | 1.001 | 1.014 | 0.951 | 1.009 | 0.610 | 1.651 | 1.017 |
| 均值 | 0.933 | 0.942 | 1.083 | 0.843 | 1.039 | 1.040 | 0.948 | 1.035 | 1.274 | 1.110 | 1.025 |

　　山东省 17 个地市 2007~2017 年的技术效率统计值几何均值的波动较为剧烈，几乎每年都有明显的上升或者下降，尤其在 2010~2011 年的降幅最大，2015~2016 年的增幅最大，技术效率指数为 1.274，增幅高达27.4%。总体来看，技术效率统计值的几何均值有 6 年都在 1 以上，说明技术效率整体持续改善中，年均增幅 2.5 个百分点。

　　全省各地市技术效率统计值之间的差距没有 ML 指数那样明显，技术效率最优的济宁比技术效率最差的聊城统计值高出 0.054，并且能够达到 1 或以上的城市明显增多，也就是说大部分城市可以实现技术效率的改善，或者至少没有恶化，仅有聊城、东营、日照、淄博和泰安 5 个城市的技术效率统计值均值小于 1，说明这 5 个城市技术效率有所恶化，存在资源利用和污染控制的低效率。

　　根据山东省 17 个地市技术效率统计值计算出"两区一圈一带"技术效率统计值如表 3-9 所示。

表 3-9　"两区一圈一带"技术效率统计值（2007~2017 年）

| 区域 | 2007~2008 年 | 2008~2009 年 | 2009~2010 年 | 2010~2011 年 | 2011~2012 年 | 2012~2013 年 | 2013~2014 年 | 2014~2015 年 | 2015~2016 年 | 2016~2017 年 | 均值 |
|---|---|---|---|---|---|---|---|---|---|---|---|
| 黄区 | 1.019 | 0.967 | 1.155 | 0.792 | 1.032 | 1.016 | 0.953 | 1.052 | 0.932 | 1.139 | 1.006 |
| 蓝区 | 0.733 | 0.897 | 1.214 | 0.813 | 0.999 | 1.039 | 0.978 | 1.022 | 1.180 | 1.079 | 0.995 |
| 一圈 | 1.019 | 0.967 | 1.155 | 0.792 | 1.032 | 1.016 | 0.953 | 1.052 | 0.932 | 1.139 | 1.006 |
| 一带 | 1.047 | 0.939 | 1.024 | 0.808 | 1.093 | 1.012 | 0.931 | 1.070 | 1.153 | 1.052 | 1.013 |
| 均值 | 0.955 | 0.943 | 1.137 | 0.801 | 1.039 | 1.021 | 0.954 | 1.049 | 1.049 | 1.102 | 1.005 |

从空间格局角度来看，四个区域的技术效率统计值均值都非常接近于1，其中，"黄区"和"一带"地区技术效率略高于1，说明黄河三角洲和西部经济隆起带在2007~2017年技术效率有一定的改善，但是年均增长率非常低，分别为0.1%和0.2%，而"蓝区"和"一圈"地区技术效率略低于1，说明山东半岛蓝色经济区和省会都市圈的技术效率有轻微的恶化，未来需要更加重视产业技术的优化创新（见图3-7）。

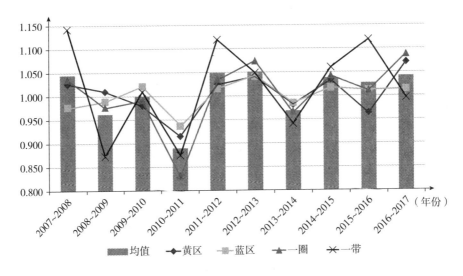

**图3-7　2007~2017年"两区一圈一带"技术效率统计值**

由图3-7可以看出，在时序角度，"两区一圈一带"的技术效率统计值均值在2010~2011年达到最小值0.890，在2012~2013年达到最大值1.051，两者之间相差0.161。"一带"的技术效率统计值的波动要明显比其他三个地区更为强烈，存在三个明显的下降波谷，分别为2008~2009年的0.873、2010~2011年的0.890和2013~2014年的0.968，同时存在三个明显的上升波峰，分别为2009~2010年的1.009、2011~2012年的1.119和2015~2016年的1.119，也就是说，西部隆起带地区的经济效率几乎每一年都存在着大幅度的恶化或改善，尤其在2008年达到23.56%的最大下降率，在2011年又达到27.54%的最大增长率，说明这一地区的技术优化创新不稳定，不具有可持续性。十年间，"一带"有5年时间存在技术效

率的改善，另外 5 年存在技术效率的恶化。此外，"一带"还是唯一在
2016 年出现技术效率统计值下降到 1 以下，致使技术效率恶化的地区。
"一圈"在 2010 年和 2011 年连续出现了剧烈的技术效率统计值的波动，
分别为 16.13% 的下降率和 24.52% 的增长率，并在这两年间达到最小值
0.832，同时这也是全部四个地区在十年中的技术效率最小统计值，在
2012~2013 年达到最大值 1.074。相比之下，"黄区"和"蓝区"的技术
效率在十年间的波动幅度要小得多，尤其在 2010~2015 年，两个地区的技
术效率变动几乎重合。

5. 山东省 17 个地市技术进步分析

技术进步是技术不断发展、完善和新技术不断代替旧技术的过程。将
山东省 17 个地市在 2007~2017 年的技术效率统计值汇总得到表 3-10。

表 3-10　17 个地市技术进步统计值（2007~2017 年）

| 地市 | 2007~2008 年 | 2008~2009 年 | 2009~2010 年 | 2010~2011 年 | 2011~2012 年 | 2012~2013 年 | 2013~2014 年 | 2014~2015 年 | 2015~2016 年 | 2016~2017 年 | 均值 |
|---|---|---|---|---|---|---|---|---|---|---|---|
| 潍坊 | 1.258 | 0.998 | 0.931 | 0.858 | 1.062 | 1.012 | 0.998 | 1.013 | 0.909 | 1.481 | 1.043 |
| 德州 | 1.103 | 0.985 | 0.942 | 0.911 | 1.092 | 0.947 | 0.951 | 1.067 | 0.987 | 1.052 | 1.003 |
| 临沂 | 1.419 | 0.881 | 0.952 | 0.756 | 1.261 | 0.760 | 0.962 | 1.122 | 0.834 | 1.166 | 1.006 |
| 滨州 | 1.079 | 1.124 | 0.984 | 0.777 | 0.995 | 0.865 | 0.874 | 0.956 | 0.944 | 1.028 | 0.963 |
| 泰安 | 1.151 | 0.952 | 1.001 | 0.746 | 1.011 | 0.998 | 1.026 | 1.104 | 1.640 | 1.399 | 1.092 |
| 聊城 | 1.120 | 0.972 | 1.002 | 0.755 | 0.994 | 0.884 | 0.909 | 0.955 | 0.944 | 1.088 | 0.962 |
| 济宁 | 1.616 | 0.808 | 0.977 | 0.768 | 1.120 | 0.943 | 0.983 | 1.063 | 0.916 | 1.175 | 1.027 |
| 枣庄 | 1.089 | 0.976 | 0.967 | 0.851 | 0.941 | 0.929 | 0.873 | 0.900 | 1.173 | 1.992 | 1.049 |
| 淄博 | 1.315 | 1.032 | 1.002 | 0.864 | 1.013 | 0.970 | 0.951 | 0.939 | 0.554 | 1.662 | 1.022 |
| 日照 | 0.715 | 0.775 | 1.285 | 0.530 | 0.991 | 1.002 | 0.910 | 0.895 | 1.385 | 1.228 | 0.984 |
| 济南 | 1.055 | 1.054 | 1.080 | 0.898 | 1.039 | 0.996 | 0.987 | 0.989 | 0.829 | 1.964 | 1.071 |
| 菏泽 | 0.885 | 1.016 | 1.363 | 0.694 | 0.999 | 1.029 | 0.799 | 1.018 | 1.057 | 1.394 | 1.021 |
| 烟台 | 1.027 | 1.097 | 1.131 | 0.988 | 1.026 | 1.097 | 1.044 | 1.138 | 1.046 | 1.206 | 1.082 |
| 威海 | 0.634 | 0.998 | 1.047 | 1.036 | 1.119 | 0.981 | 1.024 | 1.063 | 1.223 | 2.402 | 1.137 |

续表

| 地市 | 2007~2008 年 | 2008~2009 年 | 2009~2010 年 | 2010~2011 年 | 2011~2012 年 | 2012~2013 年 | 2013~2014 年 | 2014~2015 年 | 2015~2016 年 | 2016~2017 年 | 均值 |
|---|---|---|---|---|---|---|---|---|---|---|---|
| 东营 | 1.219 | 0.919 | 2.148 | 0.514 | 1.098 | 0.928 | 0.992 | 1.169 | 0.926 | 0.883 | 1.076 |
| 青岛 | 1.135 | 1.046 | 1.292 | 1.019 | 1.008 | 1.074 | 1.057 | 1.084 | 2.891 | 1.861 | 1.374 |
| 莱芜 | 1.032 | 0.955 | 0.995 | 1.238 | 0.755 | 1.172 | 0.900 | 0.968 | 1.963 | 1.532 | 1.206 |
| 均值 | 1.146 | 0.978 | 1.120 | 0.833 | 1.044 | 0.980 | 0.955 | 1.026 | 1.285 | 1.448 | 1.075 |

2007~2016 年，山东省技术进步统计值的几何均值基本上呈现震荡下降而后上升的"U"型变化态势，仅在 2013 年有过一次比较明显的上升，并在 2010~2016 年一直处于 1 以下，说明山东省整体上存在技术退步的情况，2016~2017 年，这种状况才被扭转，技术进步统计值再次回升到 1 以上，开始实现技术进步。潍坊、烟台、泰安、青岛、济宁和淄博 6 个城市技术进步统计值均高于 1，说明十年间这些城市通过不断创新、扩散和引进先进技术，实现了技术的不断发展、完善并且用新技术来代替旧技术。威海市的技术进步统计值均值为 1，说明技术既没有进步，也没有退步，处于一个比较稳定的状态。其他 10 个城市的技术进步统计值均值都在 1 以下，表明这些城市技术出现退步，落后的生产技术成为制约它们经济发展的重要因素。技术进步最优的潍坊市比最差的枣庄市统计值高出 0.106。并且可以注意到，潍坊市在三项指标上都在全省各地市中位居前两名，说明潍坊市非常重视产业升级与技术创新，并且取得了一定成果。

根据山东省 17 个地市技术进步统计值计算出"两区一圈一带"技术进步统计值如表 3-11 所示。

表 3-11    "两区一圈一带"技术进步统计值（2007~2017 年）

| 区域 | 2007~2008 年 | 2008~2009 年 | 2009~2010 年 | 2010~2011 年 | 2011~2012 年 | 2012~2013 年 | 2013~2014 年 | 2014~2015 年 | 2015~2016 年 | 2016~2017 年 | 均值 |
|---|---|---|---|---|---|---|---|---|---|---|---|
| 黄区 | 1.183 | 1.056 | 1.028 | 0.993 | 1.022 | 0.931 | 1.000 | 0.976 | 0.931 | 1.079 | 1.016 |
| 蓝区 | 1.422 | 1.089 | 1.073 | 1.006 | 1.055 | 0.988 | 1.026 | 1.037 | 1.131 | 1.374 | 1.118 |

续表

| 区域 | 2007~<br>2008年 | 2008~<br>2009年 | 2009~<br>2010年 | 2010~<br>2011年 | 2011~<br>2012年 | 2012~<br>2013年 | 2013~<br>2014年 | 2014~<br>2015年 | 2015~<br>2016年 | 2016~<br>2017年 | 均值 |
|---|---|---|---|---|---|---|---|---|---|---|---|
| 一圈 | 1.022 | 0.996 | 0.986 | 0.893 | 0.996 | 1.063 | 0.944 | 1.036 | 1.147 | 1.207 | 1.029 |
| 一带 | 1.141 | 1.003 | 1.005 | 0.969 | 0.970 | 0.918 | 0.997 | 0.964 | 0.941 | 1.267 | 1.010 |
| 均值 | 1.192 | 1.036 | 1.023 | 0.965 | 1.011 | 0.975 | 0.992 | 1.003 | 1.038 | 1.232 | 1.043 |

从空间格局角度来看，"黄区"的技术进步统计值为1，说明黄河三角洲地区技术既没有进步，也没有退步；"蓝区"的技术进步统计值略大于1，年均增长率为0.4%，说明这一地区存在技术进步，但程度较小，可以继续坚持目前的发展方向，同时加大技术创新、扩散和引进的力度；"一圈"和"一带"地区的技术进步统计值均在1以下，说明这两个地区技术非但没有进步，反而出现了退步，体现出它们的经济发展主要依赖要素投入的增加而没有给予技术进步足够的重视。

从图3-8中可以清楚地看到，"两区一圈一带"的技术进步统计值是所有指标中四个区域变化趋势最为一致的一个。2007~2008年，技术进步统计值均值最高，为1.106，说明技术进步有10.6%的增长，之后从2008年到2013年，四个区域的技术进步统计值一直处于下滑趋势，2008年，由于在一定程度上受到国际金融危机的影响，四个区域的技术进步统计值都大幅下降至1左右，技术进步几乎停滞，2013~2014年得到一定程度回升后，2014~2016年又发生了新一轮的下降，这几年中，各地区的技术进步统计值与均值都处于较低水平，2010~2016年，几乎所有区域的技术进步统计值都在1以下，均值的最小值出现在2012~2013年，为0.918，存在持续的技术退步，产业技术所面临的进步创新形势十分严峻。但在2016~2017年，四个地区同时实现了最高增长率，使技术进步统计值重新回到1以上，均值达到1.066，实现了技术进步，尤其是西部经济隆起带在2016年由技术进步统计的最后一位跃升至第一位，一举成为技术进步最优的地区。

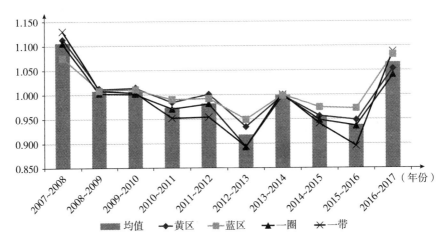

图 3-8　2007～2017 年"两区一圈一带"技术进步统计值

# 第三节　提高绿色发展效率的政策建议

　　绿色发展是以效率、和谐、持续为目标的经济增长和社会发展方式。当今，绿色发展效率已经成为经济发展应该考虑的重要指标，我国应当理解和传递绿色的理念和内涵，提高绿色发展效率，推动经济结构调整。

　　首先，充分利用"两区一圈一带"的发展规划，合理安排各区工业布局。进一步地发展半岛蓝色经济区的现代海洋产业、黄河三角洲的生态循环经济，并且应加快推进"蓝黄两区"的一体化发展，以此引领山东省东部的经济转型升级；同时强调省会都市圈中济南的带动辐射作用，促进产业集聚融合，推动山东中部崛起；还应重视发展西部经济隆起带上的特色产业，积极培养高素质劳动力，促进西部地区快速发展，缩小与东部发达地区之间的差距。

　　其次，在新旧动能转换的大背景下，优化工业结构已经成为当务之急。多年来，山东省经济一直依靠大规模、高投入、高耗能的增长模式，急需淘汰落后过剩的产能，结合产业发展实际和生态环保要求，将大量生产要素从传统低端工业转移到绿色新型产业中，并大力发展节能环保产业。

最后，推动传统产业的绿色化、智能化改造，可以显著提升绿色经济效率。创新先进的绿色生产技术，开发绿色清洁能源和可再生能源来替代化石能源，研发新能源装备并推广使用，可以降低经济发展中的生态环境压力，提高绿色发展效率。

# 本章小结

本章利用 2007～2017 年山东省 17 个地市的经济绩效和全要素生产率面板数据，探析了山东省绿色发展效率。首先，构建非期望产出的超效率SBM 模型和全要素生产率评价模型，测度各指标统计值，对比分析了山东省各地市在经济绩效、ML 指数、技术效率和技术进步上的空间区域差异和随时间的变动趋势。研究发现：①经济绩效具有显著的区域差异性，"蓝区"处于领先地位，"黄区""一圈""一带"依次递减，各区域大体上都呈现"U"型变化趋势。②各地市的 ML 指数存在明显的区域差异性，且随时间推移波动幅度较大，但各区域变化趋势较为一致，多数年度统计值小于 1，存在全要素生产率的降低。③各地市技术效率的区域差异性不明显，大部分城市都存在技术效率的改善，"一带"的技术效率统计值的波动要明显比其他三个地区更为强烈。④技术进步统计值是所有指标中四个区域变化趋势最为一致的一个，2010～2016 年，几乎所有区域的技术进步统计值都在 1 以下，技术退步的情况需要引起重视。基于上述研究和结论提出了一些政策建议，希望能够以此促进山东省绿色经济的发展，提高绿色发展效率。

# 山东经济高质量发展综合指数测度与分析

上一章从技术进步和绿色发展效率的视角，考察了山东省的经济发展质量，本章在此基础上，从经济发展的创新、协调、绿色、开放和共享五个维度探析了经济高质量发展的综合指数，并考察其时空演进特征。

## 第一节　经济高质量发展测度指标体系构建

### 一、基于五大理念的高质量发展描述分析

#### 1. 关于创新发展

创新意味着经济发展动力机制的转换。创新发展理念不限于我们平常讲的狭义上的科技创新。从《中共中央关于制定国民经济和社会发展第十三个五年规划的建议》（以下简称《建议》）提出的创新发展理念上看，至少包括以下多种内涵：第一，是一个整体和全局的宏观概念，内容极其丰富，竖到底、横到边，立体化、全覆盖。正如全会提出的，"必须把创新摆在国家发展全局的核心位置，不断推进理论创新、制度创新、科技创新、文化创新等各方面创新，让创新贯穿党和国家一切工作，让创新在全社会蔚然成风"。第二，是一个发展模式和发展类型的理论概括，这种模式《建议》命名为"引领型发展"。这个新命名发人深省，显然是针对原

先"跟随"和"模仿"发展类型方面存在的问题。这种"引领型发展"，创新必须成为发展的基础，在创新的体制架构下，更多依靠创新驱动、发挥先发优势引领经济发展。第三，在微观层面上，要激发创新创业活力，推动大众创业、万众创新，释放新需求，创造新供给，推动新技术、新产业、新业态蓬勃发展。第四，在中观层面上，拓展发展新空间，形成沿海沿江沿线经济带为主的纵向横向经济轴带，培育壮大若干重点经济区。第五，在产业布局上，涵盖第一、第二、第三产业的各个产业创新战略布局。第六，在战略重点上，紧跟科技发展新趋势，提出发挥科技创新在全面创新中的引领作用，实施一批国家重大科技项目，在重大创新领域组建一批国家实验室，积极提出并牵头组织国际大科学计划和大科学工程。第七，在构建创新发展体制上，提出加快形成有利于创新发展的市场环境、产权制度、投融资体制、分配制度、人才培养引进使用机制。第八，在政府作用上，强调深化行政管理体制改革，进一步转变政府职能，持续推进简政放权、放管结合、优化服务，提高政府效能，激发市场活力和社会创造力，完善各类国有资产管理体制，建立健全现代财政制度、税收制度，改革并完善适应现代金融市场发展的金融监管框架。第九，在创新和完善宏观调控方式上，提出在区间调控基础上加大定向调控力度，减少政府对价格形成的干预，全面放开竞争性领域商品和服务价格。这样看来，将创新发展放在五大发展理念之首有着统领发展全局的意义。创新发展，包括发展本身的创新、改革方式的创新、宏观调控的创新。创新发展，意味着动力机制的转换，与传统资本对利润追求不同，创新的动力不能用经济人动机来解释，熊彼特对此做过专门的解释。

2. 关于协调发展

协调一般是指各主体之间行为相互适应、避免相互掣肘。协调发展新理念，不仅包括部分之间的静态协调，还包括部分与整体的协调整合。强调的是全局和整体中多方面、各层次、全方位的动态平衡和结构优化；同时，协调必须促进发展，部分之间的协调，必须着眼于整体实力的提升，包括在协调发展中拓宽发展空间，在加强薄弱领域中增强发展后劲。《建议》强调，必须着眼于中国特色社会主义事业总体布局，正确处理发展中的重大关系，重点促进城乡区域协调发展，促进经济社会协调发展，促进新型工业化、信息化、城镇化、农业现代化同步发展。在增强国家硬实力的同时注重提升国家软实力，不断增强发展整体性。协调发展涵盖了区域协调发展、城乡协调发展、物质文明和精神文明协调发展、经济建设和国防建设融合发展、军民融合发展，而现实经济发展中各方面都还存在着大量的不协调，部门分割、地方封锁、行政藩篱等掣肘的现象阻碍着经济发展。从人类发展的历史来看，分工与协作产生新的生产力；在现代市场经济中，这一原理会以新的表现形式发生作用；在经济新常态的背景下，协调发展会释放出新的生产力发展的巨大潜能，协调发展的本质是实现经济按比例发展客观规律的要求，在市场经济条件下，实现无计划按比例，是一次伟大的创新，也面临着极大的挑战。

3. 关于绿色发展

绿色发展的本质是处理好发展中人与自然的关系。生态环境是人类生存和发展的基本条件。但过去的高速发展，在获得经济增长带来的巨大利益的同时，也极大地破坏了这个基本条件。不但经济发展越来越受到资源短缺、资源告罄的制约，难以持续，而且基本生活条件也受到严重威胁，人们已经身陷其中、深受其害、难以忍受。所以，过去与发展不直接相干，甚至相悖的生态保护，今天必须与发展统一起来，形成紧密结合在一起的复合概念——绿色发展。生态保护、环境建设本身就是一种发展，是永续发展的必要条件和人民对美好生活追求的重要体现。正如《建议》指出的，必须坚持节约资源和保护环境的基本国策，坚持可持续发展，坚定走生产发展、生活富裕、生态良好的文明发展道路，加快建设资源节约型、环境友好型社会，形成人与自然和谐发展现代化建设新格局。

4. 关于开放发展

中国已经感受到开放带来的巨大利益，历史已经给出明确结论：开放是国家繁荣发展的必由之路。但也还有许多需要改进、完善之处；还有许多短板需要补齐。特别是在经济发展新常态的背景下，更要把开放发展作为新的发展理念。把开放和发展合成一个概念，作为一种理念，意义深刻。正如《建议》指出的：必须顺应我国经济深度融入世界经济的趋势，奉行互利共赢的开放战略，坚持内外需协调、进出口平衡、引进来和走出去并重、引资和引技引智并举，发展更高层次的开放型经济，积极参与全球经济治理和公共产品供给，提高我国在全球经济治理中的制度性话语权，构建广泛的利益共同体。

5. 关于共享发展

共享是人类对理想社会的美好追求，是社会主义的真谛，也是中国特色社会主义的本质要求。改革开放初提出的允许一部分人依靠辛勤劳动先富起来的大政策就是要通过先富带动后富，最终实现共同富裕的目标。在即将全面建成小康社会的关键时刻，提出共享发展理念，不仅是强调共同富裕发展目标的实现，而且赋予了发展动力、发展过程、发展方式和发展性质的新内涵。共享发展不能仅仅被理解为发展后对发展成果的共享，而是把共享赋予发展的全过程，形成共享式发展。正如《建议》指出的：必须坚持发展为了人民、发展依靠人民、发展成果由人民共享。在共享发展理念的指导下，要做出更有效的制度安排，使全体人民在共建共享发展中有更多获得感，增强发展动力，增进人民团结，朝着共同富裕方向稳步前进。

## 二、指标体系构建原则

由于经济高质量发展的因素很多，层次结构复杂，在进行指标体系构建时要兼顾多方面因素，为了科学有效地反映是否高质量发展，需要从多维度、多层面进行构建经济高质量发展指标评价体系。本书在指标体系构建时遵循以下各项原则来保障经济高质量发展测度研究的合理性和科学性。

1. 科学性原则

科学性是指在构建经济高质量发展指标体系时，充分考虑经济发展质量的实际，科学地将经济发展的实际过程和规律反映出来，保障经济发展质量评价指标体系的科学性。

2. 实用性原则

实用性原则是指指标因素的可采集性，在评价指标体系构建时选择的指标再好，如果指标的数据不能进行统计和采集，该指标对经济发展质量的测度也就无法进行分析，这项指标就没有任何意义。所以在最初指标设计时候，本书就将数据的可获取性进行考虑，使各项指标的影响有效地进行。

3. 全面性与简洁性相结合原则

由于经济高质量发展关系面较多，所以在进行经济高质量发展的指标体系设计时要全面考虑，保证评价指标可以尽可能地包含更多纬度。在保证指标全面性的同时也不能无限地增加评价指标，这样会大大地增加分析的复杂度，并且会出现指标重复选用的情况，所以在进行经济高质量发展评价指标体系构建时，要尽量选取有代表性的、简单的典型数据作为体系指标。

4. 可比性原则

在进行指标体系选定时，要尽量避免选取定义不明确和口径不统一的指标，这会给数据采集带来很多的麻烦，而且不同的人有不同的理解，数据就失去了可比性。

5. 动态性原则

经济高质量发展的指标是相对稳定的，同时又会有新的不同指标纬度的产生，所以在进行指标体系设计时，要尽可能兼顾指标的动态性特征，以便于综合指数的测度可以为未来的经济发展提供决策依据。

## 三、指标体系设计

五大发展理念是一个彼此之间有联系、成结构的体系，除分别认识理解外，还要整体把握。每个发展理念，都对其他发展理念有渗透、有体现，都不会孤立存在。坚持创新发展、协调发展、绿色发展、开放发展、共享发展是关系我国发展全局的一场深刻变革。它可以通过构建一系列的指标来进行衡量。在指标体系设计时，高质量发展指标体系构建需要坚持系统性、可比性、可行性和可测性的原则。一方面，指标数量过少，研究结论过于单薄；另一方面，因数量过多，易造成同质性指标的堆砌。笔者参考大量经济发展的文献，在前人研究文献的基础上，遵循指标选择原则，并咨询该方向的专家，从经济发展的协调、创新、开放、绿色和共享5个一级评价指标和37个二级指标（见表4-1）。按照定量分析和定性分析相结合的原则，在综合考虑数据的可获得性、权威性和科学性的基础上，筛选出37个指标，构建了经济高质量发展评价指标体系。

#### 表 4-1　经济高质量发展水平评价指标体系

| 指数 | 分项指标 | 基础指标 | 指标代码 | 计量单位 | 指标属性 | | |
|---|---|---|---|---|---|---|---|
| | | | | | 正指标 | 逆指标 | 适度指标 |
| 创新 | 研发水平 | 专利申请授权数 | A01 | 件 | √ | | |
| | | 科学技术支出占财政支出比重 | A02 | % | √ | | |
| | | 科技人员占比 | A03 | | √ | | |
| | 经济增长效率 | 全要素生产率 | A04 | | √ | | |
| | | 技术变动 | A05 | | √ | | |
| | | 技术效率 | A06 | | √ | | |
| | | 资本生产率 | A07 | | √ | | |
| | | 劳动生产率 | A08 | | √ | | |
| 协调 | 城乡结构 | 二元对比系数 | B01 | | √ | | |
| | | 二元反差系数 | B02 | | | √ | |
| | 产业结构 | 工业化率 | B03 | % | √ | | |
| | | 产业结构合理化 | B04 | | √ | | |
| | 投资消费结构 | 投资率 | B05 | % | | | √ |
| | | 消费率 | B06 | % | | | √ |
| | 金融结构 | 存款余额/GDP | B07 | | √ | | |
| | | 贷款余额/GDP | B08 | | √ | | |
| | 增长波动 | 经济波动 | B09 | % | | √ | |
| | | 消费者物价指数 | B10 | | | √ | |
| | | 生产者物价指数 | B11 | | | √ | |
| 绿色 | 资源消耗 | 单位地区生产总值能耗 | C01 | | | √ | |
| | | 单位地区生产总值电耗 | C02 | | | √ | |
| | 环境污染 | 单位产出大气污染程度 | C03 | 倍数 | | √ | |
| | | 单位产出污水排放数 | C04 | 倍数 | | √ | |
| | | 单位产出固体废弃物排放数 | C05 | 倍数 | | √ | |
| | 环境保护 | 环保支出占财政支出比重 | C06 | % | | | √ |

续表

| 指数 | 分项指标 | 基础指标 | 指标代码 | 计量单位 | 指标属性 | | |
|------|----------|----------|----------|----------|----------|----------|----------|
| | | | | | 正指标 | 逆指标 | 适度指标 |
| 开放 | 贸易依存度 | 进出口总额/GDP | D01 | | √ | | |
| | 外商投资 | 外商投资实际利用额/GDP | D02 | % | √ | | |
| 共享 | 城乡共享 | 泰尔指数 | E01 | | | | √ |
| | | 城镇人均可支配收入/农村人均可支配收入 | E02 | % | | √ | |
| | | 城镇居民家庭恩格尔系数 | E03 | % | | √ | |
| | | 农村居民家庭恩格尔系数 | E04 | % | | √ | |
| | 区域共享 | 各区域人均 GDP 占比省均 GDP | E05 | % | √ | | |
| | 公共服务 | 人均教育支出 | E06 | | √ | | |
| | | 人均医疗卫生支出 | E07 | | √ | | |
| | | 人均公路和铁路里程 | E08 | 万千米/人 | √ | | |
| | | 一般公共服务支出占财政支出比重 | E9 | % | | √ | |
| | | 公共安全支出占财政支出比重 | E10 | % | √ | | |

对于逆向指标的处理，采用求倒数的方法，适度指标的处理参考项俊波《中国经济结构失衡的测度分析》的成果，即 X = - | 原值-适度值 | ，其中投资率小于 38%，消费率大于等于 60%。

## 四、各维度指标的测算

1. 创新发展

（1）研发水平。专利申请授权数是指报告年度由专利行政部门对专利申请无异议或经审查异议不成立的，作出授予专利权的决定，发给专利证书，并将有关事项予以登记和公告的专利数。科学技术支出占财政支出比重，科学技术支出占财政支出比重=科学技术支出/财政总支出。科技人员占比采用科技人员占比区域总人口比重。

（2）经济增长效率。全要素生产率、技术变动、技术效率变动——DEA 法，选择使用潜在产出法中比较常用的 Dea-Malmquist 指数法，对全国各省、市、自治区 2014~2015 年的全要素生产率进行估算，我们利用缩放因子之比构造消费数量指数，以 GDP 作为产出指标，以资本和劳动作为投入指标，具体使用资本存量和就业人数为基础指标，使用 DEAP 软件进行编程，由此求得各地区的全要素生产率增长率。资本生产率对于资本存量的估算采用永续盘存法，具体估算公式为：$K_{it} = K_{it-1}（1-\delta_{it}）+I_{it}$，其中 i 指第 t 个地区，t 指第 t 年；采用固定资本形成总额来度量当年投资 I；对于固定资本价格指数，直接采用《中国统计年鉴》中公布的数据，在此基础上求得以 2000 年为基年的不变价格表示的真实固定资本形成总价格。基期的资本存量我们按照国际常用方法计算有：$K_0 = \dfrac{I_0}{g+\delta}$，其中，$K_0$ 是基期资本存量，$I_0$ 是基期投资额，g 是样本期真实投资的年平均增长率，经济折旧率 $\delta$；采用张军等（2004）的研究成果，为 9.6%。资本生产率=GDP（2000 年不变价格）/资本存量。劳动生产率=GDP（2000 年不变价格）/从业人数。

2. 协调发展

（1）城乡结构。二元对比系数采用农业比较劳动生产率占比非农业比较劳动生产率来度量。二元反差系数采用非农业产值比重与劳动力比重之差的绝对值，即 | 非农业的产值比重-非农就业比重 |，其中，非农产业=第二产业+第三产业。

（2）产业结构。工业化率采用非农产业就业比重来度量，即非农产业就业人数/总就业人数。第一、第二、第三产业比较劳动生产率，采用第一、第二、第三产业产值比重/第一、第二、第三产业就业比重。产业结构合理化是指为提高经济效益，要求在一定的经济发展阶段上根据科学技术水平、消费需求结构、人口基本素质和资源条件，对起初不合理的产业结构进行调整，实现生产要素的合理配置，使各产业协调发展。

（3）投资消费结构。采用投资率和消费率两个指标来衡量。投资率采用资本形成总额占比 GDP 产值测度。消费率采用最终消费支出/GDP。

（4）金融结构。包括存款余额和贷款余额占比 GDP 产值情况，分别表示为存款余额/GDP，贷款余额/GDP。

（5）增长波动。包括经济波动、消费者物价指数、生产者物价指数几个指标。经济波动，指生产力水平或高或低，经济增长率忽上忽下，就不可避免，并构成经济增长的常态，我们把这种现象称为经济波动，本书的经济波动采取当年 GDP 与前一年的变动比率。消费者物价指数，是反映与居民生活有关的商品及劳务价格统计出来的物价变动指标，通常作为观察通货膨胀水平的重要指标。生产者物价指数，是衡量工业企业产品出厂价格变动趋势和变动程度的指数，是反映某一时期生产领域价格变动情况的重要经济指标，也是制定有关经济政策和国民经济核算的重要依据。

3. 绿色发展

（1）资源消耗。资源能耗采用单位地区生产总值能耗、单位地区生产总值电耗来反映区域能耗情况，单位地区生产总值能耗采用能源消费总量/GDP 来度量，单位地区生产总值电耗采用电力消费总量/GDP 表征。

（2）环境污染。区域环境污染情况是反映经济发展质量好坏的一个重要方面，本书采用区域发展活动产生的"三废"来度量环境污染程度。具体而言，单位产出大气污染程度：工业二氧化硫排放总量/GDP；单位产出污水排放数：工业废水排放总量/GDP；单位产出固体废弃物排放数：工业废弃物生产量/GDP。

（3）环境保护。由于环境保护没有统一的政府参与模式，也不存在独立的规制工具，所以在衡量环境保护指标上不同文献存在很大的差异。国内外学者对环境规制的度量可归纳为以下三个方面：第一，以单一指标作为环境规制的代理变量，包括环境法规标准、人均 GDP、排污费、环境监管、污染控制效果、污染排放强度和污染治理支出等。第二，有些学者认为单一指标无法准确反映环境规制水平，而采用复合指标来衡量环境规制强度会比较合理。Aiken 和 Pasurk（2003）使用环保投资和二氧化硫排放量的双重指标来度量环境规制。第三，综合指数型指标。Xinpeng 和 Ligang（2000）利用世界银行统计的空气、水源、土地等环境基础指标来评价各国环境规制强度。本书选取环保支出占财政支出比重度量。

4. 开放发展

贸易依存度。贸易依存度亦称"外贸依存率"。指一国的对外贸易额同该国国民生产总值或国民收入的比率。它表明一个国家的对外贸易在国民经济中的地位或国民经济对于对外贸易的依赖程度，同时也反映出一国同其他国家经济联系的密切程度和该国加入世界市场、国际分工的深度。随着世界经济的发展，各国的贸易依存度有提高的趋势。贸易依存度分为输出依存度和输入依存度。输出依存度又叫平均出口倾向，用一国的出口总额占国民生产总值或国民收入的比重来表示。输入依存度也叫平均进口倾向，是一国的进口总额所占国民生产总值或国民收入的比重。输出依存度和输入依存度都分为按不变价格计算的实际依存度和按现行价格计算的名义依存度。本书采用进出口贸易总额在国民生产总值中所占比重来表示，即进出口总额/GDP。

外商投资。外商投资是指外国的公司、企业、其他经济组织或者个人依照中华人民共和国法律的规定，在中华人民共和国境内进行私人直接投资。外商投资的投资主体是"外商"，又称为"外国投资者"，这里强调的是外国国籍，包括在中国境外、依照其他国家相关法律设立的公司、企业、其他经济组织，以及具有外国国籍的个人；此外，出于历史、政治、法律等原因，外商还包括我国香港特别行政区、澳门特别行政区和台湾地区的投资者。本书采用外商投资实际利用额占国民生产总值的比重来表示，即外商投资实际利用额/GDP。

5. 共享发展

（1）城乡共享。采用泰尔指数、城镇人均可支配收入/农村人均可支配收入、城镇居民家庭恩格尔系数和农村居民家庭恩格尔系数来度量。泰尔指数的计算公式如式（4-1）所示：

$$\text{dis}_t = \sum_{i=1}^{2} \left( \frac{p_{it}}{p_t} \right) \ln \left( \frac{p_{it}}{p_t} \Big/ \frac{z_{it}}{z_t} \right) \tag{4-1}$$

式中，$\text{dis}_t$ 代表 t 时期的泰尔指数，i=1，2 分别表示城镇和农村地区，$z_{it}$ 表示 t 时期城镇或农村的人口数量，$z_t$ 表示 t 时期的总人口，$p_{it}$ 表示城镇和农村的总收入（用相应的人口和人均收入之积表示），$p_t$ 表示 t 时期的总收入。城镇人均可支配收入/农村人均可支配收入，用来反映城乡收入差距。恩格尔系数（Engel's Coefficient）是食品支出总额占个人消费支出总额的比重。19 世纪德国统计学家恩格尔根据统计资料对消费结构的变化进行研究并得出一个规律：一个家庭收入越少，家庭收入中（或总支出中）用来购买食物的支出所占的比例就越大，随着家庭收入的增加，家庭收入中（或总支出中）用来购买食物的支出比例则会下降。推而广之，一个国家越穷，每个国民的平均收入中（或平均支出中）用于购买食物的支出所占比例就越大，随着国家的富裕，这个比例呈下降趋势。经济发展质量的城乡共享分别选取城镇居民家庭恩格尔系数和农村居民家庭恩格尔系数来反映居民的富裕程度。

（2）区域共享采用各区域人均 GDP 占比省均 GDP 来反映。

（3）公共服务选取区域教育支出、医疗卫生支出情况和道路建设情况以及财政在公共服务和安全服务等的支出情况来度量。人均教育支出选取教育支出总额/年底人口数。人均医疗卫生支出采用医疗卫生支出总额/年底人口数。人均公路和铁路里程计算公式为（公路里程+铁路里程）/年底人口数。一般公共服务支出占财政支出比重，一般公共服务支出占财政支出比重＝一般公共服务支出/财政总支出。公共安全支出占财政支出比重，公共安全支出占财政支出比重＝公共安全支出/财政总支出。

# 第二节　研究方法设计

## 一、熵权法

作为判断指标离散程度的方法，熵值法通常借助系统的无序化程度来度量不同因素对评价对象的影响程度。在熵值法中，指标的作用取决于该指标所占权重，权重越大，作用越大，反之相反。由于指标的权重完全由数据本身的关系决定，因此评价结果具有很强的客观性。与主成分分析法不同，熵值法着重计算了各评价指标的权重，从而得出影响制造业质量竞争力关键指标因素。在此基础上，对各样本按质量竞争力水平进行排序、分析。熵值法计算步骤如下：

第一，指标正向化。建立的指标体系中既有正向指标，也有逆向指标，为保证测算结果的准确性，需对指标进行趋势化处理，即将逆向指标转化为正向指标，见式（4-2）：

$$X_i = -x_i \qquad (4-2)$$

第二，数据标准化。熵值法分析过程中利用极差法进行数据趋同化处理和无量纲化处理，见式（4-3）：

$$X_{ij} = \frac{x_{ij} - \min(x)}{\max(x) - \min(x)} + 1 \qquad (4-3)$$

第三，计算第 j 项指标在第 i 个评价对象上的指标权重，见式（4-4）：

$$P_{ij} = \frac{x_{ij}^*}{\sum_{i=1}^{n} x_{ij}^*} \qquad (4-4)$$

第四，计算第 j 项指标的熵值，见式（4-5）：

$$e_j = -k \sum_{i=1}^{n} P_{ij} \ln(P_{ij}) \qquad k = \frac{1}{\ln(n)} \qquad (4-5)$$

第五，计算第 j 项指标的差异系数，见式（4-6）：

$$g_j = 1 - e_j \qquad (4-6)$$

第六，计算第 j 项指标的权重，见式（4-7）：

$$W_j = \frac{g_j}{\sum_{j=1}^{m} g_j} \qquad (4-7)$$

第七，对第 i 项地区进行质量竞争力综合评价，见式（4-8）：

$$F_i = \sum W_j P_{ij} \qquad (4-8)$$

## 二、主成分分析

主成分分析是由 Hotelling 于 1993 年提出的。主成分分析是利用降低维的思想，在损失很少信息的前提下把多个指标转化为几个综合指标，称为主成分。每个主成分都是原来变量的线性组合，且各个主成分间互不相干，这就使得主要成分比原始变量具有某些更优越的性能。

在对经济增长质量问题进行实证研究时，为了更加全面、准确地反映经济增长质量，需要考虑与经济增长质量有关的多个指标变量。这就产生了两个方面的问题：一方面需要避免遗漏重要的评价指标就会考虑尽可能多的指标变量；另一方面，随着指标的增多会增加研究经济增长质量问题的复杂程度。此外，由于各指标都是对经济增长质量这同一问题的反映，不可避免地就会造成信息重叠，这既会增加评价考核的无用工作量，又会引起评价指标变量之间的共线性。因此，由于多个变量之间往往存在一定程度的相关性，为了在今后实践过程中减少不必要测度评价工作量，本书希望通过线性组合的方式，从大量预设变量中抽取变量信息。

主成分分析就是研究如何通过原始变量的少数几个线性组合来解释原始变量的绝大多数信息，是由 Hotelling 在 1993 年提出的。当用第一个线性组合不能抽去更多的变量信息时，再考虑用第二个线性组合继续这个快速抽取的过程，直到所抽取的变量信息与原指标差不多时为止，这就是主成分分析的基本思想。在利用主成分分析时，利用较少的主成分就可以得到较多的信息量，以各个主成分为分量，得到更低维的随机变量。因此，主成分分析既可以降低数据维数，又保留了原数据的大部分信息。原则上，如果有 n 个变量，则可以最多抽取 n 个主成分，但如果将这 n 个主成分全部抽取出来就失去了主成分简化变量数的实际意义。因此，一般抽取包含了 90% 以上信息的 2~3 个主成分。

当一个变量只取一个数据时，这个变量（数据）提供的信息量是非常有限的；当这个变量取一系列不同数据时，则可以从中获取最大值、最小值、平均数等信息。变量的差异性越大，说明提供的信息越全面、越充分。主成分分析中的信息，就是指标的变异性，用标准差或方差表示。主成分的数学模型如式（4-9）所示。

$$\begin{aligned}
Y_1 &= \mu_{11}X_1 + \mu_{12}X_2 + \cdots + \mu_{1P}X_P \\
Y_2 &= \mu_{12}X_1 + \mu_{22}X_2 + \cdots + \mu_{2P}X_P \\
&\vdots \\
Y_P &= \mu_{P1}X_1 + \mu_{P2}X_2 + \cdots + \mu_{PP}X_P
\end{aligned} \tag{4-9}$$

可表示为式（4-10）：

$$Y = UX \tag{4-10}$$

主成分分析和因子分析一样都是从样本协方差矩阵入手，其结果受变量单位的影响。为了消除单位的不同可能带来的影响，在进行主成分分析之前，将原始数据变量做标准化处理。经过标准化处理的数据矩阵就是 X 的相关矩阵 R，如果主成分分析的一切计算都直接从样本相关系数矩阵 R 而不是从协方差矩阵出发，就等价于先对数据进行标准化，然后再从协方差矩阵进行主成分分析。

## 三、Delphi 方法

德尔菲法（Delphi）又称专家咨询法，是美国兰德（Rand）公司于 1964 年发明并使用的一种定性技术预测方法，它是在专家会议预测方法基础上发展起来的，其核心是通过匿名方式进行几轮函询征求专家们的意见。研究者通过经验分析和文献总结并根据研究对象的特征设计调查表指标，然后咨询相关专家对列出的系列指标的意见，对调查表进行统计处理，并将咨询结果向专家反馈。进行多轮调查咨询后，专家意见趋于集中后确定具体的指标体系。专家咨询法在很多领域得到了应用并且不断改进，用于指标体系的构建已经日趋成熟。本书应用专家咨询法对初步选定的经济高质量发展的指标体系进行研究，进一步确定经济高质量发展的评价指标体系。

# 第三节　高质量发展实证结果分析

## 一、样本数据来源

经济高质量发展评价指标中负向指标主要有二元反差系数、经济波动、消费者物价指数、生产者物价指数、单位地区生产总值能耗、单位地区生产总值电耗、单位产出大气污染程度、单位产出污水排放数、单位产出固体废弃物排放数、泰尔指数、城镇居民家庭恩格尔系数、农村居民家庭恩格尔系数和一般公共服务支出占财政支出比重，共计13项。各指标数据主要来自《山东统计年鉴》及各地市统计公报，以质量为核心搜集了2008~2017年的17个地市，包含38个指标，数据量极为丰富的面板数据。

为了保证高质量发展指数计算的科学公正性，原始数据采集尽可能选择相关统计部门和政府监管部门拥有或公开发布的权威数据，在最大程度上保证各项统计指标的准确性和可比性。

## 二、权重计算结果分析

为了更好地对经济高质量发展进行评价，本书利用熵值法、主成分分析方法以及熵值—主成分分析方法相结合的三种方法对原始数据进行处理。选择这三种方法主要是因为它们属于客观评价方法，较少参与主观判断。但是主成分分析方法有一定的局限性，主要是必须达到主成分分析的标准，即 KMO 值要求必须达到 0.6 以上，如果达不到就不能使用该方法，另外就是指标数量受限，指标数量必须小于样本数量，这样就不能全面选择指标。本着全面选择指标和客观性原则，本书选择利用熵值法计算各指标权重，结果果如表4-2所示：

表4-2　指标权重计算

| 一级指标 | 二级指标 | 权重（%） |
|---|---|---|
| 创新（20.80%） | 专利申请授权数 | 2.80 |
| | 科学技术支出占财政支出比重 | 2.46 |
| | 科技人员占比 | 2.89 |
| | 全要素生产率 | 2.62 |
| | 技术变动 | 2.56 |
| | 技术效率 | 2.50 |
| | 资本生产率 | 2.46 |
| | 劳动生产率 | 2.51 |

| 一级指标 | 二级指标 | 权重（%） |
|---|---|---|
| 协调（29.00%） | 二元对比系数 | 2.67 |
| | 二元反差系数 | 2.72 |
| | 工业化率 | 2.57 |
| | 产业结构合理化 | 2.70 |
| | 投资率 | 2.53 |
| | 消费率 | 2.51 |
| | 存款余额/GDP | 2.61 |
| | 贷款余额/GDP | 2.72 |
| | 经济波动 | 2.65 |
| | 消费者物价指数 | 2.67 |
| | 生产者物价指数 | 2.66 |
| 绿色（15.69%） | 单位地区生产总值能耗 | 2.56 |
| | 单位地区生产总值电耗 | 2.61 |
| | 单位产出大气污染程度 | 2.65 |
| | 单位产出污水排放数 | 2.60 |
| | 单位产出固体废弃物排放数 | 2.74 |
| | 环保支出占财政支出比重 | 2.53 |
| 开放（5.44%） | 进出口总额/GDP | 2.78 |
| | 外商投资实际利用额/GDP | 2.66 |
| 共享（29.07%） | 泰尔指数 | 2.67 |
| | 城镇人均可支配收入/农村人均可支配收入 | 2.67 |
| | 城镇居民家庭恩格尔系数 | 2.58 |
| | 农村居民家庭恩格尔系数 | 2.63 |
| | 各区域人均 GDP 占比省均 GDP | 2.63 |
| | 人均教育支出 | 2.65 |
| | 人均医疗卫生支出 | 2.66 |
| | 人均公路和铁路里程 | 2.67 |
| | 人均邮电业务总量 | 2.68 |
| | 一般公共服务支出占财政支出比重 | 2.61 |
| | 公共安全支出占财政支出比重 | 2.62 |

## 三、山东经济发展质量综合指数测度结果分析

1. 省域经济发展质量综合指数分析

根据熵值法计算的各级指标权重对各个指标的标准化值进行加权计算，得到 30 个省份的经济发展质量综合指数如表 4-3、图 4-1 所示，并刻画核密度分布如图 4-2 所示。

表 4-3　2008~2017 年各省区经济高质量发展综合指数得分

| 地区 | 2008 年 | 2010 年 | 2012 年 | 2014 年 | 2016 年 | 2017 年 | 均值 |
|---|---|---|---|---|---|---|---|
| 北京 | 61.77 | 60.71 | 63.92 | 66.75 | 65.24 | 62.57 | 62.39 |
| 天津 | 51.78 | 50.37 | 53.51 | 53.79 | 52.12 | 46.13 | 51.82 |
| 河北 | 34.72 | 33.75 | 38.77 | 40.83 | 39.49 | 36.61 | 37.71 |
| 山东 | 36.82 | 35.73 | 40.48 | 40.75 | 40.41 | 37.99 | 38.85 |
| 北部沿海 | 46.27 | 45.14 | 49.17 | 50.53 | 49.32 | 45.82 | 47.69 |
| 新疆 | 37.58 | 36.41 | 43.94 | 43.73 | 43.15 | 39.09 | 41.40 |
| 青海 | 39.92 | 39.14 | 43.82 | 44.65 | 44.51 | 43.17 | 42.87 |
| 宁夏 | 39.68 | 38.78 | 42.98 | 44.41 | 43.72 | 43.12 | 42.08 |
| 甘肃 | 39.66 | 35.53 | 40.39 | 41.02 | 42.00 | 39.02 | 39.75 |
| 大西北 | 39.21 | 37.47 | 42.78 | 43.45 | 43.34 | 41.10 | 41.52 |
| 重庆 | 39.38 | 37.62 | 42.21 | 43.72 | 43.21 | 41.90 | 41.16 |
| 云南 | 38.60 | 37.22 | 41.37 | 41.76 | 40.22 | 40.39 | 39.95 |
| 四川 | 37.88 | 34.85 | 39.22 | 40.30 | 38.44 | 37.34 | 37.80 |
| 广西 | 33.60 | 33.47 | 38.94 | 38.80 | 37.54 | 35.92 | 36.85 |
| 贵州 | 34.82 | 35.50 | 36.80 | 37.62 | 37.36 | 35.46 | 36.62 |
| 大西南 | 36.86 | 35.73 | 39.71 | 40.44 | 39.35 | 38.20 | 38.47 |
| 黑龙江 | 41.41 | 38.65 | 43.12 | 46.01 | 44.00 | 43.05 | 43.07 |
| 辽宁 | 41.65 | 40.07 | 43.13 | 43.62 | 46.55 | 43.78 | 42.71 |
| 吉林 | 42.12 | 38.03 | 41.67 | 41.48 | 40.26 | 38.29 | 40.33 |

续表

| 地区 | 2008 年 | 2010 年 | 2012 年 | 2014 年 | 2016 年 | 2017 年 | 均值 |
|---|---|---|---|---|---|---|---|
| 东北地区 | 41.73 | 38.92 | 42.64 | 43.70 | 43.60 | 41.71 | 42.03 |
| 上海 | 58.60 | 63.39 | 65.03 | 64.64 | 63.50 | 59.91 | 62.79 |
| 江苏 | 46.89 | 46.57 | 52.31 | 53.66 | 53.30 | 47.62 | 50.35 |
| 浙江 | 47.30 | 47.28 | 51.09 | 52.32 | 52.67 | 49.56 | 49.99 |
| 东部沿海 | 50.93 | 52.41 | 56.14 | 56.87 | 56.49 | 52.37 | 54.38 |
| 内蒙古 | 39.95 | 38.51 | 43.09 | 42.75 | 42.77 | 40.49 | 41.64 |
| 陕西 | 39.19 | 36.80 | 40.48 | 42.20 | 41.38 | 38.37 | 39.89 |
| 山西 | 36.86 | 36.98 | 41.10 | 42.88 | 41.31 | 41.55 | 40.23 |
| 河南 | 32.86 | 31.90 | 36.77 | 37.65 | 38.61 | 37.53 | 35.89 |
| 黄河中游 | 37.21 | 36.05 | 40.36 | 41.37 | 41.02 | 39.48 | 39.41 |
| 广东 | 48.04 | 51.86 | 55.33 | 54.67 | 52.32 | 51.03 | 52.42 |
| 海南 | 44.11 | 40.61 | 44.23 | 45.32 | 47.32 | 43.97 | 44.46 |
| 福建 | 43.94 | 44.30 | 46.24 | 46.06 | 46.16 | 43.35 | 45.01 |
| 南部沿海 | 45.36 | 45.59 | 48.60 | 48.68 | 48.60 | 46.12 | 47.30 |
| 安徽 | 37.54 | 35.26 | 39.74 | 40.64 | 40.06 | 38.89 | 38.80 |
| 湖北 | 37.81 | 37.04 | 39.09 | 40.18 | 40.38 | 38.34 | 38.76 |
| 江西 | 37.76 | 33.79 | 39.07 | 39.30 | 39.61 | 37.95 | 37.87 |
| 湖南 | 36.79 | 35.75 | 39.28 | 39.73 | 39.22 | 38.35 | 38.14 |
| 长江中游 | 37.48 | 35.46 | 39.30 | 39.96 | 39.82 | 38.38 | 38.39 |
| 几何均值 | 41.30 | 40.20 | 44.24 | 45.04 | 44.56 | 42.36 | 44.05 |

注：篇幅所限，没有列出全部年份的经济高质量发展综合得分，表中均值是指算术平均值。

2008~2017 年我国经济发展质量综合得分均值为 44.05 分，经济发展质量呈现倒 "U" 型特征，2007～2014 年呈现稳步提升的良好态势，2014~2017 年小幅回落震荡，区域差异显著。

图 4-1 列出了 2008 年、2013 年、2017 年各省区经济高质量发展的综合得分和 2008~2017 年的均值。从图 4-1 可以看出，2008~2017 年经济发

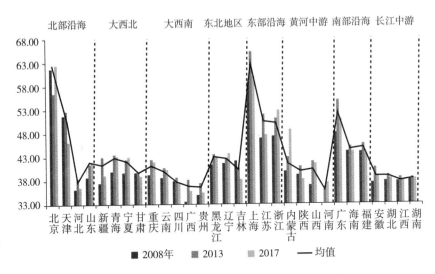

图 4-1 2008~2017 年中国经济发展质量综合指数

展质量水平由东部沿海、北部沿海和南部沿海三大沿海区域向东北地区、大西北、黄河中游等地区依次递减，沿海区域经济发展质量综合得分在 47 分以上波动，东北地区和大西北经济区居中，经济发展质量综合得分均值在 41 左右波动，长江中游、大西南经济发展质量水平较低，在 38 分左右浮动，黄河中游与长江中游、大西北经济区相比略好，但仍然存在较大的改进空间。中国八大经济区的经济发展质量水平变化趋势差异较大，与区位优势密切相关，三大沿海经济区经济较为发达，资源集约化投入，教育与科技发展优势显著，高速发展的同时关注绿色、协调和共享发展，经济发展质量水平较高；中西部经济区以农业经济或重工业经济为主，经济发展效率较低或者污染程度较高，受经济发展水平或技术力量的影响，污染物排放量较大，而经济发展质量水平不高。

　　图 4-2 是中国 2008~2017 经济高质量发展指数核密度分布，横坐标为经济高质量发展指数，纵坐标为核密度估计。从经济高质量发展指数核密度分布图的曲线形状来看，中国经济高质量发展呈现明显的偏态分布，"双峰"特征显著，随着时间推移，经济发展质量核密度曲线先左移然后大幅度右移，然后小幅左移，表明考察期内我国经济发展质量呈现"下降→大幅提高→小幅震荡"的发展特征，具体而言，2008~2010 年，经济

发展质量略有下降，2010～2014 年，我国经济发展质量大幅度提升，2014
～2017 年小幅回落。从经济发展质量核密度曲线峰度变化情况可以看出，
核密度分布图由"单峰型"向"双峰型"和"多峰型"演进，意味着我
国经济发展质量逐渐呈现两极分化的态势，曲线主峰变换特征表现为"峰
高"上升，然后又下降的态势，核密度曲线呈现逐渐由"宽峰型"→"窄
峰型"→"宽峰型"分布的更迭变化态势，说明我国经济发展质量省际的
差异呈现先扩大又缩小的特征。具体来看，2008 年核密度曲线呈"单峰
型"分布，我国经济发展质量省际差异较小，2010 年，"单峰型"分布特
征基本不变，但波峰对应的核密度逐渐增大，并且由"宽峰型"逐步转变为
"尖峰型"，经济发展质量趋于集中，2012 年，"单峰型"分布逐渐向"双峰
型"转化，区域经济发展质量逐步呈现两极分化的态势，2014 年，城乡消费
差距核密度曲线"双峰型"特征显著，区域经济发展质量两极分化趋势显
著，并逐渐向两个均衡点靠拢。2014～2017 年，核密度曲线持续左移，"双
峰型"特征减弱，"宽峰型"特征显著，经济发展质量省际差异两极分化
减弱。

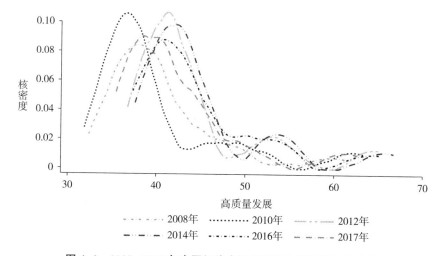

**图4-2　2008～2017 年中国经济发展质量综合指数核密度分布**

为了更为清晰地观察经济发展质量的综合指数和全要素生产率评价，
按照经济发展质量综合得分，大致将 30 个省区分为三类：45 分以上的省
份为高质量发展型，40～45 分为中等质量发展型，40 分以下（不含 40 分）

为低质量发展型；按照全要素生产率水平将30个省区分为三类：绿色全要素生产率值1.05（含1.05）以上的省份为高绿色效率型，1.00~1.05为中等绿色效率型，1.00以下（不含1.00）为低绿色效率型。接下来，本书对比分析各省的综合得分和全要素生产率水平，如表4-4所示。

表4-4　2008~2017年发展质量综合指数与全要素生产率对比（均值排名）

| 地区 | 经济发展质量综合指数 | 排名1 | 经济发展质量水平 | 绿色全要素生产率 | 排名2 | 生产率水平 |
|---|---|---|---|---|---|---|
| 上海 | 62.79 | 1 | 高质量 | 1.071 | 5 | 高效率 |
| 北京 | 62.39 | 2 | 高质量 | 1.069 | 6 | 高效率 |
| 广东 | 52.42 | 3 | 高质量 | 1.056 | 8 | 高效率 |
| 天津 | 51.82 | 4 | 高质量 | 1.037 | 13 | 中等效率 |
| 江苏 | 50.35 | 5 | 高质量 | 1.119 | 1 | 高效率 |
| 浙江 | 49.99 | 6 | 高质量 | 1.076 | 4 | 高效率 |
| 福建 | 45.01 | 7 | 高质量 | 1.040 | 11 | 中等效率 |
| 海南 | 44.46 | 8 | 中等质量 | 0.978 | 29 | 低效率 |
| 黑龙江 | 43.07 | 9 | 中等质量 | 0.984 | 26 | 低效率 |
| 青海 | 42.87 | 10 | 中等质量 | 0.966 | 30 | 低效率 |
| 辽宁 | 42.71 | 11 | 中等质量 | 1.080 | 2 | 高效率 |
| 宁夏 | 42.08 | 12 | 中等质量 | 0.989 | 23 | 低效率 |
| 山东 | 41.85 | 13 | 中等质量 | 1.079 | 3 | 高效率 |
| 内蒙古 | 41.64 | 14 | 中等质量 | 1.007 | 20 | 中等效率 |
| 新疆 | 41.4 | 15 | 中等质量 | 0.985 | 25 | 低效率 |
| 重庆 | 41.16 | 16 | 中等质量 | 1.042 | 10 | 中等效率 |
| 吉林 | 40.33 | 17 | 中等质量 | 1.028 | 15 | 中等效率 |
| 山西 | 40.23 | 18 | 中等质量 | 1.034 | 14 | 中等效率 |
| 云南 | 39.95 | 19 | 低质量 | 0.998 | 22 | 低效率 |
| 陕西 | 39.89 | 20 | 低质量 | 1.005 | 21 | 中等效率 |

续表

| 地区 | 经济发展质量综合指数 | 排名1 | 经济发展质量水平 | 绿色全要素生产率 | 排名2 | 生产率水平 |
|---|---|---|---|---|---|---|
| 甘肃 | 39.75 | 21 | 低质量 | 0.986 | 24 | 低效率 |
| 安徽 | 38.8 | 22 | 低质量 | 1.017 | 17 | 中等效率 |
| 湖北 | 38.76 | 23 | 低质量 | 1.039 | 12 | 中等效率 |
| 湖南 | 38.14 | 24 | 低质量 | 1.026 | 16 | 中等效率 |
| 江西 | 37.87 | 25 | 低质量 | 1.011 | 19 | 中等效率 |
| 四川 | 37.8 | 26 | 低质量 | 1.057 | 7 | 高效率 |
| 河北 | 37.71 | 27 | 低质量 | 1.013 | 18 | 中等效率 |
| 广西 | 36.85 | 28 | 低质量 | 0.981 | 28 | 低效率 |
| 贵州 | 36.62 | 29 | 低质量 | 0.984 | 27 | 低效率 |
| 河南 | 35.89 | 30 | 低质量 | 1.049 | 9 | 中等效率 |

　　从表4-4发展质量综合指数与全要素生产率对比可以看出，高质量发展型为上海、北京、广东、天津、江苏、浙江和福建，共计7个省区，中等发展质量的为海南、黑龙江、青海、辽宁、宁夏和山东等，共计11个省区，发展质量较低的为云南、陕西、甘肃、安徽和湖北等12个省区。绿色全要素生产率高效率型为江苏、辽宁、山东、浙江、上海、北京、四川和广东，共8个省区，中等绿色效率型为河南、重庆、福建、湖北和天津等13个省区，低绿色效率型为云南、宁夏、甘肃、新疆和黑龙江等9个省区。7个高质量发展型省区中上海、北京、广东、江苏和浙江均为高效率型，天津和福建虽然绿色全要素生产率水平中等，但经济发展的协调、共享和开放三个方面得分较高，也进入了高质量发展型省区；11个中等发展质量省区包含2个高效率型省区、4个中等效率型省区、5个低效率型省区，辽宁和山东在绿色和创新方面做得较好，绿色全要素生产率水平较高，但在协调、开放和共享方面还需要改善；海南、黑龙江、青海、宁夏和新疆全要素生产率水平较低，但在协调、共享和绿色方面得分较高，成为中等经济发展型省区。12个低质量发展型省区包含7个中等效率型省区

和5个低效率型省区。重庆、吉林、山西等7个省区绿色全要素生产率水平中等，但开放、协调、共享等方面还有待提升，制约了经济发展质量综合得分。经济发展质量综合得分更能全面反映经济发展质量水平，而绿色全要素生产率多反映区域创新和绿色方面的特征，故而本书建议在不同的评价需求下，采用不同的评价方法。

2. 山东省经济发展质量综合指数分析

基于上节的山东省经济高质量发展测评体系，运用熵值法进行客观赋权，测度2008~2017年山东省经济发展质量综合指数，如表4-5所示。

表4-5　山东省经济发展质量综合指数

| 指数＼年份 | 2008 | 2009 | 2010 | 2011 | 2012 | 2013 | 2014 | 2015 | 2016 | 2017 |
|---|---|---|---|---|---|---|---|---|---|---|
| 综合 | 1.238 | 1.216 | 1.240 | 1.211 | 1.207 | 1.214 | 1.231 | 1.223 | 1.203 | 1.433 |
| 创新 | 0.340 | 0.324 | 0.324 | 0.314 | 0.329 | 0.324 | 0.320 | 0.320 | 0.318 | 0.376 |
| 协调 | 0.399 | 0.382 | 0.400 | 0.390 | 0.383 | 0.393 | 0.403 | 0.398 | 0.389 | 0.468 |
| 绿色 | 0.220 | 0.221 | 0.225 | 0.222 | 0.215 | 0.214 | 0.222 | 0.219 | 0.208 | 0.249 |
| 开放 | 0.067 | 0.071 | 0.069 | 0.068 | 0.065 | 0.064 | 0.064 | 0.068 | 0.070 | 0.081 |
| 共享 | 0.395 | 0.405 | 0.409 | 0.400 | 0.397 | 0.405 | 0.405 | 0.403 | 0.403 | 0.466 |

从表4-5中可以得到，综合指数的最小值出现在2016年，为1.203，2017年达到最大值1.433，增长率达到最高19.12%。五项指数的最大值均出现在2017年，其中协调指数最高，为0.468，开放指数最低，为0.081，两者相差0.387，协调指数在2016~2017年达到所有统计值中的最大增长率，为20.3%。创新指数的最小值出现在2011年，为0.314，协调指数的最小值出现在2009年，为0.382，绿色指数的最小值为2016年的0.208，开放指数的最小值为2013年和2014年的0.064，共享指数的最小值为2008年的0.395。但实际上各项指数的统计值变化非常微弱，最小值和最大值之间差距不大（见图4-3）。

从图4-3可以清楚地看出，2008~2017年，山东省经济发展质量的创新、协调、绿色、开放和共享五个维度的指数变动非常平稳，几乎没有波动，仅在2016~2017年五项指数同时出现轻微上升，导致综合指数上升较

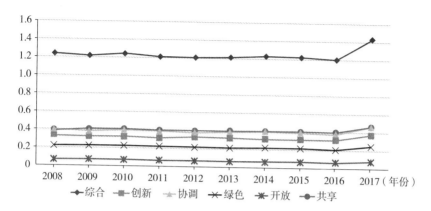

**图 4-3  山东省经济发展质量综合指数**

为明显。在这五个维度中，协调和共享经济发展水平较高，且反映在数据上高低和变动都几乎相同，说明城乡结构、产业结构和城乡共享、区域共享、公共服务发展比较合理。创新指数、绿色指数和开放指数依次降低，说明在贸易依存度和外商直接投资方面表现较差。

3. 山东省经济区域高质量发展水平差异分析

本书还在地市级单位的基础上，根据国务院批复的《黄河三角洲高效生态经济区发展规划》《山东半岛蓝色经济区发展规划》等国家战略文件，将山东省划分为"两区一圈一带"，"两区"是指山东半岛蓝色经济区和黄河三角洲高效生态经济区，"一圈"是指省会都市圈，"一带"是指西部经济隆起带。运用同样的方法合成"两区一圈一带"单方面指数及总指数。

（1）综合指数分析。基于山东省经济高质量发展测评体系，运用熵值法进行客观赋权，测度 2008～2017 年山东省 17 个地市经济发展质量综合指数，如表 4-6 所示。

**表 4-6  2008～2017 年山东省 17 个地市经济发展质量综合指数**

| 地市 \ 年份 | 2008 | 2009 | 2010 | 2011 | 2012 | 2013 | 2014 | 2015 | 2016 | 2017 | 均值 |
|---|---|---|---|---|---|---|---|---|---|---|---|
| 滨州 | 1.216 | 1.164 | 1.175 | 1.221 | 1.206 | 1.226 | 1.228 | 1.185 | 1.170 | 1.396 | 1.219 |
| 德州 | 1.168 | 1.125 | 1.158 | 1.172 | 1.144 | 1.133 | 1.173 | 1.167 | 1.124 | 1.358 | 1.172 |

续表

| 年份\n地市 | 2008 | 2009 | 2010 | 2011 | 2012 | 2013 | 2014 | 2015 | 2016 | 2017 | 均值 |
|---|---|---|---|---|---|---|---|---|---|---|---|
| 东营 | 1.323 | 1.324 | 1.324 | 1.311 | 1.267 | 1.320 | 1.372 | 1.354 | 1.333 | 1.606 | 1.353 |
| 菏泽 | 1.109 | 1.067 | 1.128 | 1.087 | 1.140 | 1.093 | 1.113 | 1.106 | 1.106 | 1.305 | 1.125 |
| 济南 | 1.322 | 1.335 | 1.356 | 1.283 | 1.312 | 1.331 | 1.338 | 1.368 | 1.307 | 1.607 | 1.356 |
| 济宁 | 1.273 | 1.176 | 1.212 | 1.173 | 1.173 | 1.163 | 1.155 | 1.155 | 1.162 | 1.384 | 1.203 |
| 莱芜 | 1.170 | 1.235 | 1.241 | 1.198 | 1.200 | 1.183 | 1.185 | 1.175 | 1.169 | 1.325 | 1.208 |
| 聊城 | 1.184 | 1.172 | 1.160 | 1.125 | 1.159 | 1.143 | 1.153 | 1.153 | 1.138 | 1.340 | 1.173 |
| 临沂 | 1.247 | 1.169 | 1.187 | 1.172 | 1.187 | 1.126 | 1.157 | 1.188 | 1.143 | 1.394 | 1.197 |
| 青岛 | 1.361 | 1.327 | 1.346 | 1.317 | 1.322 | 1.382 | 1.370 | 1.382 | 1.351 | 1.582 | 1.374 |
| 日照 | 1.230 | 1.168 | 1.202 | 1.183 | 1.178 | 1.193 | 1.200 | 1.188 | 1.161 | 1.372 | 1.208 |
| 泰安 | 1.208 | 1.165 | 1.188 | 1.159 | 1.144 | 1.144 | 1.203 | 1.207 | 1.229 | 1.391 | 1.204 |
| 威海 | 1.311 | 1.337 | 1.353 | 1.324 | 1.290 | 1.323 | 1.348 | 1.281 | 1.252 | 1.560 | 1.338 |
| 潍坊 | 1.234 | 1.218 | 1.275 | 1.242 | 1.245 | 1.243 | 1.257 | 1.244 | 1.216 | 1.490 | 1.266 |
| 烟台 | 1.270 | 1.272 | 1.325 | 1.255 | 1.237 | 1.271 | 1.297 | 1.292 | 1.248 | 1.483 | 1.295 |
| 枣庄 | 1.197 | 1.171 | 1.194 | 1.150 | 1.128 | 1.130 | 1.144 | 1.099 | 1.123 | 1.313 | 1.165 |
| 淄博 | 1.226 | 1.243 | 1.253 | 1.218 | 1.191 | 1.230 | 1.240 | 1.240 | 1.219 | 1.453 | 1.251 |
| 均值 | 1.238 | 1.216 | 1.240 | 1.211 | 1.207 | 1.214 | 1.231 | 1.223 | 1.203 | 1.433 | 1.242 |

根据表4-6可以看出，各个地市的经济发展质量综合指数在2008~2017年的变化均比较平稳，只有在2017年出现比较显著的上升。将17个地市的经济发展质量综合指数按照从低到高的顺序排列得到图4-4。

从图4-4可以清晰地看出，山东省经济发展质量综合指数区域差异性比较明显。综合指数均值最低的是菏泽市，为1.125，最高的是青岛市，为1.374，最大值与最小值之间相差0.249，其次是济南市、东营市、威海市和烟台市，有一定的地理区位上的集聚性，在一定程度上反映了山东半岛沿海地区和省会城市在经济发展质量上处于优势地位，应该发挥辐射和引领作用，带动周边地区的经济高质量发展。

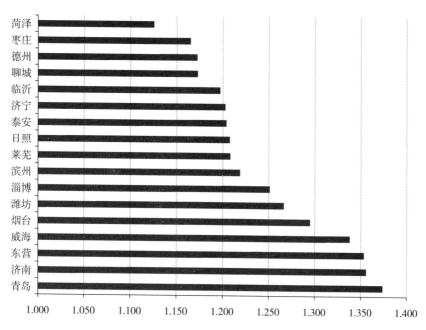

**图 4-4 2008~2017 年山东省 17 个地市经济发展质量综合指数均值**

根据山东省 17 个地市经济发展质量综合指数计算出"两区一圈一带"经济发展质量综合指数统计值如表 4-7 所示。

**表 4-7 山东省"两区一圈一带"经济发展质量综合指数**

| 区域 | 2008 年 | 2009 年 | 2010 年 | 2011 年 | 2012 年 | 2013 年 | 2014 年 | 2015 年 | 2016 年 | 2017 年 | 均值 |
|---|---|---|---|---|---|---|---|---|---|---|---|
| 蓝区 | 1.288 | 1.274 | 1.304 | 1.272 | 1.256 | 1.289 | 1.307 | 1.290 | 1.260 | 1.515 | 1.306 |
| 黄区 | 1.233 | 1.215 | 1.237 | 1.233 | 1.211 | 1.230 | 1.254 | 1.238 | 1.212 | 1.461 | 1.252 |
| 一圈 | 1.214 | 1.205 | 1.219 | 1.197 | 1.194 | 1.199 | 1.217 | 1.214 | 1.194 | 1.410 | 1.226 |
| 一带 | 1.198 | 1.149 | 1.175 | 1.148 | 1.154 | 1.133 | 1.157 | 1.154 | 1.146 | 1.355 | 1.177 |
| 均值 | 1.233 | 1.211 | 1.234 | 1.213 | 1.204 | 1.213 | 1.234 | 1.224 | 1.203 | 1.435 | 1.240 |

从时序角度来看，2008~2016 年，山东省经济发展质量波动幅度较小，从空间格局角度来看，"蓝区"的经济发展质量综合指数均值最高，

为 1.306，其次是"黄区""一圈"和"一带"，依次递减。

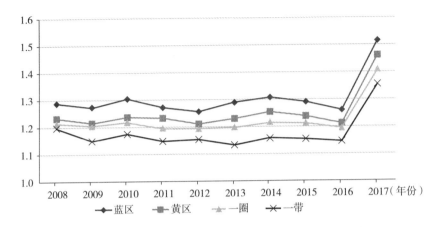

图 4-5　山东省"两区一圈一带"经济发展质量综合指数

从图 4-5 可以看出，2008～2016 年，"两区一圈一带"四个区域的经济发展质量综合指数变动都比较平稳，在 2017 年出现了比较明显的上升，达到各自区域在十年间的最大值。"蓝区"在现有指标体系下表现最为突出，在每一年度统计值都超出其他三个区域，并在 2017 年达到最大值 1.515。说明"蓝区"依靠山东半岛沿海的地理区位优势和先进的发展、管理经验实现了经济增长的高质量，在创新、绿色、协调、开放和共享五个方面整体上走在山东省前列，而"一带"地区在各年度统计值都处于山东省末位，应当引起重视，采取措施推进经济高质量增长。

（2）创新指数分析。创新指数综合考虑了技术研发水平和经济增长效率，运用熵值法测度出 2008～2017 年山东省 17 个地市经济发展创新指数，如表 4-8 所示。

表 4-8　2008～2017 年山东省 17 个地市经济发展创新指数

| 地市 | 2008 年 | 2009 年 | 2010 年 | 2011 年 | 2012 年 | 2013 年 | 2014 年 | 2015 年 | 2016 年 | 2017 年 | 均值 |
|---|---|---|---|---|---|---|---|---|---|---|---|
| 滨州 | 0.318 | 0.316 | 0.313 | 0.303 | 0.319 | 0.312 | 0.312 | 0.312 | 0.313 | 0.369 | 0.319 |
| 德州 | 0.312 | 0.310 | 0.304 | 0.304 | 0.312 | 0.315 | 0.306 | 0.315 | 0.311 | 0.354 | 0.314 |
| 东营 | 0.344 | 0.344 | 0.335 | 0.332 | 0.338 | 0.340 | 0.341 | 0.327 | 0.329 | 0.387 | 0.342 |

续表

| 地市 | 2008 年 | 2009 年 | 2010 年 | 2011 年 | 2012 年 | 2013 年 | 2014 年 | 2015 年 | 2016 年 | 2017 年 | 均值 |
|------|---------|---------|---------|---------|---------|---------|---------|---------|---------|---------|------|
| 菏泽 | 0.294 | 0.299 | 0.322 | 0.283 | 0.321 | 0.307 | 0.295 | 0.300 | 0.304 | 0.354 | 0.308 |
| 济南 | 0.336 | 0.332 | 0.325 | 0.317 | 0.360 | 0.349 | 0.339 | 0.339 | 0.319 | 0.426 | 0.344 |
| 济宁 | 0.390 | 0.322 | 0.322 | 0.319 | 0.334 | 0.323 | 0.319 | 0.318 | 0.308 | 0.378 | 0.333 |
| 莱芜 | 0.338 | 0.331 | 0.338 | 0.320 | 0.329 | 0.322 | 0.321 | 0.316 | 0.313 | 0.359 | 0.329 |
| 聊城 | 0.340 | 0.319 | 0.316 | 0.296 | 0.312 | 0.306 | 0.303 | 0.300 | 0.300 | 0.345 | 0.314 |
| 临沂 | 0.367 | 0.300 | 0.316 | 0.304 | 0.319 | 0.298 | 0.304 | 0.307 | 0.299 | 0.356 | 0.317 |
| 青岛 | 0.349 | 0.341 | 0.328 | 0.336 | 0.355 | 0.358 | 0.355 | 0.353 | 0.350 | 0.416 | 0.354 |
| 日照 | 0.322 | 0.307 | 0.321 | 0.294 | 0.305 | 0.307 | 0.303 | 0.305 | 0.317 | 0.359 | 0.314 |
| 泰安 | 0.346 | 0.320 | 0.315 | 0.308 | 0.315 | 0.312 | 0.309 | 0.311 | 0.326 | 0.358 | 0.322 |
| 威海 | 0.342 | 0.342 | 0.341 | 0.335 | 0.339 | 0.341 | 0.340 | 0.340 | 0.342 | 0.394 | 0.346 |
| 潍坊 | 0.343 | 0.331 | 0.323 | 0.323 | 0.346 | 0.343 | 0.334 | 0.330 | 0.316 | 0.408 | 0.340 |
| 烟台 | 0.332 | 0.328 | 0.341 | 0.338 | 0.345 | 0.337 | 0.334 | 0.335 | 0.338 | 0.391 | 0.342 |
| 枣庄 | 0.323 | 0.317 | 0.310 | 0.302 | 0.305 | 0.300 | 0.298 | 0.299 | 0.306 | 0.353 | 0.311 |
| 淄博 | 0.376 | 0.346 | 0.339 | 0.326 | 0.340 | 0.342 | 0.334 | 0.332 | 0.320 | 0.390 | 0.345 |
| 均值 | 0.340 | 0.324 | 0.324 | 0.314 | 0.329 | 0.324 | 0.320 | 0.320 | 0.318 | 0.376 | 0.329 |

　　从时序角度来看，17 个地市的经济发展创新指数均值在 2008～2011 年持续下降，2011 年达到最小值 0.314，2012 年有所回升后 2016 年又开始新一轮下降，直到 2017 年出现大幅上升，达到最大值 0.376。将 17 个地市的经济发展创新指数按照从低到高的顺序排列得到图 4-6。

　　从图 4-6 可以清楚地看出，创新指数在不同地区存在一定的差异性，青岛市创新指数均值要大幅高出其他地市，达到 0.354，说明其技术研发水平和经济增长效率高于省内其他地区，可以起到创新引领作用；威海市、淄博市、济南市依次降低；而创新指数最低的菏泽市只有 0.308，说明其技术研发水平较低，经济增长缓慢。

　　根据山东省 17 个地市创新指数计算出"两区一圈一带"经济发展创新指数统计值，如表 4-9 所示。

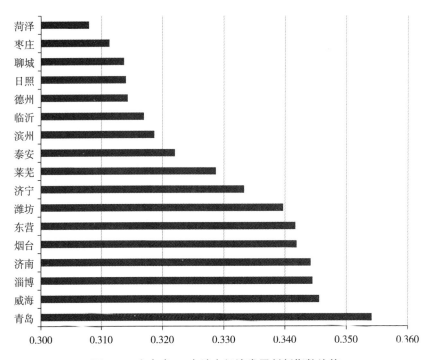

图 4-6　山东省 17 个地市经济发展创新指数均值

表 4-9　山东省"两区一圈一带"经济发展创新指数

| 年份<br>区域 | 2008 | 2009 | 2010 | 2011 | 2012 | 2013 | 2014 | 2015 | 2016 | 2017 | 均值 |
|---|---|---|---|---|---|---|---|---|---|---|---|
| 蓝区 | 0.339 | 0.332 | 0.331 | 0.326 | 0.338 | 0.338 | 0.334 | 0.332 | 0.332 | 0.393 | 0.339 |
| 黄区 | 0.338 | 0.329 | 0.323 | 0.317 | 0.331 | 0.330 | 0.325 | 0.323 | 0.318 | 0.382 | 0.332 |
| 一圈 | 0.338 | 0.325 | 0.321 | 0.310 | 0.327 | 0.323 | 0.318 | 0.318 | 0.314 | 0.371 | 0.327 |
| 一带 | 0.339 | 0.313 | 0.315 | 0.302 | 0.317 | 0.309 | 0.305 | 0.307 | 0.308 | 0.357 | 0.317 |

　　从表 4-9 中可以看出，"蓝区"的创新指数为 0.339，高于其他三个区域，其次是"黄区"和"一圈"，"一带"地区的创新指数最低，为 0.317，这在一定程度上揭示了西部经济隆起带所代表的山东西部地区与山东半岛蓝色经济区所代表的山东东部地区在创新能力上的

差距。

由图4-7可以看到，四个区域的变动趋势比较一致。2008年，四个地区的创新指数几乎处在同一水平，之后同时开始降低，但西部经济隆起带区域下降更多，且之后各年份都一直处于末位，最小值出现在2011年，为0.302，最大值出现在2017年，为0.357。相比之下，"蓝区"虽然在2008~2011年和2012~2016年也经历了两轮持续的创新指数的下滑，但是下降幅度较低，总体上一直维持在四个区域的首位，2016~2017年实现大幅增长后达到最大值0.393。最大的增长率出现在2016~2017年的"黄区"，为20.13%。图4-7说明了山东省在2008~2011年和2012~2016年两个阶段出现了创新水平的退步，只是各个区域程度不同，2017年全省创新指数的同步提升证明政府已经采取了相应政策措施来提高研发水平和经济发展效率，并且应该继续保持下去。

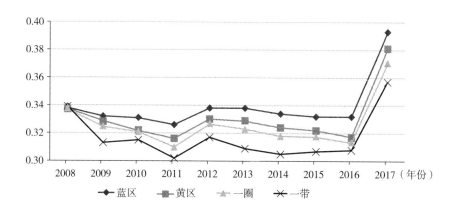

**图4-7 山东省"两区一圈一带"创新指数**

（3）共享指数分析。共享指数考察了城乡共享、区域共享和公共服务三个方面，运用熵值法进行客观赋权，测度2008~2017年山东省17个地市经济发展共享指数如表4-10所示。

表 4-10　2008~2017 年山东省 17 个地市经济发展共享指数

| 年份<br>地市 | 2008 | 2009 | 2010 | 2011 | 2012 | 2013 | 2014 | 2015 | 2016 | 2017 | 均值 |
|---|---|---|---|---|---|---|---|---|---|---|---|
| 滨州 | 0.437 | 0.443 | 0.441 | 0.447 | 0.440 | 0.454 | 0.450 | 0.418 | 0.416 | 0.472 | 0.442 |
| 德州 | 0.377 | 0.384 | 0.384 | 0.395 | 0.410 | 0.406 | 0.378 | 0.400 | 0.394 | 0.452 | 0.398 |
| 东营 | 0.482 | 0.485 | 0.489 | 0.498 | 0.480 | 0.497 | 0.505 | 0.507 | 0.499 | 0.555 | 0.500 |
| 菏泽 | 0.340 | 0.322 | 0.328 | 0.332 | 0.333 | 0.323 | 0.337 | 0.332 | 0.333 | 0.402 | 0.338 |
| 济南 | 0.409 | 0.418 | 0.429 | 0.414 | 0.422 | 0.429 | 0.439 | 0.439 | 0.440 | 0.492 | 0.433 |
| 济宁 | 0.371 | 0.372 | 0.369 | 0.372 | 0.368 | 0.361 | 0.365 | 0.362 | 0.362 | 0.424 | 0.373 |
| 莱芜 | 0.400 | 0.428 | 0.430 | 0.402 | 0.405 | 0.402 | 0.399 | 0.408 | 0.408 | 0.458 | 0.414 |
| 聊城 | 0.368 | 0.389 | 0.391 | 0.382 | 0.367 | 0.368 | 0.365 | 0.356 | 0.346 | 0.420 | 0.375 |
| 临沂 | 0.376 | 0.390 | 0.391 | 0.387 | 0.396 | 0.382 | 0.388 | 0.381 | 0.381 | 0.449 | 0.392 |
| 青岛 | 0.409 | 0.411 | 0.406 | 0.397 | 0.386 | 0.428 | 0.431 | 0.442 | 0.449 | 0.491 | 0.425 |
| 日照 | 0.381 | 0.386 | 0.408 | 0.404 | 0.392 | 0.401 | 0.399 | 0.396 | 0.390 | 0.462 | 0.402 |
| 泰安 | 0.371 | 0.384 | 0.391 | 0.365 | 0.375 | 0.378 | 0.377 | 0.380 | 0.381 | 0.454 | 0.386 |
| 威海 | 0.429 | 0.438 | 0.446 | 0.420 | 0.420 | 0.453 | 0.447 | 0.430 | 0.440 | 0.539 | 0.446 |
| 潍坊 | 0.399 | 0.410 | 0.408 | 0.398 | 0.389 | 0.418 | 0.414 | 0.418 | 0.423 | 0.488 | 0.417 |
| 烟台 | 0.390 | 0.404 | 0.409 | 0.376 | 0.381 | 0.389 | 0.392 | 0.399 | 0.403 | 0.450 | 0.399 |
| 枣庄 | 0.362 | 0.392 | 0.394 | 0.391 | 0.382 | 0.369 | 0.377 | 0.351 | 0.351 | 0.419 | 0.379 |
| 淄博 | 0.409 | 0.429 | 0.433 | 0.419 | 0.410 | 0.423 | 0.426 | 0.440 | 0.438 | 0.484 | 0.431 |
| 均值 | 0.395 | 0.405 | 0.409 | 0.400 | 0.397 | 0.405 | 0.405 | 0.403 | 0.403 | 0.465 | 0.409 |

　　从表 4-10 中可以看到，17 个地市的经济发展共享指数均值最小值出现在 2008 年，为 0.395，2008~2010 年开始上升，2011~2016 年出现小幅波动，2017 年共享指数均值明显上升，达到最大值 0.465，增长率为 15.38%。

　　将 17 个地市的经济发展共享指数按照由低到高的顺序排列，得到图 4-8。

　　从图 4-8 中可以看出，各地市的经济发展共享指数存在一定差距，共享指数均值最高的东营市，统计值为 0.50，远高于第二名威海市的 0.446，

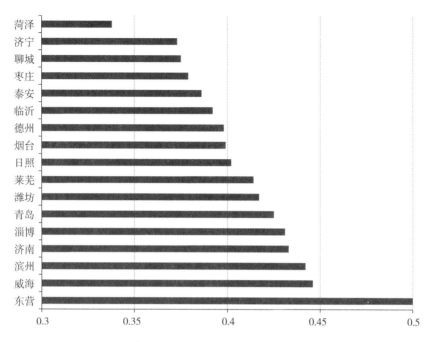

图 4-8　山东省 17 个地市经济发展共享指数均值

均值最低的菏泽市，统计值为 0.338，也远低于倒数第二名的济宁市，东营市与菏泽市之间的统计值差距达到 0.162，但位于中游水平的其他城市共享指数均值差距不大，大致上也可以看出山东西部与山东东部在经济共享上的差距。

根据山东省 17 个地市经济发展共享指数计算出"两区一圈一带"经济发展共享指数统计值，如表 4-11 所示。

表 4-11　山东省"两区一圈一带"经济发展共享指数

| 年份<br>区域 | 2008 | 2009 | 2010 | 2011 | 2012 | 2013 | 2014 | 2015 | 2016 | 2017 | 均值 |
|---|---|---|---|---|---|---|---|---|---|---|---|
| 蓝区 | 0.415 | 0.422 | 0.428 | 0.415 | 0.408 | 0.431 | 0.431 | 0.432 | 0.434 | 0.498 | 0.431 |
| 黄区 | 0.421 | 0.430 | 0.431 | 0.432 | 0.426 | 0.440 | 0.435 | 0.437 | 0.434 | 0.490 | 0.437 |

续表

| 年份<br>区域 | 2008 | 2009 | 2010 | 2011 | 2012 | 2013 | 2014 | 2015 | 2016 | 2017 | 均值 |
|---|---|---|---|---|---|---|---|---|---|---|---|
| 一圈 | 0.396 | 0.411 | 0.414 | 0.403 | 0.404 | 0.408 | 0.405 | 0.406 | 0.403 | 0.462 | 0.411 |
| 一带 | 0.366 | 0.376 | 0.378 | 0.375 | 0.376 | 0.369 | 0.370 | 0.366 | 0.364 | 0.432 | 0.377 |

"蓝区""黄区""一圈"和"一带"的最大值都出现在2017年，最小值分别为2008年的0.415、2012年的0.426、2008年的0.396和2016年的0.364。"黄区"均值为四个区域最高，达到0.437。其次是"蓝区"和"一圈"，最小值出现在"一带"区域，为0.377，这也是"蓝区"唯一一项没有位居全省首位的指标，均值最高值"黄区"与最低值"一带"之间差值为0.06。

从图4-9中可以看出，"两区一圈一带"四个区域的经济发展共享指数之间存在一定的区域差异性，但变动趋势比较相似，2008~2016年，各区经济发展共享指数变动比较平稳，并且一直保持"黄区""蓝区""一圈"和"一带"共享水平依次降低的次序，2017年，"蓝区"的共享指数增长率达到14.75%，帮助"蓝区"在近十年内共享指数首次超越"黄区"，位居全省首位。"黄区"在城乡共享、区域共享和公共服务三个方面的表现比较优秀，而"一带"地区的共享水平比较低。

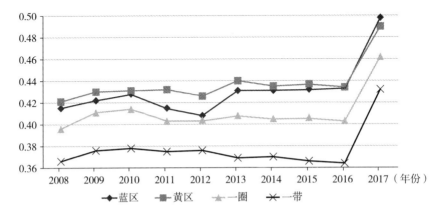

图4-9 山东省"两区一圈一带"经济发展共享指数

（4）开放指数分析。经济发展开放指数考虑了贸易依存度和外商投资两个方面，运用熵值法进行客观赋权，测度 2008～2017 年山东省 17 个地市经济发展开放指数，如表 4-12 所示。

表 4-12　2008～2017 年山东省 17 个地市经济发展开放指数

| 年份<br>地市 | 2008 | 2009 | 2010 | 2011 | 2012 | 2013 | 2014 | 2015 | 2016 | 2017 | 均值 |
|---|---|---|---|---|---|---|---|---|---|---|---|
| 滨州 | 0.061 | 0.060 | 0.059 | 0.058 | 0.057 | 0.060 | 0.061 | 0.068 | 0.071 | 0.081 | 0.063 |
| 德州 | 0.056 | 0.058 | 0.055 | 0.059 | 0.056 | 0.055 | 0.054 | 0.055 | 0.056 | 0.065 | 0.057 |
| 东营 | 0.055 | 0.059 | 0.061 | 0.060 | 0.058 | 0.057 | 0.058 | 0.064 | 0.071 | 0.086 | 0.063 |
| 菏泽 | 0.057 | 0.058 | 0.057 | 0.057 | 0.056 | 0.056 | 0.056 | 0.059 | 0.062 | 0.069 | 0.059 |
| 济南 | 0.066 | 0.073 | 0.068 | 0.068 | 0.064 | 0.062 | 0.063 | 0.065 | 0.067 | 0.077 | 0.067 |
| 济宁 | 0.061 | 0.065 | 0.063 | 0.061 | 0.063 | 0.061 | 0.061 | 0.063 | 0.060 | 0.069 | 0.063 |
| 莱芜 | 0.064 | 0.071 | 0.070 | 0.069 | 0.063 | 0.062 | 0.064 | 0.067 | 0.068 | 0.068 | 0.066 |
| 聊城 | 0.056 | 0.061 | 0.064 | 0.057 | 0.065 | 0.056 | 0.055 | 0.057 | 0.059 | 0.070 | 0.060 |
| 临沂 | 0.060 | 0.063 | 0.061 | 0.060 | 0.057 | 0.057 | 0.058 | 0.059 | 0.061 | 0.070 | 0.061 |
| 青岛 | 0.103 | 0.105 | 0.100 | 0.096 | 0.093 | 0.091 | 0.090 | 0.101 | 0.105 | 0.123 | 0.101 |
| 日照 | 0.094 | 0.106 | 0.097 | 0.094 | 0.091 | 0.092 | 0.092 | 0.092 | 0.091 | 0.105 | 0.095 |
| 泰安 | 0.054 | 0.054 | 0.053 | 0.055 | 0.054 | 0.055 | 0.057 | 0.058 | 0.058 | 0.067 | 0.057 |
| 威海 | 0.083 | 0.087 | 0.081 | 0.081 | 0.076 | 0.073 | 0.072 | 0.082 | 0.088 | 0.104 | 0.083 |
| 潍坊 | 0.066 | 0.074 | 0.070 | 0.068 | 0.064 | 0.062 | 0.063 | 0.069 | 0.072 | 0.085 | 0.069 |
| 烟台 | 0.090 | 0.094 | 0.086 | 0.080 | 0.075 | 0.072 | 0.073 | 0.086 | 0.088 | 0.102 | 0.085 |
| 枣庄 | 0.057 | 0.062 | 0.060 | 0.057 | 0.054 | 0.054 | 0.053 | 0.054 | 0.054 | 0.062 | 0.057 |
| 淄博 | 0.059 | 0.065 | 0.063 | 0.063 | 0.060 | 0.058 | 0.059 | 0.061 | 0.063 | 0.074 | 0.062 |
| 均值 | 0.067 | 0.071 | 0.069 | 0.068 | 0.065 | 0.064 | 0.064 | 0.068 | 0.070 | 0.081 | 0.069 |

从时序角度来看，17 个地市经济发展开放指数均值变化大体呈 "U" 型，2008～2009 年微弱上升后，2009～2014 年持续下降，一路跌至最小值 0.064，2015 年后又重新开始上升，并且在 2017 年实现 15.71% 的最大增

长率，达到最大值 0.081，最大值与最小值之间相差 0.017。

将 17 个地市的经济发展开放指数均值按照由高到低的顺序进行排列，得到图 4-10。

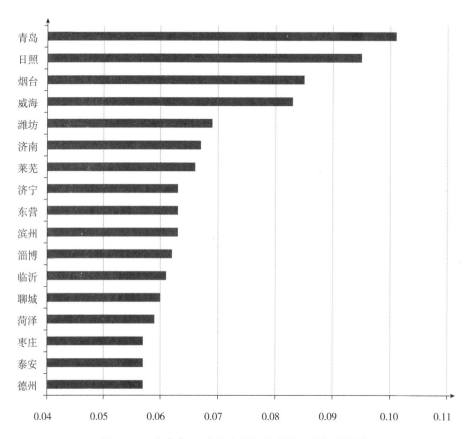

**图 4-10　山东省 17 个地市的经济发展开放指数均值**

从图 4-10 中可以看出，17 个地市的经济发展开放指数均值表现出显著的区域差异性，开放指数均值最高的是青岛市，统计值为 0.101，其次是日照市、烟台市和威海市，这四个城市可以看作开放程度的第一梯队，威海市的均值 0.083 比后一名潍坊市的 0.069 高出 0.014，而潍坊市开放指数均值比全省并列最后一位的枣庄市、泰安市和德州市的 0.057 只高出 0.012，说明除第一梯队外，其余 13 个城市开放水平差距并不明显。第一梯队的四个城市全部位于山东半岛沿海区域，表现出了地理位置上的集聚性，也体现出沿海区域以地理区位优势为依托的强大开放能力和在开放水平上的领先地位，贸易依存度和外贸投资水平都居于山东省前列。

根据山东省 17 个地市经济发展开放指数计算出"两区一圈一带"经济发展开放指数统计值，如表 4-13 所示。

表 4-13　山东省"两区一圈一带"经济发展开放指数

| 区域 | 指标 | 2008 年 | 2009 年 | 2010 年 | 2011 年 | 2012 年 | 2013 年 | 2014 年 | 2015 年 | 2016 年 | 2017 年 | 均值 |
|---|---|---|---|---|---|---|---|---|---|---|---|---|
| 蓝区 | 开放 | 0.082 | 0.088 | 0.082 | 0.080 | 0.076 | 0.074 | 0.075 | 0.082 | 0.086 | 0.101 | 0.083 |
| 黄区 | 开放 | 0.060 | 0.063 | 0.062 | 0.062 | 0.059 | 0.058 | 0.059 | 0.063 | 0.066 | 0.078 | 0.063 |
| 一圈 | 开放 | 0.060 | 0.063 | 0.062 | 0.061 | 0.060 | 0.058 | 0.058 | 0.062 | 0.063 | 0.072 | 0.062 |
| 一带 | 开放 | 0.057 | 0.060 | 0.059 | 0.059 | 0.058 | 0.056 | 0.056 | 0.058 | 0.059 | 0.068 | 0.059 |

从表 4-13 中可知，"蓝区"的经济发展开放指数均值明显高于其他三个区域，达到 0.083，其次按照"黄区""一圈"和"一带"的顺序依次递减，"一带"区域的均值为 0.059，与蓝区相差 0.024，说明山东半岛蓝色经济区在经济开放发展上表现比较优秀，可以引领省内其他区域提高经济开放水平，而山东西部经济隆起带的开放发展则需要政策的进一步倾斜和帮助。

从图 4-11 中可以看出，四个区域的经济发展开放指数在十年间都呈现较为平坦的"U"型，首先在 2008～2009 年有小幅度上升，之后在 2009～2013 年持续下降，各区域均达到十年间的最小值，分别为"蓝区" 0.047、"黄区" 0.058、"一圈" 0.058 和"一带" 0.056；2014～2017 年又重新开始上升，到 2017 年各区域达到最大值。在十年间的整个变化过程中，"蓝区"的经济发展开放指数始终显著高于其他三个区域，表现出其开放能力与开放水平的优势，"黄区"与"一圈"的开放指数变化几乎重合，说明这两个区域在开放水平上不相上下，且变化趋势非常一致，"一带"区域的开放指数略小于这两个区域，需要进一步采取措施扩大进出口规模、吸引外资，提高其贸易依存度和外贸投资水平。

（5）绿色指数分析。经济发展绿色指数考虑了资源消耗、环境污染和

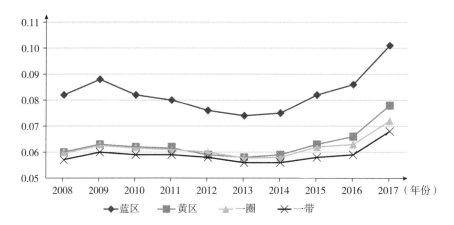

图 4-11　山东省"两区一圈一带"经济发展开放指数

环境保护三个方面，运用熵值法进行客观赋权，测度 2008～2017 年山东省 17 个地市经济发展绿色指数，如表 4-14 所示。

表 4-14　2008～2017 年山东省 17 个地市经济发展绿色指数

| 年份<br>地市 | 2008 | 2009 | 2010 | 2011 | 2012 | 2013 | 2014 | 2015 | 2016 | 2017 | 均值 |
|---|---|---|---|---|---|---|---|---|---|---|---|
| 滨州 | 0.205 | 0.201 | 0.199 | 0.212 | 0.197 | 0.193 | 0.198 | 0.193 | 0.182 | 0.226 | 0.201 |
| 德州 | 0.208 | 0.211 | 0.211 | 0.225 | 0.214 | 0.207 | 0.219 | 0.205 | 0.193 | 0.233 | 0.213 |
| 东营 | 0.266 | 0.260 | 0.267 | 0.261 | 0.256 | 0.261 | 0.271 | 0.265 | 0.237 | 0.311 | 0.266 |
| 菏泽 | 0.192 | 0.187 | 0.186 | 0.192 | 0.189 | 0.187 | 0.193 | 0.200 | 0.193 | 0.216 | 0.194 |
| 济南 | 0.243 | 0.254 | 0.261 | 0.238 | 0.231 | 0.226 | 0.243 | 0.245 | 0.230 | 0.279 | 0.245 |
| 济宁 | 0.209 | 0.210 | 0.214 | 0.210 | 0.202 | 0.201 | 0.207 | 0.212 | 0.207 | 0.232 | 0.210 |
| 莱芜 | 0.176 | 0.179 | 0.190 | 0.171 | 0.169 | 0.172 | 0.184 | 0.181 | 0.172 | 0.212 | 0.181 |
| 聊城 | 0.194 | 0.198 | 0.202 | 0.212 | 0.204 | 0.209 | 0.213 | 0.219 | 0.216 | 0.255 | 0.212 |
| 临沂 | 0.217 | 0.213 | 0.213 | 0.214 | 0.200 | 0.190 | 0.198 | 0.204 | 0.190 | 0.217 | 0.206 |
| 青岛 | 0.258 | 0.262 | 0.275 | 0.267 | 0.262 | 0.285 | 0.265 | 0.253 | 0.255 | 0.296 | 0.268 |
| 日照 | 0.200 | 0.187 | 0.193 | 0.188 | 0.185 | 0.182 | 0.197 | 0.187 | 0.178 | 0.215 | 0.191 |

| 地市 \ 年份 | 2008 | 2009 | 2010 | 2011 | 2012 | 2013 | 2014 | 2015 | 2016 | 2017 | 均值 |
|---|---|---|---|---|---|---|---|---|---|---|---|
| 泰安 | 0.216 | 0.222 | 0.232 | 0.215 | 0.218 | 0.214 | 0.219 | 0.234 | 0.230 | 0.254 | 0.225 |
| 威海 | 0.278 | 0.280 | 0.285 | 0.282 | 0.286 | 0.272 | 0.285 | 0.252 | 0.217 | 0.307 | 0.274 |
| 潍坊 | 0.214 | 0.214 | 0.218 | 0.222 | 0.210 | 0.206 | 0.219 | 0.213 | 0.203 | 0.236 | 0.216 |
| 烟台 | 0.270 | 0.270 | 0.275 | 0.260 | 0.247 | 0.245 | 0.252 | 0.245 | 0.231 | 0.271 | 0.257 |
| 枣庄 | 0.205 | 0.202 | 0.200 | 0.200 | 0.190 | 0.193 | 0.207 | 0.200 | 0.195 | 0.228 | 0.202 |
| 淄博 | 0.194 | 0.198 | 0.206 | 0.201 | 0.193 | 0.193 | 0.214 | 0.206 | 0.200 | 0.246 | 0.205 |
| 均值 | 0.220 | 0.220 | 0.225 | 0.222 | 0.215 | 0.214 | 0.223 | 0.218 | 0.208 | 0.249 | 0.221 |

从时序角度来看，2008~2016 年，山东省 17 个地市经济发展绿色指数均值在震荡中下降，期间出现两个上升波峰，分别在 2010 年和 2014 年，同时出现 2013 年和 2016 年两个下降波谷，并在 2016 年达到最小值 0.208，但是 2017 年经济发展绿色指数均值大幅上涨 19.71%，达到十年来的最大值 0.249。

将 17 个地市的经济发展绿色指数均值按照由高到低的顺序进行排列，得到图 4-12。

由图 4-12 可以清楚地看到，经济发展绿色指数存在一定的区域差异性，均值最高的城市是威海，统计值为 0.274，其次是青岛、东营、烟台和济南，前五位的城市，除济南外，其余都是沿海城市，具有一定地域上的集聚性。而济南作为省会城市，在资源消耗与环境污染的治理上也排在山东省前列。同时可以看到，日照市同样作为沿海城市，绿色指数却排在全省倒数第二位，均值仅有 0.191，在绿色经济方面表现较差，日照市与其他沿海城市在地理位置、产业结构等方面存在一些共同点，可以通过借鉴它们的先进经验，来推动自身发展。经济发展绿色指数均值最低的是莱芜市，统计值为 0.181，与威海相差 0.093，济南市虽然紧靠莱芜市，但没能发挥省会的带动作用，莱芜市的资源浪费和环境污染问题依然严重。根据山东省 17 个地市经济发展绿色指数计算出"两区一圈一带"经济发展

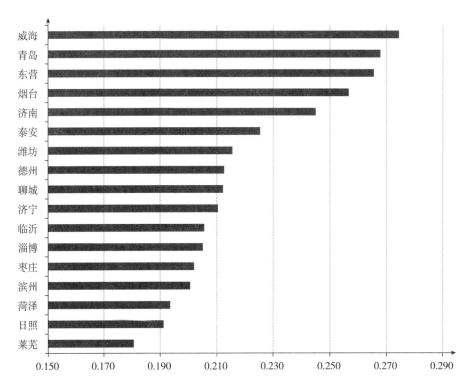

**图4-12 山东省17个地市的经济发展绿色指数均值**

绿色指数统计值如表4-15所示。

**表4-15 山东省"两区一圈一带"经济发展绿色指数**

| 区域 | 指标 | 2008年 | 2009年 | 2010年 | 2011年 | 2012年 | 2013年 | 2014年 | 2015年 | 2016年 | 2017年 | 均值 |
|------|------|--------|--------|--------|--------|--------|--------|--------|--------|--------|--------|------|
| 蓝区 | 绿色 | 0.248 | 0.246 | 0.252 | 0.247 | 0.241 | 0.242 | 0.248 | 0.236 | 0.220 | 0.273 | 0.245 |
| 黄区 | 绿色 | 0.217 | 0.217 | 0.220 | 0.224 | 0.214 | 0.212 | 0.224 | 0.217 | 0.203 | 0.251 | 0.220 |
| 一圈 | 绿色 | 0.205 | 0.209 | 0.214 | 0.211 | 0.204 | 0.202 | 0.213 | 0.212 | 0.203 | 0.244 | 0.212 |
| 一带 | 绿色 | 0.206 | 0.206 | 0.208 | 0.210 | 0.202 | 0.200 | 0.208 | 0.211 | 0.203 | 0.234 | 0.209 |

　　"蓝区"的经济发展绿色指数均值为四个区域中最高，达到0.245，其次按照"黄区""一圈"和"一带"的顺序依次降低，"一带"区域的绿

色指数均值最低，为 0.209，与"蓝区"相差 0.036。结合 17 个地市各自在绿色发展上的表现可以看出，山东半岛蓝色经济区并不是每个城市的绿色指数都比较高，但是从均值上来看，"蓝区"在环境保护和资源利用方面的表现整体上优于其他区域，而"一带"区域需要进一步整体强化经济的绿色化，提高生产率，实现绿色的生产生活方式。

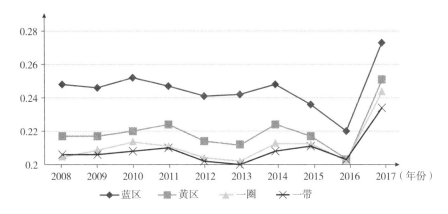

**图 4-13 山东省"两区一圈一带"经济发展绿色指数**

从图 4-13 中可以看出，2008～2016 年，四个区域的经济发展绿色指数呈现为比较平坦的"M"型变化趋势。"蓝区"在每一年度中绿色指数都位居全省首位，整体上从 2008 年到 2016 年绿色指数在震荡中下降，2016 年达到最小值 0.220，2017 年实现最大增长率 24.09%，达到最大值 0.273。"黄区"在 2011～2014 年出现两个比较明显的上升波峰，2016 年，"黄区"绿色指数降至最小值 0.203，同年"一圈"和"一带"的绿色指数与"黄区"完全相同，说明它们在绿色发展上达到相近水平，"一圈"和"一带"的绿色指数统计值最小值均出现在 2013 年，数值分别为 0.202 和 0.200。2017 年各区域绿色指数都得到了大幅增长，达到了各自十年来的最大值，说明在资源利用和环境保护方面取得了显著进步，当前的政策措施和发展方向需要坚持下去。

（6）协调指数分析。协调发展的要义是增强发展的整体性协调性。经济发展协调指数指标体系包括城乡结构、产业结构、投资消费结构、金融结构和增长波动五个方面，运用熵值法进行客观赋权，测度 2008～2017 年山东省 17 个地市经济发展协调指数，如表 4-16 所示。

表 4-16  2008~2017 年山东省 17 个地市经济发展协调指数

| 年份<br>地市 | 2008 | 2009 | 2010 | 2011 | 2012 | 2013 | 2014 | 2015 | 2016 | 2017 | 均值 |
|---|---|---|---|---|---|---|---|---|---|---|---|
| 滨州 | 0.393 | 0.349 | 0.359 | 0.397 | 0.389 | 0.412 | 0.408 | 0.400 | 0.395 | 0.470 | 0.397 |
| 德州 | 0.398 | 0.355 | 0.396 | 0.378 | 0.345 | 0.351 | 0.412 | 0.389 | 0.363 | 0.462 | 0.385 |
| 东营 | 0.396 | 0.405 | 0.400 | 0.388 | 0.363 | 0.398 | 0.419 | 0.409 | 0.408 | 0.494 | 0.408 |
| 菏泽 | 0.372 | 0.347 | 0.384 | 0.369 | 0.391 | 0.368 | 0.386 | 0.365 | 0.366 | 0.455 | 0.380 |
| 济南 | 0.459 | 0.449 | 0.470 | 0.439 | 0.429 | 0.460 | 0.453 | 0.477 | 0.450 | 0.539 | 0.463 |
| 济宁 | 0.409 | 0.373 | 0.413 | 0.371 | 0.371 | 0.384 | 0.368 | 0.366 | 0.391 | 0.466 | 0.391 |
| 莱芜 | 0.386 | 0.426 | 0.410 | 0.427 | 0.420 | 0.419 | 0.411 | 0.391 | 0.397 | 0.426 | 0.411 |
| 聊城 | 0.388 | 0.374 | 0.362 | 0.348 | 0.382 | 0.374 | 0.383 | 0.384 | 0.374 | 0.441 | 0.381 |
| 临沂 | 0.394 | 0.374 | 0.381 | 0.373 | 0.381 | 0.370 | 0.376 | 0.412 | 0.384 | 0.500 | 0.395 |
| 青岛 | 0.445 | 0.412 | 0.434 | 0.415 | 0.411 | 0.416 | 0.422 | 0.433 | 0.398 | 0.468 | 0.425 |
| 日照 | 0.408 | 0.363 | 0.364 | 0.390 | 0.385 | 0.402 | 0.401 | 0.407 | 0.374 | 0.453 | 0.395 |
| 泰安 | 0.393 | 0.359 | 0.371 | 0.383 | 0.349 | 0.357 | 0.412 | 0.393 | 0.406 | 0.460 | 0.388 |
| 威海 | 0.380 | 0.395 | 0.412 | 0.411 | 0.374 | 0.394 | 0.400 | 0.379 | 0.369 | 0.468 | 0.398 |
| 潍坊 | 0.389 | 0.372 | 0.433 | 0.407 | 0.412 | 0.394 | 0.407 | 0.393 | 0.388 | 0.483 | 0.408 |
| 烟台 | 0.385 | 0.371 | 0.406 | 0.377 | 0.369 | 0.407 | 0.422 | 0.415 | 0.383 | 0.479 | 0.401 |
| 枣庄 | 0.416 | 0.369 | 0.401 | 0.366 | 0.361 | 0.378 | 0.372 | 0.354 | 0.374 | 0.432 | 0.383 |
| 淄博 | 0.376 | 0.395 | 0.401 | 0.396 | 0.374 | 0.404 | 0.398 | 0.393 | 0.389 | 0.456 | 0.398 |
| 均值 | 0.399 | 0.382 | 0.400 | 0.390 | 0.383 | 0.393 | 0.403 | 0.398 | 0.389 | 0.468 | 0.400 |

2008~2016 年，山东省 17 个地市经济发展协调指数均值一直处在上下波动之中，最小值出现在 2009 年的 0.382，2008~2009 年协调指数均值下降，2009~2010 年回升，2010~2012 年又开始新一轮下降，2012~2014 年回升，2014~2016 年下降，但在这一系列波动的过程中，均值的变化始终处在一个范围之内，直到 2017 年出现大幅度上升，达到最大值 0.468，这

时山东省内的城乡协调、产业协调等方面整体上达到一个比较和谐的状态。将 17 个地市的经济发展协调指数均值按照由高到低的顺序进行排列，得到图 4-14。

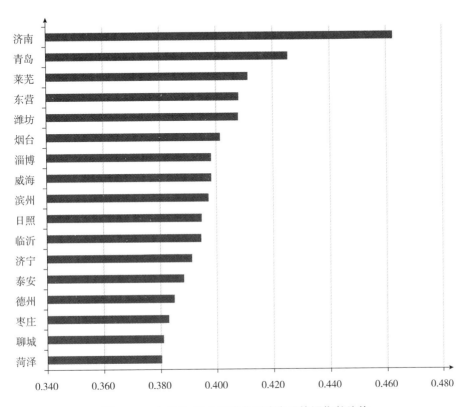

图 4-14　山东省 17 个地市的经济发展协调指数均值

从图 4-14 中可以清楚地看出，济南市的经济发展协调指数排在山东省首位，均值为 0.463，并且大大超过第二位青岛市的 0.425，说明济南在城乡结构、产业结构、投资消费结构、金融结构和增长波动五个方面的整体表现在省内比较突出。菏泽和聊城分别以 0.380 和 0.381 排在山东省 17 个地市中的最后两位，在一定程度上反映了山东西部在经济协调发展上处于比较落后的位置，在经济发展的整体统筹平衡上存在一定问题，需要探索促进协调发展的新路径。根据山东省 17 个地市经济协调指数计算出"两区一圈一带"经济发展协调指数统计值，如表 4-17 所示。

表4-17　山东省"两区一圈一带"经济发展协调指数

| 区域 | 指标 | 2008年 | 2009年 | 2010年 | 2011年 | 2012年 | 2013年 | 2014年 | 2015年 | 2016年 | 2017年 | 均值 |
|------|------|--------|--------|--------|--------|--------|--------|--------|--------|--------|--------|------|
| 蓝区 | 协调 | 0.401 | 0.386 | 0.408 | 0.398 | 0.386 | 0.402 | 0.412 | 0.406 | 0.387 | 0.474 | 0.406 |
| 黄区 | 协调 | 0.390 | 0.375 | 0.398 | 0.393 | 0.376 | 0.392 | 0.409 | 0.397 | 0.388 | 0.473 | 0.399 |
| 一圈 | 协调 | 0.399 | 0.387 | 0.396 | 0.395 | 0.384 | 0.397 | 0.411 | 0.404 | 0.396 | 0.465 | 0.403 |
| 一带 | 协调 | 0.396 | 0.364 | 0.387 | 0.370 | 0.369 | 0.369 | 0.388 | 0.380 | 0.380 | 0.459 | 0.386 |

"蓝区"在2008～2017年的经济发展协调指数均值在四个区域中位居首位，为0.406，其次按照"一圈""黄区"和"一带"的顺序依次递减。此外，结合上述其他指数中的讨论，可以看到，"一带"区域在全部五项指标中均值均位于四个区域的末位，说明西部经济隆起带在创新、绿色、协调、开放和共享五个方面的发展水平都落后于山东省内其他区域，经济增长质量较低，需要引起重视（见图4-15）。

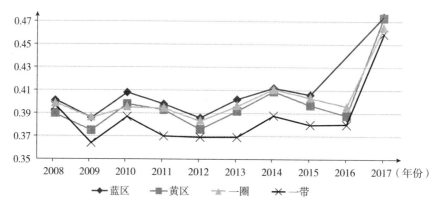

图4-15　山东省"两区一圈一带"经济发展协调指数

由图4-15中可以看出，"两区一圈一带"四个区域的经济发展协调指数的变化趋势比较一致，上升和下降都比较同步，2010年和2014年，四个区域同时达到上升波峰，2009年后，"一带"地区的协调发展略微落后于其他三个地区，但在2017年四个区域的经济发展协调指数同时出现大幅度上升，达到各自区域在十年中的最大值，并且各区域协调指数之间的差距缩小，山东省整体上实现了经济协调水平的提高，在城乡结构、产业结构、投资消费结构等方面的协调发展上都达到了新的高度，这一阶段所采取的政策措施和发展路径可以并且应该继续坚持下去。

# 本章小结

本章选取经济发展的创新、协调、绿色、开放和共享 5 个一级评价指标，并在综合考虑数据的可获得性、权威性和科学性的基础上，筛选出 38 个二级指标，构建了经济高质量发展评价指标体系。为了更好地对经济高质量发展进行评价，本书利用熵值法、主成分分析方法以及熵值—主成分分析方法相结合的三种方法对原始数据进行处理，并最终选取熵值法测度各指标数据，对比分析了山东省各地市在经济发展综合情况和创新、协调、绿色、开放、共享五个维度的空间区域差异和随时间的变动趋势。研究发现：①不论是山东省 17 个地市还是"两区一圈一带"四个区域，在全部六项指标上的变动趋势都较为一致，2008～2016 年经济发展质量波动平稳，2017 年，经济发展质量的各个方面都得到了显著提升。②"两区一圈一带"四个区域中，"蓝区"在各指标上的表现都较为优秀，除共享指数低于"黄区"外，其他五项指标的统计均值均位居全省首位，说明山东半岛蓝色经济区以其地理区位优势为依托，加上合理的发展路径和政策方向，在创新、协调、绿色、开放和共享五个方面的发展已颇具成效，经济发展质量较高；而"一带"在大多数指标中都排名全省末位，说明经济增长质量有待提高，需要引起重视。

创新、协调、绿色、开放、共享的发展理念具有时代价值和世界意义的原创性，是我国现阶段发展的重要课题，我们需要深刻总结国内外发展的经验教训并积极思考新发展理念下究竟应该如何实现经济的高质量增长。

第一，创新应该成为引领发展的第一动力，技术创新、产品创新、制度创新和管理模式创新等方面应该相互结合、相互促进，营造市场上良好的创新氛围。政府应该加大投资力度，形成完善且高效的金融体系，完善资本市场结构，加大对创新成果产业化的支持。同时应该对高等院校和科研机构提供资金扶持，鼓励高等院校和科研机构积极培养人才，拓宽教育渠道，改革教育内容，营造万众创新的社会环境和市场氛围，提高自主创新能力，并且向企业转移自主创新成果。第二，应该注重解决发展不平衡、不协调的问题，加快农村的经济文化建设，推动城乡结构整体性协调性发展，注重各地市以及"两区一圈一带"四个区域之间的统筹发展和产业结构的转型优化升级，协调不是绝对的平均主义，而是注重发展机会公平、资源配置均衡。第三，必须深刻认识和把握尊重自然、顺应自然、保护自然这一规律，改变过去粗放的增长方式和生产生活方式，强调绿色发展理念，坚持节约资源和保护环境的基本国策，大力发展生态经济和循环经济，使绿色发展方式和生活方式成为主流。第四，目前我们正处于"一带一路"的发展契机当中，可以借此机会促使我国经济深度融入世界经济，形成对外开放的新体制、新格局。要在更大范围、更宽领域、更深层次上提高开放型经济水平，山东省可以依靠目前山东半岛蓝色经济区面向日本、韩国以及其他国家的对外开放的区位优势，进一步辐射到中西部地区，提高山东省整体的经济开放水平。第五，坚持全民共享、全面共享、共建共享、渐进共享。山东省应当在政治、经济、文化、社会和生态等多方面坚持共享发展成果，使人人都能参与到发展过程中，人人都能享有发展的获得感。

# 产业结构与经济高质量发展耦合关系分析

本章在测度经济高质量发展综合得分的基础上采用灰色关联分析方法考察产业结构与经济发展质量的耦合协调关系。首先，介绍了耦合协调系统构建；其次，实证分析了山东总体耦合协调情况在全国的排名情况；再次，分析了各区域产业结构与经济高质量发展的耦合协调情况；最后，详细考察了 17 个地市的耦合协调度。

## 第一节  研究方法

### 一、研究内容与数据来源

经济高质量发展五大发展理念是一个彼此之间有联系、结构化的体系，除分别认识理解外，还要整体把握，它可以通过构建一系列的指标来进行衡量。在设计指标体系时，高质量发展指标体系构建需要坚持系统性、可比性、可行性和可测性的原则。一方面，指标数量过少，研究结论过于单薄；另一方面，指标数量过多，又易造成同质性指标的堆砌。本书大量阅读经济发展的文献，在前人研究文献的基础上，遵循指标选择原则，并咨询该方向的专家，从经济发展的协调、创新、开放、绿色和共享5 个一级评价指标和35 个二级指标，构建了经济发展质量评价指标体系。

产业结构是指一个国家或地区的各种生产要素在各个产业部门、行业之间的构成比例的关系。现有研究认为，产业结构优化包含两方面内容：产业结构合理化和产业结构高级化。产业结构合理化是指在现有技术水平下，通过要素流动使不同产业之间的供求比例结构达到均衡的状态，产业结构高级化则是指产业结构从低层次向高层次跃迁的过程，本书的核心变量选择产业结构高级化和产业结构合理化。

　　在产业结构高级化和合理化这两个指标的测度中，目前还没有统一的看法，本书倾向于周昌林和魏建良（2007）的做法，用各产业的产值比重与各产业的劳动生产率乘积之和来表示，这一指标能够比较全面地反映三次产业生产效率的变化，记为 TS，核算方法如式（5-1）所示：

$$TS = \sum_{i=1}^{3} i \times \frac{Y_i}{Y}(i = 1，2，3) \tag{5-1}$$

　　产业结构合理化，记为 TL，采用干春晖（2011）的做法，构造泰尔指数来测度，具体计算方法如式（5-2）所示：

$$TL = \sum_{i=1}^{n}(\frac{Y_i}{Y})\ln(\frac{Y_i}{L_i}/\frac{Y}{L})(i = 1，2，3) \tag{5-2}$$

　　式中，Y 表示产值，L 表示就业，i 表示产业，i 从 1 到 3，$Y_i/Y$ 表示产出结构，Y/L 表示劳动生产率，当经济处于均衡的状态时，各个产业的部门的劳动生产率相同，即有 TL = 0，此指标避免了绝对值的计算，同时保留了结构偏离度的理论基础和经济含义，是个很好的度量指标，如果偏离零的程度越大，TL 值越大，表示经济偏离均衡状态的程度越大，产业结构越不合理。

　　为测度山东省绿色发展效率，分别研究了"两区一圈一带"经济发展技术效率与全要素生产率特征，根据国务院批复的《黄河三角洲高效生态经济区发展规划》《山东半岛蓝色经济区发展规划》等国家战略规划，黄区包括东营、滨州及潍坊寒亭区、寿光市、昌邑市，德州乐陵市、庆云县，淄博高青县和烟台莱州市；蓝区包括山东全部海域和青岛、东营、烟台、潍坊、威海、日照 6 个市及滨州市的无棣、沾化 2 个沿海县所属陆域；"一圈"包括济南、淄博、泰安、莱芜、德州、聊城、滨州，共 7 个市；"一带"包括枣庄、济宁、临沂、德州、聊城、菏泽 6 个市和泰安市

的宁阳县、东平县，产业结构与经济发展质量系统指标体系如表 5-1
所示。

表 5-1　产业结构与经济发展质量系统指标体系

| 系统类型 | 一级指标 | 具体指标 |
|---|---|---|
| 产业结构系统 | 产业结构高级化 A01 | 各产业的产值比重与各产业的劳动生产率乘积之和 |
| | 产业结构合理化 A02 | 泰尔指数 |
| 经济发展质量系统 | 创新发展 B01 | RD 经费投入、RD 人员全时当量、技术效率、资本生产率、劳动生产率 |
| | 协调发展 B02 | 城乡结构（二元对比系数、二元反差系数）、产业结构（工业化率、产业结构高级化、产业结构合理化）、投资消费结构（投资率、消费率）、金融结构（贷款余额占比 GDP、存款余额占比 GDP）、增长波动（经济波动、消费者物价指数、生产者物价指数） |
| | 绿色发展 B03 | 资源消耗（单位地区生产总值能耗）、环境污染（单位产出"三废"排放）、环境保护（环保支出占财政支出比重） |
| | 开放发展 B04 | 贸易依存度（进出口总额占比 GDP）、外商投资（实际利用外商投资额占比 GDP） |
| | 共享发展 B05 | 城乡共享（城镇人均可支配收入比农村人均可支配收入、城镇居民家庭恩格尔系数、农村居民家庭恩格尔系数）、区域共享（各区域人均 GDP 占比省均 GDP）、公共服务（人均教育支出、人均医疗卫生支出、人均公路和铁路里程、一般公共服务支出占财政支出比重、公共安全支出占财政支出比重） |

## 二、耦合测度模型

熵权法确定指标权重，指标的权重完全由数据本身的关系决定。因
此，评价结果具有较强的客观性。本书采用熵值法着重计算各评价指标的
权重，首先测度得出经济高质量发展和产业结构的关键指标因素，进而考
察其时空演进特征。其次计算产业结构系统与经济发展质量系统的耦合协

调度。产业结构子系统与经济高质量发展子系统具有复杂的关联关系，运用耦合度模型可以有效度量两者之间的协同作用。耦合的实证思路能够对变量系统之间的协同关系进行全面综合分析，本书采用灰色关联分析法计算产业结构和经济发展质量两个系统之间的关联系数，并进行耦合度计算。计算出产业结构与经济发展质量两个系统的关联系数，计算方法如式（5-3）所示：

$$\xi_{ab}(k) = \frac{\min_a \min_b |N_a(k) - K_b(k)| + \beta \max_a \max_b |N_a(k) - K_b(k)|}{|N_a(k) - K_b(k)| + \beta \max_a \max_b |N_a(k) - K_b(k)|} \quad (5-3)$$

式中，$N_a(k)$ 为某年第 $k$ 个省份产业结构系统 N 中的第 a 个指标值（$a=1, 2, \cdots, m$），$K_b(k)$ 为某年第 $k$ 个省份经济高质量发展系统 K 中的第 b 个指标值（$b=1, 2, \cdots, n$），$\xi_{ab}(k)$ 代表二者之间的关联系数。其中 $\beta$ 为分辨系数，通常取值为 0.5。

耦合度描述了系统或要素之间彼此作用影响的程度。在上述关联系数计算的基础上，计算各省产业结构与经济高质量发展系统相互关联耦合度 $C_k$，从整体上反映二者耦合协调关系，见式（5-4）：

$$C_k = \frac{1}{mn} \sum_{a=1}^{m} \sum_{b=1}^{n} \xi_{ab}(k) \quad (5-4)$$

关联度 $C_k$ 取值范围在 0~1，取值不同，产业结构系统与经济发展质量系统指标关联性和耦合作用不同，一般情况下，$C_k$ 取值越大，表示两者变化趋势越近似，单个指标间耦合作用显著，取值越小，表明耦合作用越弱，结合物理学关于协调类型的分类方法，并充分考虑各地区发展的实际情况，可以将产业结构系统与经济发展质量系统耦合阶段分为十类、协调等级分为两大类，具体见表5-2。

表 5-2　耦合阶段和协调等级划分

| 耦合值 | 耦合阶段 | 协调等级 |
| --- | --- | --- |
| 0.00~0.09 | 最小耦合 | 极度失调 |
| 0.10~0.19 | 低水平耦合 | 严重失调 |
| 0.20~0.29 | 低水平耦合 | 中度失调 |

| 耦合值 | 耦合阶段 | 协调等级 |
|---|---|---|
| 0.30~0.39 | 拮抗耦合 | 轻度失调 |
| 0.40~0.49 | 拮抗耦合 | 濒临失调 |
| 0.50~0.59 | 磨合耦合 | 勉强协调 |
| 0.60~0.69 | 磨合耦合 | 初级协调 |
| 0.70~0.79 | 磨合耦合 | 中级协调 |
| 0.80~0.89 | 高水平耦合 | 良好协调 |
| 0.90~1.00 | 最大耦合 | 优质协调 |

# 第二节　区域耦合结果分析

## 一、总体耦合协调时序特征

基于 2008~2017 年山东省 ITH 的样本数据和上文的耦合测度模型，本章对于山东省产业结构与经济高质量发展系统之间的协调度进行了计算，结果如表 5-3 所示：

表 5-3　产业结构与经济高质量发展系统之间的耦合协调度

| 年份 | 2008 | 2009 | 2010 | 2011 | 2012 | 2013 | 2014 | 2015 | 2016 | 2017 | 均值 |
|---|---|---|---|---|---|---|---|---|---|---|---|
| 协调度 | 0.678 | 0.675 | 0.677 | 0.679 | 0.674 | 0.675 | 0.674 | 0.676 | 0.675 | 0.687 | 0.677 |

由表 5-3 可知，山东省产业结构与经济高质量发展系统之间的耦合协调度的均值为 0.677，处于初级协调水平，这表明产业结构与经济高质量发展之间存在明显的互动关系。2008~2017 年，耦合协调度从 0.678 升至

0.687，增长幅度为 0.009，并未呈现较大幅度的增长。

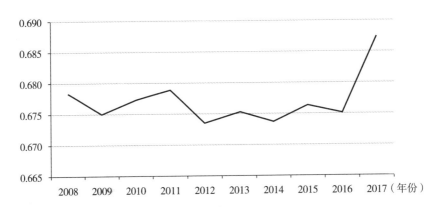

**图 5-1　产业结构与经济高质量发展系统之间的耦合协调度的变化趋势**

观察图 5-1 发现，产业结构与经济高质量发展之间的耦合协调度处于磨合耦合阶段，两者的协调水平等级为初级协调。中国产业结构与经济高质量发展系统之间的耦合协调度呈"W"型变化特征，表现为大幅度震荡、小幅度震荡和后期的持续上升。2016 年末开始，产业结构与经济高质量发展之间的耦合协调度开始持续上升，两者之间的关系开始向协调方向发展。近两年的增长主要是因为 2017 年党的十九大报告提出了"推动经济发展质量变革、效率变革、动力变革，提高全要素生产率，着力加快建设实体经济、科技创新、现代金融、人力资源协同的产业体系"的相关决定，这更好地推动了产业结构升级，进而使得产业结构与经济发展之间的关系更加密切与协调。

大幅震荡阶段（2008~2012 年）。该阶段产业结构与经济高质量发展系统之间呈现相对的大幅度震荡，从 2008 年的 0.678 降至 2009 年的0.675，后升至 2011 年的 0.679，然后降低到 2012 年的 0.674，处于磨合耦合阶段。2008 年以来，全球经济和金融市场遭遇动荡，金融危机快速蔓延，给世界各国带来了巨大冲击。金融危机通过产业效应、金融效应、需求效应等渠道给国内经济造成冲击的同时也给国内产业结构带来了巨大冲击。金融危机也给山东省的产业结构与经济发展带来了诸多影响，正因为2008 年的金融危机，山东省的产业结构与经济高质量发展系统的耦合度出现明显下落。与此同时，2008~2012 年，山东省第二产业结构不断提高，但作为第三产业的服务业并未显示出高速的增长。服务业发展的滞后与较低水平的城市化是导致产业结构失衡的主要原因，失衡的产业结构并不能很好地促进经济增长，从而使得两者之间的耦合度大幅度震荡，不能处于较高的平衡阶段。

小幅度震荡（2012~2016 年）。历年来，作为经济增长的关键因素之一的产业结构备受国家的重视。2012~2016 年正值"十二五"期间，中共十八大明确指出："在'十二五'期间要加快转变经济发展方式，推动经济战略调整必须以优化产业结构为重点。"产业结构的优化主要是依靠实现产业结构的合理化和高度化，进而推动经济发展。"十二五"以来，在一系列的政策指导下，我国重大产业结构问题得到了改善，三大产业并驾齐驱并且逐步完成结构优化。农业生产能力持续提高，2014 年粮食产量达到 1.2 万亿斤，农村土地流转率达到 30%，家庭经营、集体经营、企业经营等多种经营方式逐步实现共同发展。工业转型升级的步伐加快，包含数字化、智能化、网络化的智能制造成为新的发展热点。同时，拥有高新技术与自主品牌的工业企业逐渐崛起。异军突起的服务业发展迅速，2012 年服务业增长值占 GDP 比重超过第二产业。2014 年，服务业比重达到 48.2%，占据经济发展的半壁江山。三大产业协调发展的过程中环保、信息技术与新能源等新兴产业的出现也推动了产业结构的优化。但由于山东省片面地重视产业结构的高度化发展，而忽略合理化的问题，导致产业结构优化进程的暂缓。考察期间缓慢的产业结构进程与经济发展之间并未形成稳定的关系，具有滞后的效应，使得两者之间的耦合协调度并不稳定。

持续增长阶段（2016~2017 年）。两年之间，产业结构与经济高质量发展之间的耦合协调度由 0.675 增长至 0.687，增长幅度较大。耦合度大幅度增长的主要原因是产业结构的优化升级推动我国经济进入新常态。国家统计局公布的数据显示，2016 年我国新产业、新业态、新模式"三新"经济增长值约为 113819 亿元，相当于 GDP 的 15.3%。新动能的增强推动产业结构的转型升级，保证了经济稳中向好的态势，这促进了我国产业结构与经济高质量发展之间的关系向中级协调方面发展，耦合阶段也由磨合阶段逐渐转变为高水平耦合。

## 二、耦合协调的主要影响因素分析

产业结构系统与经济高质量发展系统都是灰色系统，两者之间相互影响。采用灰色关联分析测度两个系统之间的关联系数，分析相关因素，找出影响各系统耦合协调的主要因素（见表5-4）。

表 5-4　山东省产业结构与经济高质量发展的关联系数矩阵

| 年份 | 产业结构系统 | | 经济发展质量系统 | | | | |
| --- | --- | --- | --- | --- | --- | --- | --- |
| | A01 高级化 | A02 合理化 | B01 创新 | B02 协调 | B03 绿色 | B04 开放 | B05 共享 |
| 2008 | 0.768 | 0.588 | 0.701 | 0.725 | 0.651 | 0.595 | 0.719 |
| 2009 | 0.764 | 0.586 | 0.692 | 0.714 | 0.650 | 0.595 | 0.724 |
| 2010 | 0.768 | 0.587 | 0.693 | 0.722 | 0.651 | 0.594 | 0.726 |
| 2011 | 0.769 | 0.589 | 0.693 | 0.723 | 0.655 | 0.598 | 0.726 |
| 2012 | 0.763 | 0.584 | 0.693 | 0.715 | 0.647 | 0.593 | 0.719 |
| 2013 | 0.765 | 0.586 | 0.692 | 0.720 | 0.648 | 0.593 | 0.723 |
| 2014 | 0.763 | 0.584 | 0.688 | 0.721 | 0.649 | 0.591 | 0.719 |
| 2015 | 0.766 | 0.587 | 0.692 | 0.722 | 0.651 | 0.595 | 0.722 |
| 2016 | 0.764 | 0.586 | 0.692 | 0.719 | 0.646 | 0.596 | 0.722 |
| 2017 | 0.782 | 0.593 | 0.706 | 0.744 | 0.654 | 0.592 | 0.742 |
| 均值 | 0.767 | 0.587 | 0.694 | 0.722 | 0.650 | 0.594 | 0.724 |

从表5-4中可以看出，相比于产业结构的合理化，产业结构的高级化与经济高质量发展之间具有更高的关联性。产业结构高级化与经济高质量发展关联系数的平均值为0.767，比产业结构合理化的平均值高了0.18。可以清楚地得出产业结构高级化对经济高质量发展的影响更大。山东省经济发展过程中三大产业不断优化，山东省产业结构的重心顺次由第一产业向第二、第三产业转移，随着产业结构逐渐高级化，第三产业所占比重越

来越大。产业结构的高级化可以有效地改善资源配置、提高劳动生产率，进而促进经济发展。所以在山东省进一步发展的过程中，政府应该更加注重产业结构的升级，尤其重视产业结构的高级化，为经济的持续健康发展奠定基础。

"创新、协调、绿色、开放、共享"的经济高质量发展系统与产业结构的关联系数显示，协调和共享与产业结构的关联度较高。其中，共享与产业结构的关联系数平均值为 0.724，两者之间的关联系数略高于协调与产业结构之间的关联系数（0.722）。从时间序列变化态势来看，共享与产业结构的关联系数在 2008 年、2012 年和 2014 年略低于 0.72；协调与产业结构的关联系数在 2009 年、2012 年和 2016 年略低于 0.72。数据表明，共享和协调发展是产业结构优化升级的重要动力，但两者相比较而言，共享对产业结构优化的推动性更大一些。"十二五"规划要求我们利用甚至整合全球资源，加强与相关国家的合作，做到共享发展，才能更好地推动产业结构优化，两者之间高度关联，相互影响、促进。协调与产业结构的关联系数也较高，2017 年最高达到 0.744，所以在推动产业结构优化升级时应该推动不同产业之间的协调发展，这是因为协调发展有效地减少和解决重复建设和不平衡发展现象，促进资源公平、有效的配置，进而加快产业结构的优化升级。排在中间的是创新、绿色与经济高质量发展的关联度，关联系数分别为 0.694 和 0.650。相关度最低的是开放发展与产业结构的相关度，关联系数仅为 0.594，说明开放发展对促进产业结构优化升级的影响最小。鉴于上文对于"创新、协调、绿色、开放、共享"与产业结构关联系数的分析，建议在经济发展的过程中应该重视协调、共享发展，促进资源的合理配置，进而能够更好地促进产业结构的优化升级。

产业结构高级化与山东经济高质量发展的关联性最高，两者之间的关联系数均大于 0.76，关联系数最大值为 0.782，最小值为 0.763。两者之间的关联性更加密切，产业结构的高级化可以有效地促进经济的高质量发展。产业结构的高级化也称作产业结构的高度化，是指一国经济发展的重点由第一产业逐渐转变到第二、第三产业。产业结构的高级化促进产业群体之间的平衡，形成较广范围的产业群体，进而促进一国经济的稳定增长。

## 三、产业结构耦合协调的区域异质性分析

为了测度山东省产业结构与经济高质量发展之间的耦合协调关系，下文对山东半岛蓝色经济区、黄河三角洲高效生态经济区、省会城市群经济圈和西部经济隆起带的耦合协调进行分析。下面将运用式（5-3）、式（5-4)计算山东省的产业结构与经济高质量发展系统之间的耦合度，根据计算的数据来分析各经济区的产业结构与经济高质量发展系统之间关系，比较分析四个经济区经济发展之间的协调性以及两者之间互相影响的关键因素，得到表5-5。

表 5-5　山东产业结构与经济高质量发展系统的耦合度

| 区域 | 2008 年 | 2009 年 | 2010 年 | 2011 年 | 2012 年 | 2013 年 | 2014 年 | 2015 年 | 2016 年 | 2017 年 | 均值 |
|---|---|---|---|---|---|---|---|---|---|---|---|
| 蓝区 | 0.64 | 0.637 | 0.64 | 0.642 | 0.636 | 0.639 | 0.637 | 0.64 | 0.638 | 0.649 | 0.64 |
| 黄区 | 0.677 | 0.674 | 0.676 | 0.68 | 0.674 | 0.676 | 0.675 | 0.677 | 0.675 | 0.686 | 0.677 |
| 一圈 | 0.666 | 0.664 | 0.666 | 0.668 | 0.663 | 0.664 | 0.663 | 0.666 | 0.664 | 0.678 | 0.666 |
| 一带 | 0.74 | 0.734 | 0.737 | 0.738 | 0.733 | 0.733 | 0.732 | 0.735 | 0.735 | 0.748 | 0.737 |

从表5-5可以看出，山东省四大经济区产业结构与经济高质量发展的耦合度变化自2011年起呈现较为平缓的"U"型上升的特征，2012～2016年为"U"型的底部。四大经济区域之间耦合协调度的变化总体趋势基本一致，但在变化过程中呈现不同程度的上升过程。将四个经济区10年的耦合度相对比可以看出，2017年开始，均呈现上升趋势。2017年耦合度的上升主要是因为新形势下，党的十九大报告指出必须坚持质量第一、效益优先，以供给侧结构性改革为主线，紧紧抓住"质量变革、效率变革、动力变革"这个"牛鼻子"推动产业结构优化升级，以高质量的产业结构促进经济社会持续健康发展。党的十九大报告对于产业结构的重视推动了经济的高质量发展。

具体来说，产业结构与经济高质量发展之间的耦合关系与山东省区域发展质量的水平排名略有不同，耦合度较好的是"一带"（包括枣庄、济

宁、临沂、德州、聊城、菏泽 6 市和泰安市的宁阳县、东平县），耦合度为 0.737，但在经济发展过程中，"一带"区域的发展并不能与"蓝区"相比。"一带"的耦合度与"蓝区"的 0.64 相差 0.097，两个区域之间相差将近 0.1 是因为相比于"蓝区"的经济高速发展，"一带"经济发展速度较慢，更为适应当前产业结构的现状，使当前"一带"的产业结构与经济高质量发展之间的协调度较高。同时，"黄区""一圈"两个经济区的耦合度分别为 0.677、0.666。虽然四大经济区之间的耦合度存在差异，但均处于磨合耦合阶段，协调等级位于初级协调水平，这就要求政府创造良好的环境，促进当前产业结构的优化升级，驱动区域经济高质量发展。

山东省的产业结构与经济高质量发展之间的耦合度在 0.62~0.7，处于磨合耦合阶段。四个经济区的产业结构与经济高质量发展之间的耦合度变化呈"U"型，2008~2011 年两者之间表现出小幅度的波动；2011~2016 年，呈现"U"型变化。尤其对"一带"经济区的耦合度变化趋势进行单独分析，可以发现其变化趋势呈现"U"型变化，2011 年前，产业结构与经济发展之间的耦合度出现波动，2008~2009 年，两者之间的耦合度呈现下降趋势；2009~2011 年，产业结构与经济发展之间的耦合度在小幅度地上升。2010 年，我国工业发展以调整产业结构、转变发展方式为主线，将更多的精力和注意力放到结构调整和发展方式转变上来，落实十大产业调整、振兴和规划。这样的转变促使经济发展与产业结构之间的协调度上升。"U"型变化从 2016 年起耦合度开始大幅度上升，这主要是党的十八大报告指出推进经济结构战略性调整是加快转变经济发展方式的主攻方向，以优化产业结构、促进经济区域发展为重点，解决经济问题。十八大政策的顺利推进，促进了产业结构的升级和经济的发展，进而使两者之间的关系更加协调。

## 四、耦合协调的地市异质性分析

通过上文的分析，可以明确地了解山东省四大经济区的产业结构与经济高质量发展系统之间的关系。下文将运用耦合模型对山东省各市的产业结构与经济高质量发展之间的耦合度进行分析（见表 5-6），将挑选具备代表性的地市耦合度进行分析，同时分析两者之间相互影响的主要因素。

表 5-6　山东省各市产业结构与经济高质量发展的耦合度

| 地市 | 2008 年 | 2009 年 | 2010 年 | 2011 年 | 2012 年 | 2013 年 | 2014 年 | 2015 年 | 2016 年 | 2017 年 | 均值 |
|---|---|---|---|---|---|---|---|---|---|---|---|
| 滨州 | 0.688 | 0.682 | 0.682 | 0.691 | 0.685 | 0.689 | 0.686 | 0.685 | 0.684 | 0.700 | 0.687 |
| 德州 | 0.727 | 0.722 | 0.725 | 0.731 | 0.723 | 0.724 | 0.725 | 0.728 | 0.724 | 0.743 | 0.727 |
| 东营 | 0.637 | 0.634 | 0.636 | 0.640 | 0.637 | 0.635 | 0.632 | 0.636 | 0.635 | 0.618 | 0.634 |
| 菏泽 | 0.841 | 0.841 | 0.842 | 0.844 | 0.841 | 0.841 | 0.837 | 0.844 | 0.844 | 0.836 | 0.841 |
| 济南 | 0.477 | 0.476 | 0.477 | 0.477 | 0.475 | 0.477 | 0.475 | 0.478 | 0.476 | 0.483 | 0.477 |
| 济宁 | 0.711 | 0.699 | 0.703 | 0.703 | 0.698 | 0.698 | 0.695 | 0.698 | 0.699 | 0.716 | 0.702 |
| 莱芜 | 0.703 | 0.710 | 0.710 | 0.710 | 0.704 | 0.704 | 0.701 | 0.703 | 0.703 | 0.713 | 0.706 |
| 聊城 | 0.756 | 0.753 | 0.753 | 0.753 | 0.751 | 0.750 | 0.748 | 0.752 | 0.749 | 0.769 | 0.753 |
| 临沂 | 0.644 | 0.636 | 0.638 | 0.640 | 0.637 | 0.634 | 0.633 | 0.639 | 0.636 | 0.652 | 0.639 |
| 青岛 | 0.533 | 0.530 | 0.530 | 0.532 | 0.528 | 0.533 | 0.530 | 0.534 | 0.532 | 0.539 | 0.532 |
| 日照 | 0.754 | 0.746 | 0.750 | 0.754 | 0.747 | 0.751 | 0.749 | 0.753 | 0.748 | 0.769 | 0.752 |
| 泰安 | 0.670 | 0.665 | 0.667 | 0.668 | 0.662 | 0.663 | 0.666 | 0.669 | 0.672 | 0.682 | 0.668 |
| 威海 | 0.600 | 0.601 | 0.603 | 0.604 | 0.597 | 0.601 | 0.600 | 0.598 | 0.596 | 0.617 | 0.601 |
| 潍坊 | 0.689 | 0.686 | 0.692 | 0.693 | 0.688 | 0.690 | 0.688 | 0.690 | 0.689 | 0.711 | 0.692 |
| 烟台 | 0.627 | 0.626 | 0.630 | 0.627 | 0.622 | 0.626 | 0.625 | 0.629 | 0.626 | 0.640 | 0.628 |
| 枣庄 | 0.831 | 0.826 | 0.830 | 0.829 | 0.819 | 0.821 | 0.820 | 0.817 | 0.820 | 0.842 | 0.825 |
| 淄博 | 0.644 | 0.644 | 0.645 | 0.646 | 0.638 | 0.643 | 0.642 | 0.645 | 0.643 | 0.658 | 0.645 |

从表 5-6 中可以看出，除东营外，山东省的其他省市产业结构与经济高质量发展系统之间的耦合度呈现"W"型变化，并且在变化过程中，2008~2009 年的耦合度几乎全部呈下降趋势，这主要是因为 2008 年的金融危机影响了产业结构的优化升级以及经济发展。山东省 17 个地市中，除去枣庄、菏泽、济南和青岛，其余地市产业结构与经济高质量发展系统之间的耦合度均处于 0.6~0.8，处于磨合耦合阶段，这说明山东省的产业结构与经济高质量发展系统之间存在明显的互动关系，但并未达到良性协调，仅仅处于初级或中级协调。

作为区域差异较大的山东省,既拥有西部山区、平原,也有东部沿海,同时还有黄河三角洲附近的资源型城市。不同的地理环境对经济发展、产业结构的优化升级有不同的影响。威海、青岛的人均产值已超过10万元,济南的人均产值在全省排名第六,高于全省平均水平。济宁、聊城、菏泽、枣庄等位于西部经济隆起带,人均产值低于全省水平。相反地,滨州、日照、泰安、枣庄、聊城、临沂等地区,第一产业产值占地区生产总值的比重高于全省水平。各地市第二产业的增长速度从2012年到2016年都低于地区生产总值速度。其中,东营和枣庄的第二产业产值占地区生产总值比例较高。济南和青岛两地的第三产业产值占地区生产总值的比重已超过50%。枣庄、菏泽两地耦合度较高的原因有两个方面:一方面是地区人均生产总值较低,经济发展较慢;另一方面,两地的产业结构也不是很合理,不合理的产业结构与发展缓慢的经济影响的耦合度较高。同时,青岛与济南两地耦合度较低是因为两地的产业结构不能很好地适应经济高质量发展。

近十年来耦合度较高的是菏泽和枣庄,两地市2008~2017年的耦合度均值分别为0.841和0.825,达到了高水平耦合阶段,协调等级为良好协调等级。菏泽与枣庄的产业结构与经济高质量发展系统之间的耦合度与两者的经济实力相反,虽然两者的经济发展水平并不高,但由于菏泽与枣庄的产业结构的水平也不高,恰恰使得产业结构与经济发展水平的耦合呈现了高水平的耦合,产业结构与经济的发展达到了良好的协调。相反地,耦合度最低的两个地市为青岛和济南。两大地市的耦合度与其经济实力成反相关,青岛的耦合度为0.532,产业结构与经济发展水平仅仅处于勉强协调水平。产生这一现象的原因是:青岛的产业结构为"二三一"结构,青岛的第一产业早已不是城市发展的中心,其比重在逐年下降,第二、第三产业对于GDP贡献增大。几年来其第三产业的比重增加,但总体并未超过第二产业。产业结构的高级化与合理化并未有明显转变,所以造成了青岛不合理的产业结构与经济的高质量发展之间形成不协调的关系。反观济南,其耦合度为0.477,处于拮抗耦合阶段,这表明济南的产业结构与经济高质量发展之间的协调性更差。

# 第三节　山东省 17 个地市耦合测度结果分析

将山东省各地市全部的耦合度进行比较，可以清楚地看出产业结构与经济高质量发展之间的耦合度；下文将找出山东省几个具有代表性的城市，如菏泽、济南、青岛和枣庄。

滨州产业结构系统与经济高质量发展系统耦合度均值为 0.687，处于磨合耦合阶段，协调水平处于初级协调水平阶段。从产业结构高级化与经济高质量发展的关联系数可以看出，相比于产业结构合理化，产业结构高级化与经济高质量发展具有较高关联度。产业结构高级化与经济高质量发展的关联系数均值达到 0.8 左右，并且半数年份关联系数均超过 0.8，其中 2017 年关联系数最大，关系系数值为 0.822，这显而易见地表明产业结构高级化是滨州经济高质量发展的强大驱动力。产业结构合理化与经济高质量发展的关联系数在很大程度上低于产业结构高级化的影响，考察期内均值为 0.572（见表 5-7）。

表 5-7　滨州耦合测度结果

| 年份 | 产业结构系统 | | 经济高质量发展系统 | | | | | 耦合度 |
| | 产业结构高级化 | 产业结构合理化 | 创新 | 协调 | 绿色 | 开放 | 共享 | |
|---|---|---|---|---|---|---|---|---|
| 2008 | 0.803 | 0.573 | 0.698 | 0.735 | 0.650 | 0.598 | 0.757 | 0.688 |
| 2009 | 0.795 | 0.568 | 0.696 | 0.711 | 0.647 | 0.596 | 0.759 | 0.682 |
| 2010 | 0.796 | 0.569 | 0.695 | 0.716 | 0.647 | 0.596 | 0.758 | 0.682 |
| 2011 | 0.807 | 0.575 | 0.695 | 0.740 | 0.656 | 0.599 | 0.766 | 0.691 |
| 2012 | 0.799 | 0.570 | 0.697 | 0.730 | 0.645 | 0.595 | 0.757 | 0.685 |
| 2013 | 0.805 | 0.573 | 0.695 | 0.743 | 0.645 | 0.597 | 0.766 | 0.689 |
| 2014 | 0.801 | 0.571 | 0.692 | 0.739 | 0.644 | 0.595 | 0.761 | 0.686 |
| 2015 | 0.800 | 0.571 | 0.696 | 0.738 | 0.645 | 0.600 | 0.748 | 0.685 |

续表

| 年份 | 产业结构系统 | | 经济高质量发展系统 | | | | | 耦合度 |
|------|------|------|------|------|------|------|------|------|
| | 产业结构高级化 | 产业结构合理化 | 创新 | 协调 | 绿色 | 开放 | 共享 | |
| 2016 | 0.798 | 0.570 | 0.696 | 0.736 | 0.641 | 0.601 | 0.747 | 0.684 |
| 2017 | 0.822 | 0.578 | 0.715 | 0.768 | 0.651 | 0.597 | 0.769 | 0.700 |
| 均值 | 0.803 | 0.572 | 0.697 | 0.736 | 0.647 | 0.597 | 0.759 | 0.687 |

如表 5-8 所示，德州产业结构系统与经济高质量发展系统耦合度均值为 0.727，处于磨合耦合阶段，协调水平处于初级协调水平阶段。从产业结构高级化与经济高质量发展的关联系数可以看出，相比于产业结构合理化，产业结构高级化与德州经济高质量发展具有较高关联度。产业结构高级化与德州经济高质量发展的关联系数均值达到 0.775，其中 2017 年关联系数最大，关联系数为 0.793，同滨州的情况相近，产业结构高级化是德州经济高质量发展的强大驱动力。产业结构合理化与经济高质量发展的关联系数在很大程度上低于产业结构高级化，考察期内均值为 0.680。"创新、协调、绿色、开放、共享"的经济高质量发展系统与产业结构系统的关联系数显示，协调和共享与德州产业结构系统的关联度较高，其中共享发展与产业结构系统的关联系数为 0.788，关联系数略低于共享发展的协调发展，其关联系数均值也高达 0.781，共享发展和协调发展是激发产业结构优化的重要动力，开放发展与德州产业结构系统的关联系数最小，意味着开放发展对德州产业结构系统的影响最小。

表 5-8　德州耦合测度结果

| 年份 | 产业结构系统 | | 经济高质量发展系统 | | | | | 耦合度 |
|------|------|------|------|------|------|------|------|------|
| | A01 | A02 | B01 | B02 | B03 | B04 | B05 | |
| 2008 | 0.774 | 0.680 | 0.743 | 0.789 | 0.694 | 0.633 | 0.777 | 0.727 |
| 2009 | 0.768 | 0.675 | 0.740 | 0.764 | 0.693 | 0.632 | 0.779 | 0.722 |
| 2010 | 0.773 | 0.678 | 0.737 | 0.786 | 0.693 | 0.631 | 0.780 | 0.725 |

续表

| 年份 | 产业结构系统 | | 经济高质量发展系统 | | | | | 耦合度 |
| --- | --- | --- | --- | --- | --- | --- | --- | --- |
| | A01 | A02 | B01 | B02 | B03 | B04 | B05 | |
| 2011 | 0.778 | 0.683 | 0.742 | 0.781 | 0.704 | 0.636 | 0.791 | 0.731 |
| 2012 | 0.770 | 0.676 | 0.741 | 0.757 | 0.694 | 0.630 | 0.793 | 0.723 |
| 2013 | 0.771 | 0.677 | 0.743 | 0.762 | 0.692 | 0.631 | 0.793 | 0.724 |
| 2014 | 0.772 | 0.678 | 0.736 | 0.793 | 0.695 | 0.629 | 0.774 | 0.725 |
| 2015 | 0.776 | 0.681 | 0.744 | 0.784 | 0.692 | 0.632 | 0.790 | 0.728 |
| 2016 | 0.770 | 0.677 | 0.742 | 0.770 | 0.687 | 0.632 | 0.787 | 0.724 |
| 2017 | 0.793 | 0.692 | 0.756 | 0.819 | 0.697 | 0.628 | 0.813 | 0.743 |
| 均值 | 0.775 | 0.680 | 0.742 | 0.781 | 0.694 | 0.631 | 0.788 | 0.727 |

从表5-9可以看出，东营的产业结构与经济高质量发展之间的耦合度为0.634，处于磨合耦合阶段，说明东营的产业结构与经济发展之间的关系还不算成熟，还需要进一步改善。其中，产业结构高级化与经济高质量发展之间的耦合度为0.903，处于优质协调阶段，说明东营产业结构高级化与其经济发展之间处于协调阶段；相反地，产业结构的合理化与经济发展之间却处于轻度失调阶段，这说明东营产业结构合理化较低，不能与其经济发展相一致。东营经济的创新、绿色发展对于产业结构的优化升级更为重要，处于初级协调阶段。

2008~2016年，东营产业结构与经济高质量发展之间的耦合度的变化趋势呈"W"型，最大值为0.640，最小值为0.632，两者之间差距仅为0.008，差距并不明显。2017年，东营的产业结构与经济高质量发展的耦合度急剧下降，降至0.618，处于初级协调阶段。

表5-9 东营耦合测度结果

| 年份 | 产业结构系统 | | 经济高质量发展系统 | | | | | 耦合度 |
| --- | --- | --- | --- | --- | --- | --- | --- | --- |
| | A01 | A02 | B01 | B02 | B03 | B04 | B05 | |
| 2008 | 0.908 | 0.365 | 0.658 | 0.641 | 0.680 | 0.587 | 0.617 | 0.637 |
| 2009 | 0.904 | 0.364 | 0.657 | 0.637 | 0.675 | 0.587 | 0.615 | 0.634 |

续表

| 年份 | 产业结构系统 | | 经济高质量发展系统 | | | | | 耦合度 |
|------|------|------|------|------|------|------|------|------|
| | A01 | A02 | B01 | B02 | B03 | B04 | B05 | |
| 2010 | 0.908 | 0.364 | 0.660 | 0.639 | 0.679 | 0.588 | 0.614 | 0.636 |
| 2011 | 0.913 | 0.367 | 0.666 | 0.647 | 0.680 | 0.592 | 0.615 | 0.640 |
| 2012 | 0.910 | 0.363 | 0.659 | 0.650 | 0.672 | 0.586 | 0.615 | 0.637 |
| 2013 | 0.905 | 0.365 | 0.659 | 0.640 | 0.676 | 0.587 | 0.612 | 0.635 |
| 2014 | 0.899 | 0.365 | 0.656 | 0.631 | 0.679 | 0.585 | 0.608 | 0.632 |
| 2015 | 0.907 | 0.365 | 0.665 | 0.637 | 0.679 | 0.590 | 0.610 | 0.636 |
| 2016 | 0.905 | 0.364 | 0.664 | 0.638 | 0.665 | 0.593 | 0.612 | 0.635 |
| 2017 | 0.870 | 0.367 | 0.637 | 0.607 | 0.664 | 0.592 | 0.592 | 0.618 |
| 均值 | 0.903 | 0.365 | 0.658 | 0.637 | 0.675 | 0.589 | 0.611 | 0.634 |

在对菏泽的产业结构与经济高质量发展系统之间的耦合度进行比较分析后，可以看出菏泽的产业结构与经济发展之间保持良好协调，其发展缓慢的经济水平与其较低水平的产业结构之间反而形成了良好的平衡，使得菏泽地区的产业结构与经济发展系统之间处于高水平耦合阶段。观察表5-10可以发现，产业结构的合理化与经济高质量发展系统之间的耦合度高达0.930，达到最大耦合阶段，协调等级达到优质协调。经济的创新、协调与共享发展对产业结构的升级影响较大，耦合度分别为0.883、0.884和0.890。由表5-10可以清楚地了解到经济高质量发展对于产业结构优化升级的主要影响因素为共享因素，随着世界全球化水平的提高以及信息技术的普遍，经济共享发展更利于经济发展与产业结构的优化升级。

表5-10 菏泽耦合测度结果

| 年份 | 产业结构系统 | | 经济高质量发展系统 | | | | | 耦合度 |
|------|------|------|------|------|------|------|------|------|
| | A01 | A02 | B01 | B02 | B03 | B04 | B05 | |
| 2008 | 0.751 | 0.931 | 0.879 | 0.886 | 0.812 | 0.737 | 0.890 | 0.841 |
| 2009 | 0.745 | 0.937 | 0.881 | 0.887 | 0.807 | 0.736 | 0.891 | 0.841 |

续表

| 年份 | 产业结构系统 | | 经济高质量发展系统 | | | | | 耦合度 |
|------|------|------|------|------|------|------|------|------|
| | A01 | A02 | B01 | B02 | B03 | B04 | B05 | |
| 2010 | 0.752 | 0.931 | 0.892 | 0.883 | 0.807 | 0.736 | 0.891 | 0.842 |
| 2011 | 0.752 | 0.935 | 0.876 | 0.891 | 0.816 | 0.741 | 0.896 | 0.844 |
| 2012 | 0.753 | 0.928 | 0.891 | 0.881 | 0.808 | 0.735 | 0.889 | 0.841 |
| 2013 | 0.748 | 0.935 | 0.887 | 0.885 | 0.807 | 0.735 | 0.892 | 0.841 |
| 2014 | 0.749 | 0.925 | 0.876 | 0.880 | 0.808 | 0.733 | 0.886 | 0.837 |
| 2015 | 0.751 | 0.937 | 0.884 | 0.887 | 0.817 | 0.738 | 0.892 | 0.844 |
| 2016 | 0.751 | 0.937 | 0.887 | 0.888 | 0.813 | 0.740 | 0.893 | 0.844 |
| 2017 | 0.771 | 0.901 | 0.880 | 0.872 | 0.819 | 0.735 | 0.875 | 0.836 |
| 均值 | 0.752 | 0.930 | 0.883 | 0.884 | 0.811 | 0.737 | 0.890 | 0.841 |

从表 5-11 可以看出,济南的产业结构高级化对于其经济发展的影响力大于产业结构合理化对其的影响,两者之间产业结构高级化与经济高质量系统之间的耦合度为 0.513,仅仅处于勉强协调阶段。产业结构作为一种"资源转换器",在很大程度上影响了资源的使用效率,进而发映区域经济发展水平。济南市应该通过发展主导产业、努力带动周围产业发展以及推进产业结构向现代化和高新技术产业转变的方式促进区域经济快速发展。同时,改善产业结构与经济发展之间的协调关系。经济的协调、共享发展是促进产业结构优化升级的重要影响因素。总体来看,产业结构与经济高质量发展之间的耦合度常年处于 0.47 ~ 0.48,处于濒临失调阶段。若不能改善两者之间的关系,经济便不可能取得较大的进展。

表 5-11 济南耦合测度结果

| 年份 | 产业结构系统 | | 经济高质量发展系统 | | | | | 耦合度 |
|------|------|------|------|------|------|------|------|------|
| | A01 | A02 | B01 | B02 | B03 | B04 | B05 | |
| 2008 | 0.513 | 0.441 | 0.482 | 0.510 | 0.463 | 0.431 | 0.498 | 0.477 |
| 2009 | 0.512 | 0.440 | 0.480 | 0.506 | 0.464 | 0.430 | 0.499 | 0.476 |
| 2010 | 0.513 | 0.441 | 0.478 | 0.511 | 0.465 | 0.430 | 0.501 | 0.477 |

续表

| 年份 | 产业结构系统 | | 经济高质量发展系统 | | | | | 耦合度 |
|------|------|------|------|------|------|------|------|------|
| | A01 | A02 | B01 | B02 | B03 | B04 | B05 | |
| 2011 | 0.513 | 0.441 | 0.480 | 0.507 | 0.464 | 0.432 | 0.501 | 0.477 |
| 2012 | 0.510 | 0.439 | 0.485 | 0.501 | 0.459 | 0.429 | 0.499 | 0.475 |
| 2013 | 0.513 | 0.441 | 0.484 | 0.509 | 0.459 | 0.429 | 0.502 | 0.477 |
| 2014 | 0.511 | 0.439 | 0.480 | 0.505 | 0.460 | 0.428 | 0.502 | 0.475 |
| 2015 | 0.515 | 0.442 | 0.482 | 0.513 | 0.463 | 0.430 | 0.504 | 0.478 |
| 2016 | 0.512 | 0.440 | 0.477 | 0.507 | 0.459 | 0.430 | 0.504 | 0.476 |
| 2017 | 0.521 | 0.445 | 0.495 | 0.522 | 0.463 | 0.426 | 0.511 | 0.483 |
| 均值 | 0.513 | 0.441 | 0.482 | 0.509 | 0.462 | 0.429 | 0.502 | 0.477 |

从表5-12可以看出，济宁产业结构系统与经济高质量发展系统耦合度均值为0.702，处于磨合耦合阶段，协调水平处于中级协调水平阶段。从产业结构高级化与经济高质量发展的关联系数可以看出，相比于产业结构合理化，产业结构高级化与济宁经济高质量发展具有较高关联度。产业结构高级化与济宁经济高质量发展的关联系数均值达到0.767，其中2017年关联系数最大，关联系数值为0.784，产业结构高级化是济宁经济高质量发展的强大驱动力，与较多地市不同的是产业结构高级化、产业结构合理化与经济高质量发展的关联系数差别较小，产业结构合理化与经济高质量发展的关联系数较小幅度低于产业结构高级化，考察期内均值为0.637。"创新、协调、绿色、开放、共享"的经济高质量发展系统与产业结构系统的关联系数显示，协调和共享与济宁产业结构系统的关联度较高，其中协调发展与产业结构系统的关联系数为0.755，关联系数略低于协调发展的共享发展，其关联系数均值也高达0.745，共享发展和协调发展是激发产业结构优化的重要动力，开放发展与济宁产业结构系统的关联系数最小，意味着开放发展对济宁产业结构系统的影响最小。

表 5-12　济宁耦合测度结果

| 年份 | 产业结构系统 | | 经济高质量发展系统 | | | | | 耦合度 |
|---|---|---|---|---|---|---|---|---|
| | A01 | A02 | B01 | B02 | B03 | B04 | B05 | |
| 2008 | 0.777 | 0.644 | 0.756 | 0.766 | 0.671 | 0.615 | 0.746 | 0.711 |
| 2009 | 0.763 | 0.635 | 0.720 | 0.745 | 0.670 | 0.614 | 0.745 | 0.699 |
| 2010 | 0.768 | 0.638 | 0.720 | 0.766 | 0.672 | 0.614 | 0.743 | 0.703 |
| 2011 | 0.768 | 0.639 | 0.723 | 0.749 | 0.674 | 0.620 | 0.750 | 0.703 |
| 2012 | 0.762 | 0.634 | 0.725 | 0.743 | 0.666 | 0.613 | 0.742 | 0.698 |
| 2013 | 0.762 | 0.634 | 0.721 | 0.751 | 0.666 | 0.614 | 0.739 | 0.698 |
| 2014 | 0.758 | 0.631 | 0.716 | 0.740 | 0.667 | 0.612 | 0.739 | 0.695 |
| 2015 | 0.762 | 0.634 | 0.719 | 0.743 | 0.672 | 0.615 | 0.741 | 0.698 |
| 2016 | 0.763 | 0.635 | 0.715 | 0.756 | 0.670 | 0.614 | 0.741 | 0.699 |
| 2017 | 0.784 | 0.647 | 0.741 | 0.790 | 0.672 | 0.610 | 0.766 | 0.716 |
| 均值 | 0.767 | 0.637 | 0.725 | 0.755 | 0.670 | 0.614 | 0.745 | 0.702 |

　　如表 5-13 所示，莱芜产业结构系统与经济高质量发展系统耦合度均值为 0.706，处于磨合耦合阶段，协调水平处于中级协调水平阶段。从产业结构高级化与经济高质量发展的关联系数可以看出，相比于产业结构合理化，莱芜产业结构高级化与经济高质量发展具有较高关联度。产业结构高级化与济宁经济高质量发展的关联系数均值达到 0.874，其中 2017 年关联系数最大，关联系数值为 0.886，产业结构高级化是莱芜经济高质量发展的强大驱动力，产业结构高级化与经济高质量发展的关联系数大幅大于产业结构合理化，产业结构合理化与经济高质量发展的关联系数考察期内均值为 0.538。

表 5-13　莱芜耦合测度结果

| 年份 | 产业结构系统 | | 经济高质量发展系统 | | | | | 耦合度 |
|---|---|---|---|---|---|---|---|---|
| | A01 | A02 | B01 | B02 | B03 | B04 | B05 | |
| 2008 | 0.869 | 0.537 | 0.730 | 0.756 | 0.655 | 0.612 | 0.764 | 0.703 |
| 2009 | 0.879 | 0.540 | 0.725 | 0.777 | 0.655 | 0.613 | 0.778 | 0.710 |

续表

| 年份 | 产业结构系统 | | 经济高质量发展系统 | | | | | 耦合度 |
|---|---|---|---|---|---|---|---|---|
| | A01 | A02 | B01 | B02 | B03 | B04 | B05 | |
| 2010 | 0.879 | 0.540 | 0.729 | 0.768 | 0.660 | 0.613 | 0.780 | 0.710 |
| 2011 | 0.878 | 0.541 | 0.724 | 0.783 | 0.656 | 0.617 | 0.768 | 0.710 |
| 2012 | 0.871 | 0.537 | 0.723 | 0.773 | 0.651 | 0.610 | 0.764 | 0.704 |
| 2013 | 0.871 | 0.537 | 0.721 | 0.773 | 0.653 | 0.611 | 0.763 | 0.704 |
| 2014 | 0.867 | 0.535 | 0.718 | 0.766 | 0.655 | 0.607 | 0.759 | 0.701 |
| 2015 | 0.869 | 0.537 | 0.719 | 0.758 | 0.657 | 0.613 | 0.768 | 0.703 |
| 2016 | 0.870 | 0.537 | 0.718 | 0.762 | 0.653 | 0.614 | 0.768 | 0.703 |
| 2017 | 0.886 | 0.539 | 0.733 | 0.771 | 0.663 | 0.606 | 0.790 | 0.713 |
| 均值 | 0.874 | 0.538 | 0.724 | 0.769 | 0.656 | 0.612 | 0.770 | 0.706 |

从表5-14可以看出，聊城产业结构系统与经济高质量发展系统耦合度均值为0.753，处于磨合耦合阶段，协调水平处于中级协调水平阶段，协调水平横向比较位于省内中游水平。同多数地市特点一致，产业结构高级化与聊城经济高质量发展具有较高关联度。产业结构高级化与济宁经济高质量发展的关联系数均值达到0.852，其中2017年关联系数最大，关联系数值为0.873，产业结构合理化与经济高质量发展的关联系数较小幅度低于产业结构高级化，考察期内均值为0.655。"创新、协调、绿色、开放、共享"的经济高质量发展系统与产业结构系统的关联系数显示，与产业结构关联度从高到低依次为协调发展、共享发展、创新发展、绿色发展和开放发展，关联系数依次为0.812、0.809、0.773、0.720和0.653。

表5-14　聊城耦合测度结果

| 年份 | 产业结构系统 | | 经济高质量发展系统 | | | | | 耦合度 |
|---|---|---|---|---|---|---|---|---|
| | A01 | A02 | B01 | B02 | B03 | B04 | B05 | |
| 2008 | 0.855 | 0.657 | 0.789 | 0.818 | 0.713 | 0.654 | 0.806 | 0.756 |
| 2009 | 0.852 | 0.655 | 0.776 | 0.807 | 0.713 | 0.654 | 0.817 | 0.753 |
| 2010 | 0.851 | 0.654 | 0.774 | 0.800 | 0.715 | 0.655 | 0.818 | 0.753 |

续表

| 年份 | 产业结构系统 | | 经济高质量发展系统 | | | | | 耦合度 |
|------|------|------|------|------|------|------|------|------|
| | A01 | A02 | B01 | B02 | B03 | B04 | B05 | |
| 2011 | 0.851 | 0.655 | 0.768 | 0.797 | 0.725 | 0.656 | 0.818 | 0.753 |
| 2012 | 0.849 | 0.653 | 0.771 | 0.812 | 0.715 | 0.655 | 0.803 | 0.751 |
| 2013 | 0.848 | 0.653 | 0.769 | 0.808 | 0.719 | 0.652 | 0.804 | 0.750 |
| 2014 | 0.846 | 0.651 | 0.764 | 0.811 | 0.718 | 0.649 | 0.800 | 0.748 |
| 2015 | 0.850 | 0.654 | 0.766 | 0.815 | 0.725 | 0.653 | 0.799 | 0.752 |
| 2016 | 0.847 | 0.652 | 0.767 | 0.810 | 0.723 | 0.654 | 0.793 | 0.749 |
| 2017 | 0.873 | 0.664 | 0.784 | 0.844 | 0.735 | 0.651 | 0.830 | 0.769 |
| 均值 | 0.852 | 0.655 | 0.773 | 0.812 | 0.720 | 0.653 | 0.809 | 0.753 |

从表5-15中可以看出，考察期内临沂产业结构系统与经济高质量发展系统耦合度均值为0.639，处于磨合耦合阶段，协调水平处于初级协调水平阶段，产业结构还不能有效地驱动临沂经济高质量发展，尚处于磨合阶段。同多数地市特点一致，产业结构高级化与临沂经济高质量发展具有较高关联度。产业结构高级化与临沂经济高质量发展的关联系数均值达到0.677，其中2017年关联系数最大，关联系数值为0.692，产业结构合理化与经济高质量发展的关联系数较小幅度低于产业结构高级化，考察期内均值为0.601。"创新、协调、绿色、开放、共享"的经济高质量发展系统与产业结构系统的关联系数显示，与产业结构关联度从高到低依次为协调发展、共享发展、创新发展、绿色发展和开放发展，关联系数依次为0.684、0.683、0.652、0.611和0.565。

表5-15　临沂耦合测度结果

| 年份 | 产业结构系统 | | 经济高质量发展系统 | | | | | 耦合度 |
|------|------|------|------|------|------|------|------|------|
| | A01 | A02 | B01 | B02 | B03 | B04 | B05 | |
| 2008 | 0.682 | 0.605 | 0.674 | 0.685 | 0.616 | 0.566 | 0.677 | 0.644 |
| 2009 | 0.674 | 0.599 | 0.645 | 0.675 | 0.613 | 0.566 | 0.681 | 0.636 |
| 2010 | 0.676 | 0.600 | 0.651 | 0.678 | 0.614 | 0.565 | 0.682 | 0.638 |

续表

| 年份 | 产业结构系统 | | 经济高质量发展系统 | | | | | 耦合度 |
| --- | --- | --- | --- | --- | --- | --- | --- | --- |
| | A01 | A02 | B01 | B02 | B03 | B04 | B05 | |
| 2011 | 0.678 | 0.603 | 0.651 | 0.679 | 0.618 | 0.569 | 0.685 | 0.640 |
| 2012 | 0.674 | 0.599 | 0.652 | 0.677 | 0.608 | 0.563 | 0.683 | 0.637 |
| 2013 | 0.671 | 0.596 | 0.645 | 0.674 | 0.606 | 0.564 | 0.679 | 0.634 |
| 2014 | 0.671 | 0.596 | 0.645 | 0.674 | 0.607 | 0.563 | 0.679 | 0.633 |
| 2015 | 0.677 | 0.602 | 0.649 | 0.692 | 0.612 | 0.565 | 0.679 | 0.639 |
| 2016 | 0.673 | 0.598 | 0.646 | 0.681 | 0.607 | 0.566 | 0.679 | 0.636 |
| 2017 | 0.692 | 0.611 | 0.661 | 0.726 | 0.609 | 0.562 | 0.701 | 0.652 |
| 均值 | 0.677 | 0.601 | 0.652 | 0.684 | 0.611 | 0.565 | 0.683 | 0.639 |

从表5-16可以看出，青岛地区产业结构与经济高质量发展之间的耦合度为0.532，处于勉强协调阶段。青岛地区产业结构与经济发展之间仅仅处于勉强协调，两者之间还需要不断地磨合，从而达到协调。青岛地区经济的协调、共享发展对于产业结构优化升级具有较大的促进作用，反之，产业结构的高级化对于青岛地区经济的高质量发展具有较高的促进作用。

表5-16　青岛耦合测度结果

| 年份 | 产业结构系统 | | 经济高质量发展系统 | | | | | 耦合度 |
| --- | --- | --- | --- | --- | --- | --- | --- | --- |
| | A01 | A02 | B01 | B02 | B03 | B04 | B05 | |
| 2008 | 0.637 | 0.430 | 0.541 | 0.569 | 0.517 | 0.480 | 0.558 | 0.533 |
| 2009 | 0.632 | 0.427 | 0.537 | 0.558 | 0.516 | 0.480 | 0.557 | 0.530 |
| 2010 | 0.633 | 0.428 | 0.534 | 0.564 | 0.520 | 0.479 | 0.556 | 0.530 |
| 2011 | 0.635 | 0.429 | 0.539 | 0.562 | 0.521 | 0.481 | 0.557 | 0.532 |
| 2012 | 0.630 | 0.426 | 0.541 | 0.557 | 0.516 | 0.477 | 0.550 | 0.528 |
| 2013 | 0.637 | 0.429 | 0.543 | 0.559 | 0.523 | 0.477 | 0.563 | 0.533 |
| 2014 | 0.633 | 0.427 | 0.540 | 0.559 | 0.516 | 0.475 | 0.562 | 0.530 |
| 2015 | 0.638 | 0.430 | 0.542 | 0.565 | 0.515 | 0.480 | 0.568 | 0.534 |

| 年份 | 产业结构系统 | | 经济高质量发展系统 | | | | | 耦合度 |
| --- | --- | --- | --- | --- | --- | --- | --- | --- |
| | A01 | A02 | B01 | B02 | B03 | B04 | B05 | |
| 2016 | 0.636 | 0.428 | 0.541 | 0.554 | 0.515 | 0.480 | 0.570 | 0.532 |
| 2017 | 0.647 | 0.431 | 0.553 | 0.569 | 0.519 | 0.478 | 0.576 | 0.539 |
| 均值 | 0.636 | 0.428 | 0.541 | 0.562 | 0.518 | 0.479 | 0.562 | 0.532 |

从表 5-17 可以看出，日照产业结构系统与经济高质量发展系统耦合度均值为 0.752，处于磨合耦合阶段，协调水平处于中级协调水平阶段。不同于多数地市特点，相比于产业结构高级化，日照产业结构合理化与经济高质量发展具有较高关联度。产业结构合理化与济宁经济高质量发展的关联系数均值达到 0.805，其中 2017 年关联系数最大，关联系数值为 0.825，产业结构高级化与经济高质量发展的关联系数低于产业结构合理化，考察期内均值为 0.699。"创新、协调、绿色、开放、共享"的经济高质量发展系统与产业结构系统的关联系数显示，与产业结构关联度从高到低依次为共享发展、协调发展、创新发展、绿色发展和开放发展，关联系数依次为 0.816、0.812、0.765、0.704 和 0.663。

表 5-17 日照耦合测度结果

| 年份 | 产业结构系统 | | 经济高质量发展系统 | | | | | 耦合度 |
| --- | --- | --- | --- | --- | --- | --- | --- | --- |
| | A01 | A02 | B01 | B02 | B03 | B04 | B05 | |
| 2008 | 0.701 | 0.807 | 0.771 | 0.821 | 0.710 | 0.664 | 0.805 | 0.754 |
| 2009 | 0.694 | 0.798 | 0.761 | 0.793 | 0.702 | 0.667 | 0.806 | 0.746 |
| 2010 | 0.698 | 0.803 | 0.769 | 0.794 | 0.705 | 0.664 | 0.820 | 0.750 |
| 2011 | 0.701 | 0.807 | 0.760 | 0.814 | 0.708 | 0.667 | 0.823 | 0.754 |
| 2012 | 0.695 | 0.799 | 0.759 | 0.805 | 0.701 | 0.661 | 0.809 | 0.747 |
| 2013 | 0.699 | 0.804 | 0.762 | 0.817 | 0.701 | 0.662 | 0.816 | 0.751 |
| 2014 | 0.697 | 0.802 | 0.757 | 0.813 | 0.705 | 0.660 | 0.812 | 0.749 |
| 2015 | 0.699 | 0.806 | 0.762 | 0.820 | 0.704 | 0.663 | 0.814 | 0.753 |

续表

| 年份 | 产业结构系统 | | 经济高质量发展系统 | | | | | 耦合度 |
|------|------|------|------|------|------|------|------|--------|
| | A01 | A02 | B01 | B02 | B03 | B04 | B05 | |
| 2016 | 0.696 | 0.801 | 0.768 | 0.801 | 0.700 | 0.663 | 0.810 | 0.748 |
| 2017 | 0.712 | 0.825 | 0.784 | 0.842 | 0.709 | 0.661 | 0.848 | 0.769 |
| 均值 | 0.699 | 0.805 | 0.765 | 0.812 | 0.704 | 0.663 | 0.816 | 0.752 |

从表5-18可以看出，考察期内泰安产业结构系统与经济高质量发展系统耦合度均值为0.668，处于磨合耦合阶段，协调水平处于初级协调水平阶段，产业结构还不能有效地驱动泰安经济高质量发展，尚处于磨合阶段。同多数地市特点一致，产业结构高级化与泰安经济高质量发展具有较高关联度。产业结构高级化与泰安经济高质量发展的关联系数均值达0.730，其中2017年关联系数最大，关联系数值为0.747，产业结构合理化与经济高质量发展的关联系数较小幅度低于产业结构高级化，考察期内均值为0.607。"创新、协调、绿色、开放、共享"的经济高质量发展系统与产业结构系统的关联系数显示，与产业结构关联度从高到低依次为协调发展、共享发展、创新发展、绿色发展和开放发展，关联系数依次为0.714、0.713、0.684、0.645和0.586。

**表5-18 泰安耦合测度结果**

| 年份 | 产业结构系统 | | 经济高质量发展系统 | | | | | 耦合度 |
|------|------|------|------|------|------|------|------|--------|
| | A01 | A02 | B01 | B02 | B03 | B04 | B05 | |
| 2008 | 0.732 | 0.608 | 0.696 | 0.718 | 0.643 | 0.586 | 0.707 | 0.670 |
| 2009 | 0.726 | 0.604 | 0.683 | 0.700 | 0.643 | 0.585 | 0.712 | 0.665 |
| 2010 | 0.728 | 0.605 | 0.681 | 0.706 | 0.647 | 0.585 | 0.715 | 0.667 |
| 2011 | 0.729 | 0.607 | 0.682 | 0.716 | 0.645 | 0.589 | 0.708 | 0.668 |
| 2012 | 0.722 | 0.601 | 0.680 | 0.695 | 0.641 | 0.584 | 0.707 | 0.662 |
| 2013 | 0.724 | 0.603 | 0.680 | 0.700 | 0.641 | 0.586 | 0.709 | 0.663 |
| 2014 | 0.728 | 0.605 | 0.676 | 0.723 | 0.640 | 0.584 | 0.707 | 0.666 |

续表

| 年份 | 产业结构系统 | | 经济高质量发展系统 | | | | | 耦合度 |
| --- | --- | --- | --- | --- | --- | --- | --- | --- |
| | A01 | A02 | B01 | B02 | B03 | B04 | B05 | |
| 2015 | 0.731 | 0.607 | 0.680 | 0.718 | 0.649 | 0.587 | 0.711 | 0.669 |
| 2016 | 0.734 | 0.609 | 0.687 | 0.724 | 0.647 | 0.587 | 0.712 | 0.672 |
| 2017 | 0.747 | 0.616 | 0.693 | 0.743 | 0.649 | 0.583 | 0.740 | 0.682 |
| 均值 | 0.730 | 0.607 | 0.684 | 0.714 | 0.645 | 0.586 | 0.713 | 0.668 |

从表5-19可以看出，考察期内威海产业结构系统与经济高质量发展系统耦合度均值为0.601，处于磨合耦合阶段，协调水平处于初级协调水平阶段，产业结构还不能有效地驱动威海经济高质量发展，尚处于磨合阶段。同多数地市特点一致，产业结构高级化与威海经济高质量发展具有较高关联度。产业结构高级化与威海经济高质量发展的关联系数均值达0.776，其中2017年关联系数最大，关联系数值为0.803，产业结构合理化与经济高质量发展的关联系数较大幅度低于产业结构高级化，考察期内均值为0.427。"创新、协调、绿色、开放、共享"的经济高质量发展系统与产业结构系统的关联系数显示，与产业结构关联度从高到低依次为共享发展、协调发展、创新发展、绿色发展和开放发展，关联系数依次为0.651、0.632、0.611、0.586和0.527。

表5-19　威海耦合测度结果

| 年份 | 产业结构系统 | | 经济高质量发展系统 | | | | | 耦合度 |
| --- | --- | --- | --- | --- | --- | --- | --- | --- |
| | A01 | A02 | B01 | B02 | B03 | B04 | B05 | |
| 2008 | 0.773 | 0.427 | 0.611 | 0.625 | 0.588 | 0.529 | 0.645 | 0.600 |
| 2009 | 0.774 | 0.427 | 0.610 | 0.630 | 0.588 | 0.529 | 0.648 | 0.601 |
| 2010 | 0.778 | 0.428 | 0.609 | 0.637 | 0.590 | 0.527 | 0.651 | 0.603 |
| 2011 | 0.778 | 0.429 | 0.611 | 0.641 | 0.592 | 0.531 | 0.644 | 0.604 |
| 2012 | 0.768 | 0.425 | 0.608 | 0.621 | 0.589 | 0.525 | 0.639 | 0.597 |
| 2013 | 0.775 | 0.427 | 0.610 | 0.630 | 0.586 | 0.525 | 0.655 | 0.601 |

续表

| 年份 | 产业结构系统 | | 经济高质量发展系统 | | | | | 耦合度 |
|------|------|------|------|------|------|------|------|------|
| | A01 | A02 | B01 | B02 | B03 | B04 | B05 | |
| 2014 | 0.773 | 0.426 | 0.607 | 0.630 | 0.588 | 0.523 | 0.649 | 0.600 |
| 2015 | 0.770 | 0.425 | 0.610 | 0.625 | 0.579 | 0.528 | 0.645 | 0.598 |
| 2016 | 0.767 | 0.424 | 0.611 | 0.621 | 0.568 | 0.530 | 0.650 | 0.596 |
| 2017 | 0.803 | 0.431 | 0.624 | 0.655 | 0.591 | 0.528 | 0.687 | 0.617 |
| 均值 | 0.776 | 0.427 | 0.611 | 0.632 | 0.586 | 0.527 | 0.651 | 0.601 |

从表5-20可以看出，考察期内潍坊产业结构系统与经济高质量发展系统耦合度均值为0.692，处于磨合耦合阶段，协调水平处于初级协调水平阶段，产业结构还不能有效地驱动潍坊经济高质量发展，尚处于磨合阶段，2017年耦合度最高，为0.711，2012年、2014年耦合度最低，耦合度为0.688，整体而言耦合度各年度差距不大。同多数地市特点一致，产业结构高级化与潍坊经济高质量发展具有较高关联度。产业结构高级化与潍坊经济高质量发展的关联系数均值达到0.795，产业结构合理化与经济高质量发展的关联系数较大幅度低于产业结构高级化，考察期内均值为0.588。"创新、协调、绿色、开放、共享"的经济高质量发展系统与产业结构系统的关联系数显示，与产业结构关联度从高到低依次为共享发展、协调发展、创新发展、绿色发展和开放发展，关联系数依次为0.748、0.744、0.710、0.655和0.601。

表5-20　潍坊耦合测度结果

| 年份 | 产业结构系统 | | 经济高质量发展系统 | | | | | 耦合度 |
|------|------|------|------|------|------|------|------|------|
| | A01 | A02 | B01 | B02 | B03 | B04 | B05 | |
| 2008 | 0.791 | 0.587 | 0.712 | 0.735 | 0.656 | 0.602 | 0.740 | 0.689 |
| 2009 | 0.788 | 0.585 | 0.705 | 0.725 | 0.655 | 0.603 | 0.744 | 0.686 |
| 2010 | 0.795 | 0.589 | 0.702 | 0.757 | 0.656 | 0.602 | 0.744 | 0.692 |
| 2011 | 0.796 | 0.590 | 0.706 | 0.748 | 0.662 | 0.605 | 0.743 | 0.693 |

续表

| 年份 | 产业结构系统 | | 经济高质量发展系统 | | | | | 耦合度 |
|------|------|------|------|------|------|------|------|------|
| | A01 | A02 | B01 | B02 | B03 | B04 | B05 | |
| 2012 | 0.790 | 0.586 | 0.712 | 0.744 | 0.653 | 0.599 | 0.733 | 0.688 |
| 2013 | 0.792 | 0.587 | 0.711 | 0.737 | 0.652 | 0.600 | 0.749 | 0.690 |
| 2014 | 0.791 | 0.586 | 0.705 | 0.740 | 0.655 | 0.598 | 0.744 | 0.688 |
| 2015 | 0.793 | 0.588 | 0.706 | 0.737 | 0.656 | 0.602 | 0.750 | 0.690 |
| 2016 | 0.791 | 0.586 | 0.700 | 0.735 | 0.652 | 0.603 | 0.753 | 0.689 |
| 2017 | 0.822 | 0.600 | 0.737 | 0.778 | 0.657 | 0.601 | 0.781 | 0.711 |
| 均值 | 0.795 | 0.588 | 0.710 | 0.744 | 0.655 | 0.601 | 0.748 | 0.692 |

从表 5-21 可以看出，2008～2017 年烟台地区的产业结构与经济发展之间的耦合度均值为 0.628，处于磨合耦合阶段，协调等级定位为初级协调。同时可以清楚地看出，产业结构的高级化对经济高质量发展的影响较大。产业结构合理化与经济高质量发展的协调度较差，产业结构合理化滞后于经济高质量发展，建议烟台积极推进产业结构调整优化，进而实现经济的高质量发展。经济的协调、共享发展对产业结构的优化升级具有较大程度的促进作用，两者与产业结构之间的耦合度分别为 0.668、0.667，处于初级协调等级。

表 5-21    烟台耦合测度结果

| 年份 | 产业结构系统 | | 经济高质量发展系统 | | | | | 耦合度 |
|------|------|------|------|------|------|------|------|------|
| | A01 | A02 | B01 | B02 | B03 | B04 | B05 | |
| 2008 | 0.811 | 0.443 | 0.639 | 0.662 | 0.615 | 0.555 | 0.664 | 0.627 |
| 2009 | 0.810 | 0.442 | 0.636 | 0.654 | 0.614 | 0.555 | 0.669 | 0.626 |
| 2010 | 0.817 | 0.444 | 0.642 | 0.670 | 0.616 | 0.552 | 0.672 | 0.630 |
| 2011 | 0.811 | 0.443 | 0.645 | 0.661 | 0.614 | 0.554 | 0.661 | 0.627 |
| 2012 | 0.803 | 0.440 | 0.643 | 0.653 | 0.605 | 0.549 | 0.658 | 0.622 |

续表

| 年份 | 产业结构系统 | | 经济高质量发展系统 | | | | | 耦合度 |
|------|------|------|------|------|------|------|------|------|
| | A01 | A02 | B01 | B02 | B03 | B04 | B05 | |
| 2013 | 0.810 | 0.442 | 0.641 | 0.671 | 0.605 | 0.549 | 0.663 | 0.626 |
| 2014 | 0.810 | 0.441 | 0.637 | 0.675 | 0.606 | 0.547 | 0.662 | 0.625 |
| 2015 | 0.814 | 0.443 | 0.641 | 0.675 | 0.606 | 0.553 | 0.668 | 0.629 |
| 2016 | 0.810 | 0.441 | 0.642 | 0.661 | 0.601 | 0.554 | 0.670 | 0.626 |
| 2017 | 0.835 | 0.445 | 0.657 | 0.699 | 0.608 | 0.551 | 0.684 | 0.640 |
| 均值 | 0.813 | 0.442 | 0.642 | 0.668 | 0.609 | 0.552 | 0.667 | 0.628 |

从表5-22可以看出，2008～2017年枣庄地区的产业结构与经济发展之间的耦合度处于0.800～0.850，处于高水平耦合阶段，协调等级定位为良好协调。同时可以清楚地看出，产业结构的高级化对经济高质量发展的影响较大。鉴于产业结构高级化对于枣庄地区经济发展的重要性以及经济持续健康发展的要求，枣庄地区应加速实现地区产业结构升级中工业化与信息化的双重任务，准确把握产业结构高级化的内在运行规律，推进枣庄、菏泽地区产业结构高级化，进而实现经济的高质量发展。经济的协调、共享发展对产业结构的优化升级具有较大程度的促进作用，两者与产业结构之间的耦合度分别为0.897、0.894，处于良好协调等级。

表5-22 枣庄耦合测度结果

| 年份 | 产业结构系统 | | 经济高质量发展系统 | | | | | 耦合度 |
|------|------|------|------|------|------|------|------|------|
| | A01 | A02 | B01 | B02 | B03 | B04 | B05 | |
| 2008 | 0.852 | 0.810 | 0.856 | 0.923 | 0.784 | 0.709 | 0.883 | 0.831 |
| 2009 | 0.847 | 0.806 | 0.851 | 0.887 | 0.780 | 0.709 | 0.904 | 0.826 |
| 2010 | 0.851 | 0.809 | 0.846 | 0.910 | 0.780 | 0.709 | 0.906 | 0.830 |
| 2011 | 0.849 | 0.808 | 0.847 | 0.891 | 0.785 | 0.712 | 0.909 | 0.829 |
| 2012 | 0.839 | 0.799 | 0.842 | 0.880 | 0.773 | 0.705 | 0.895 | 0.819 |
| 2013 | 0.841 | 0.800 | 0.840 | 0.894 | 0.776 | 0.706 | 0.887 | 0.821 |

续表

| 年份 | 产业结构系统 | | 经济高质量发展系统 | | | | | 耦合度 |
|---|---|---|---|---|---|---|---|---|
| | A01 | A02 | B01 | B02 | B03 | B04 | B05 | |
| 2014 | 0.840 | 0.800 | 0.835 | 0.891 | 0.781 | 0.703 | 0.889 | 0.820 |
| 2015 | 0.837 | 0.797 | 0.841 | 0.878 | 0.781 | 0.707 | 0.876 | 0.817 |
| 2016 | 0.841 | 0.800 | 0.846 | 0.893 | 0.779 | 0.708 | 0.877 | 0.820 |
| 2017 | 0.863 | 0.820 | 0.869 | 0.928 | 0.789 | 0.703 | 0.918 | 0.842 |
| 均值 | 0.846 | 0.805 | 0.847 | 0.897 | 0.781 | 0.707 | 0.894 | 0.825 |

从表5-23可以看出，2008～2017年淄博地区的产业结构与经济发展之间的耦合度均值为0.645，处于磨合耦合阶段，协调等级定位为初级协调水平。同多数地市特点一致，产业结构高级化与淄博经济高质量发展具有较高关联度。产业结构高级化与淄博经济高质量发展的关联系数均值达到0.833，产业结构合理化与经济高质量发展的关联系数较大幅度低于产业结构高级化，考察期内均值为0.456。"创新、协调、绿色、开放、共享"的经济高质量发展系统与产业结构系统的关联系数显示，与产业结构关联度从高到低依次为共享发展、协调发展、创新发展、绿色发展和开放发展，关联系数依次为0.704、0.688、0.664、0.608和0.560。

表5-23　淄博耦合测度结果

| 年份 | 产业结构系统 | | 经济高质量发展系统 | | | | | 耦合度 |
|---|---|---|---|---|---|---|---|---|
| | A01 | A02 | B01 | B02 | B03 | B04 | B05 | |
| 2008 | 0.831 | 0.456 | 0.679 | 0.679 | 0.605 | 0.560 | 0.695 | 0.644 |
| 2009 | 0.832 | 0.456 | 0.664 | 0.686 | 0.605 | 0.561 | 0.703 | 0.644 |
| 2010 | 0.833 | 0.456 | 0.661 | 0.689 | 0.608 | 0.560 | 0.705 | 0.645 |
| 2011 | 0.833 | 0.458 | 0.660 | 0.691 | 0.610 | 0.564 | 0.703 | 0.646 |
| 2012 | 0.823 | 0.453 | 0.661 | 0.676 | 0.603 | 0.559 | 0.693 | 0.638 |
| 2013 | 0.831 | 0.456 | 0.663 | 0.691 | 0.604 | 0.559 | 0.700 | 0.643 |
| 2014 | 0.829 | 0.454 | 0.657 | 0.686 | 0.609 | 0.557 | 0.699 | 0.642 |

续表

| 年份 | 产业结构系统 | | 经济高质量发展系统 | | | | | 耦合度 |
|---|---|---|---|---|---|---|---|---|
| | A01 | A02 | B01 | B02 | B03 | B04 | B05 | |
| 2015 | 0.834 | 0.456 | 0.659 | 0.687 | 0.609 | 0.561 | 0.710 | 0.645 |
| 2016 | 0.831 | 0.455 | 0.654 | 0.685 | 0.607 | 0.561 | 0.709 | 0.643 |
| 2017 | 0.857 | 0.459 | 0.678 | 0.711 | 0.617 | 0.558 | 0.726 | 0.658 |
| 均值 | 0.833 | 0.456 | 0.664 | 0.688 | 0.608 | 0.560 | 0.704 | 0.645 |

# 本章小结

本章将产业结构优化升级分为产业结构的高级化和产业结构的合理化，从"创新、协调、绿色、开放和共享"五个方面分析经济发展，在测度产业结构与经济高质量发展综合得分的基础上，考察其时空演进特征，实证研究了山东省产业结构与经济高质量发展之间的相关联系以及区域差异，得到以下结论：

从时间序列来看，山东省产业结构与经济高质量发展系统的耦合度绝大部分处于 0.6~0.8，属于中等关联，整合协调度整体呈"W"型变化特征，经历"大幅度震荡→小幅度震荡→持续增长"的发展变化趋势。山东省产业结构与经济高质量发展系统之间在经历震荡后，呈现增长趋势。

从山东省整体来看，相比于产业结构的合理化，产业结构高级化与经济高质量发展系统之间的耦合度更高。因此，在产业结构优化升级对经济发展的影响中，产业结构的高级化作用尤为重要。可以看出，山东省近 10 年来高度重视产业结构的高级化，而忽略了产业结构的合理化。山东省经济发展缓慢反映了产业结构优化升级需要共同实现产业结构的合理化和高级化才能促进经济发展。

从区域耦合度来看，经济发展缓慢的枣庄、菏泽、济宁等地区的产业结构与经济发展之间的关联性较大。相反地，经济发展较好的青岛、济南等地区两者的关联性反而小。产业结构优化与经济发展之间呈现不同层次的关联，第三产业比重、高新技术比重等均与经济发展之间存在关联。

从耦合度类型来看，山东省产业结构与经济发展之间的耦合类型主要以初级和中级协调为主，表明了山东省的产业结构与经济高质量发展之间还处于磨合耦合阶段，还应该协调两大系统之间的关系，促进两大系统良性互动。

综上所述，提出两点建议：一是鉴于产业结构高级化与经济发展之间的关联度较高，应进一步促进产业结构向高级化发展，注重发展第三产业。根据产业结构的升级方向，有意识地吸引相关产业的人才。同时，经济协调、共享发展对于产业结构的影响较大，在经济发展过程中，应考虑协调与共享。二是山东省少数区域以第二产业为主，高新技术比重较低。所以在以后发展过程中应加快高新技术产业和第三产业的转型升级，促进产业结构优化，进而促进经济发展。

# 山东经济高质量发展的影响因素分析

本章基于技术进步视角来考察山东经济高质量发展的影响因素，采用了全要素生产率为考察对象。首先，选用传统面板回归模型探析人力资源、环境规制和对外贸易等多种因素对经济高质量发展的影响；其次，进一步采用状态回归模型考察产业结构与城镇化水平对山东绿色全要素生产率的联动效应，为第七章深化研究分析产业结构对经济发展质量的复杂影响关系奠定基础，也为提出产业结构调整的政策建议提供依据。

## 第一节　山东经济发展质量影响因素回归分析

### 一、影响因素回归研究方法

在一元线性回归模型中，解释变量只有一个。但在实际问题中，影响因变量的变量可能不止一个，如根据经济学理论，人们对某种商品的需求不仅受该商品市场价格的影响，而且受其他商品价格以及人们可支配收入水平的制约；根据凯恩斯的流动性偏好理论，影响人们货币需求的因素不仅包括人们的收入水平，而且包括利率水平等。当解释变量的个数由一个扩展到两个或以上时，一元线性回归模型就扩展为多元线性回归模型；影响经济高质量发展的因素也有多种，如城镇化水平、人口素质、科技投入和对外贸易等。本章在理论分析中运用多元线性回归模型分析影响经济发展质量的因素。

对于一个三变量总体，若有基础理论，变量 $x_1$、$x_2$ 和变量 $y$ 之间存在因果关系，或 $x_1$、$x_2$ 的变异可用来解释 $y$ 的变异。为检验变量 $x_1$、$x_2$ 和变量 $y$ 之间因果关系是否存在，度量变量 $x_1$、$x_2$ 对变量 $y$ 影响的强弱与显著性，以及利用解释变量 $x_1$、$x_2$ 去预测因变量 $y$，引入多元回归分析这一工具。

给定 $x_{1i}$、$x_{2i}$ 条件下 $y_i$ 的均值，见式（6-1）：

$$E（y_i \mid x_{1i}，x_{2i}）=\beta_0+\beta_1 x_{1i}+\beta_2 x_{2i} \qquad (6-1)$$

定义总体回归函数（Population Regression Function，PRF）。定义 $y_i-E（y_i \mid x_{1i}，x_{2i}）$ 为误差项（error term），记为 $\mu_i$，即 $\mu_i=y_i-E（y_i \mid x_{1i}，x_{2i}）$，这样 $y_i=E（y_i \mid x_{1i}，x_{2i}）+\mu_i$，或见式（6-2）：

$$y_i=\beta_0+\beta_1 x_{1i}+\beta_2 x_{2i}+\mu_i \qquad (6-2)$$

式（6-2）为总体回归模型或者随机总体回归函数。其中，$x_1$、$x_2$ 称为解释变量（explanatory variable）或自变量（independent variable）；$y$ 称为被解释变量（explained variable）或因变量（dependent variable）；误差项 $\mu$ 解释了因变量的变动中不能完全被自变量所解释的部分。

式（6-2）中，参数 $\beta_0$、$\beta_1$、$\beta_2$ 是未知的，$\mu_i$ 是不可观察的，统计计量分析的目标之一就是估计模型的未知参数。给定一组随机样本（$y_i$，$x_{1i}$，$x_{2i}$），$i=1，2，\cdots，n$，对式（6-1）进行估计，将 $E（y_i \mid x_{1i}，x_{2i}）$、$\beta_0$、$\beta_1$、$\beta_2$ 的估计量分别记为 $\hat{y}_i$、$\hat{\beta}_0$、$\hat{\beta}_1$、$\hat{\beta}_2$，则定义式（6-3）为样本回归函数：

$$\hat{y}_i=\hat{\beta}_0+\hat{\beta}_1 x_{1i}+\hat{\beta}_2 x_{2i} \qquad（i=1，2，\cdots，n） \qquad (6-3)$$

注意，样本回归函数会随着样本的不同而不同，也就是说，$\hat{\beta}_0$、$\hat{\beta}_1$、$\hat{\beta}_2$ 是随机变量，它们的随机性是由 $y_i$ 的随机性［同一组（$x_{1i}$，$x_{2i}$）可能对应不同的 $y_i$］，$x_1$、$x_2$ 各自的变异，以及 $x_1$、$x_2$ 之间的相关性共同引起的。定义 $y_i-\hat{y}_i$ 为残差项（residual term），记为 $e_i$，即 $e_i=y_i-\hat{y}_i$，这样 $y_i=\hat{y}_i+e_i$，如式（6-4）所示：

$$\hat{y}_i=\hat{\beta}_0+\hat{\beta}_1 x_{1i}+\hat{\beta}_2 x_{2i}+e_i \qquad（i=1，2，\cdots，n） \qquad (6-4)$$

将式（6-4）称为样本回归模型或者随机样本回归函数。样本回归模型中残差项 $e_i$ 可视为总体回归模型中误差项 $\mu_i$ 的估计量。

多元线性回归模型的参数估计比一元线性回归模型要复杂得多，为了便于计算和分析，便于将结果由三变量总体推广到一般的多变量总体，引入矩阵这一工具简化计算和分析。

设（$y_i$，$x_{1i}$，$x_{2i}$），$i=1$，2，$\cdots$，n 是取自总体的一组随机样本。在该组样本下，总体回归模型式（6-2）可以写成如下方程组的形式：

$$y_1 = \beta_0 + \beta_1 x_{11} + \beta_2 x_{21} + \mu_1$$
$$y_2 = \beta_0 + \beta_1 x_{12} + \beta_2 x_{22} + \mu_2$$
$$y_n = \beta_0 + \beta_1 x_{1n} + \beta_2 x_{2n} + \mu_n$$

利用矩阵运算，如式（6-5）所示：

$$
\begin{bmatrix} y_1 \\ y_2 \\ \vdots \\ y_n \end{bmatrix} =
\begin{bmatrix} 1 & x_{11} & x_{21} \\ 1 & x_{12} & x_{22} \\ \vdots & \vdots & \vdots \\ 1 & x_{1n} & x_{2n} \end{bmatrix}
\begin{bmatrix} \beta_0 \\ \beta_1 \\ \beta_2 \end{bmatrix} +
\begin{bmatrix} \mu_1 \\ \mu_2 \\ \vdots \\ \mu_n \end{bmatrix}
\tag{6-5}
$$

记 $y = \begin{bmatrix} y_1 \\ y_2 \\ \vdots \\ y_n \end{bmatrix}$，$X = \begin{bmatrix} 1 & x_{11} & x_{21} \\ 1 & x_{12} & x_{22} \\ \vdots & \vdots & \vdots \\ 1 & x_{1n} & x_{2n} \end{bmatrix}$，$\beta = \begin{bmatrix} \beta_0 \\ \beta_1 \\ \beta_3 \end{bmatrix}$，$\mu = \begin{bmatrix} \mu_1 \\ \mu_2 \\ \vdots \\ \mu_n \end{bmatrix}$，则在该组样本

下，总体回归模型的矩阵如式（6-6）所示：

$$y = X\beta + \mu \tag{6-6}$$

记 $\hat{\beta} = \begin{bmatrix} \hat{\beta}_0 \\ \hat{\beta}_1 \\ \hat{\beta}_2 \end{bmatrix}$，$e = \begin{bmatrix} e_1 \\ e_2 \\ \vdots \\ e_n \end{bmatrix}$，则样本回归模型的矩阵如式（6-7）所示：

$$y = X\hat{\beta} + e \tag{6-7}$$

那么，模型假定如下：

假定 1 回归模型是参数线性的，并且是设定正确的。

假定 2 随机误差项与解释变量不相关。即 cov（$x_{ji}$，$\mu_i$）$= 0$，$j=1$，2。

如果解释变量是非随机的，则该假设自动满足。

假定 3 零均值假定。即 E（$\mu_i$）= 0，i = 1，2，…，n。

假定 4 同方差假定。即 var（$\mu_i$）= $\sigma^2$，i = 1，2，…，n。

假定 5 无自相关假定。即两个误差项之间不相关：cov（$\mu_i$，$\mu_j$）= 0，i≠j，i = 1，2，…，n，j = 1，2，…，n。

假定 6 解释变量 $x_1$ 与 $x_2$ 之间不存在完全共线性，即两个解释变量之间无确切的线性关系。

假定 7 正态性假定。即 $\mu_i \sim N$（0，$\sigma^2$），i = 1，2，…，n。

系数向量 β 的 OLS 估计如式（6-8）所示：

$$\hat{\beta} = (X^T X)^{-1} X^T y \qquad (6\text{-}8)$$

其中，$X^T$ 为 X 的转置矩阵。在随机误差项服从正态分布的假定下，系数向量的估计量也服从正态分布，如式（6-9）所示：

$$\hat{\beta} \sim N（\beta，\sigma^2 (X^T X)^{-1}） \qquad (6\text{-}9)$$

记 $C = (X^T X)^{-1}$ 的第 j 个主对角元素为 $c_{jj}$，如式（6-10）所示：

$$\hat{\beta}_j \sim N（\beta_j，\sigma^2 c_{jj}） \qquad (6\text{-}10)$$

有了系数估计量的分布，就可以对总体参数做假设检验。与双变量总体相同，总体误差 $\mu_i$ 是不可观察的，因而其方差 $\sigma^2$ 是未知的。若用 $\sigma^2$ 的无偏估计量 $\sigma^2$ 代替 $\sigma^2$，则 OLS 估计量服从自由度为 n-3 的 t 分布，而不是正态分布，如式（6-11）所示：

$$\frac{\hat{\beta}_j - \beta_j}{se（\hat{\beta}_j）} \sim t（n-3） \qquad (6\text{-}11)$$

式中，$se（\hat{\beta}_j） = \sqrt{\hat{\sigma}^2 c_{jj}}$，$\hat{\sigma}^2 = \frac{\sum e_i^2}{n-3}$。

## 二、影响因素回归结果分析

静态面板数据模型的估计方法一般包含随机效应、固定效应和混合 OLS 三类，混合 OLS 与面板数据模型的选择一般采用 Breusch-Pagan 的 LM 检验和 F 检验断定是否有必要使用面板数据模型，而固定效应模型与随机效应模型的选择根据 Hausman 的检验值而确定，如表 6-1 所示。

表 6-1　传统面板数据回归结果

| 变量 | OLS | RE | FE |
|---|---|---|---|
| TS | 0.046 | 0.046 | 0.377 * |
|  | (0.790) | (0.790) | (1.706) |
| TL | 0.020 | 0.020 | -0.020 ** |
|  | (0.589) | (0.589) | (0.447) |
| URB | -0.031 | -0.031 | -0.192 * |
|  | (-0.154) | (-0.154) | (-0.788) |
| FDI | 0.001 | 0.001 | 0.001 |
|  | (0.288) | (0.288) | (0.308) |
| EDU | -0.000 | -0.000 | 0.001 ** |
|  | (-0.473) | (-0.473) | (-1.260) |
| ER | -0.930 | -0.930 | -0.692 |
|  | (-0.728) | (-0.728) | (-0.395) |
| SCI | 3.728 | 3.728 | 4.820 *** |
|  | (0.302) | (0.302) | (0.173) |
| Constant | 0.998 *** | 0.998 *** | 0.884 *** |
|  | (13.729) | (13.729) | (5.610) |
| N | 170.000 | 170.000 | 170.000 |
| $R^2$ | 0.019 |  | 0.026 |
| F | 0.445 |  | 0.550 |
| p | 0.873 | 0.874 | 0.015 |

注：* 表示 $p<0.1$，** 表示 $p<0.05$，*** 表示 $p<0.01$。

表 6-1 显示 F 检验的 p 值为 0.015，表明固定效应模型的估计结果明显优于混合 OLS 模型、随机效应的估计结果，即允许个体拥有自己的截距项。传统面板数据个体固定效应回归结果显示，产业结构高级化对经济发

展效率的影响是正的，且通过 10%显著水平检验，泰尔指数对经济发展效率的影响是负向的，由于泰尔指数越大，产业结构合理化程度就越低，所以产业结构合理化对经济发展效率提升具有积极的促进作用，且影响显著，通过 5%显著水平检验。城镇化对山东经济发展效率的影响为正，通过 10%显著水平检验，人口素质与科技投入对经济发展效率正相关。环境规制对经济发展效率的影响为负，但影响不显著，未通过 10%显著水平检验。外商投资与经济发展效率正相关，影响不显著。产业结构和城镇化对山东经济发展的影响较为显著，为了更进一步地考察产业结构和城镇化对经济发展的共同影响，接下来将采用状态空间模型考察产业结构高级化、合理化水平与城镇化水平对经济发展的联动效应。

## 第二节　产业结构与城镇化对经济增长的联动效应分析

近几十年来，城镇化、产业结构与经济增长之间的相互影响关系一直是诸多学者研究和关注的焦点，研究成果主要集中在三个方面：一是城镇化推进、产业结构升级对经济增长的促进作用，该方面的历史研究文献最为丰富。李璐（2016）建立了附加城镇化变量的后顾型宏观经济模型，提出城镇化对经济波动具有重要影响，过快或过慢均不利于经济的平稳发展；孙叶飞等（2016）构建空间自回归模型、空间效应分解模型和面板门槛模型，实证研究了城镇化、产业结构和经济增长之间的相互影响关系；周慧等（2017）指出城镇化对经济增长均表现出显著的正向促进作用。二是产业结构升级、经济增长对城镇化推进的带动效应，许多学者认为经济增长和产业结构对城镇化推进具有带动效应，如韩立达（2016）等构建向量自回归模型实证发现经济增长、产业结构升级对人口城镇化有持续正向推动作用；秦佳和李建民（2013）也认为第二、第三产业水平和人均 GDP 是影响城镇化水平的关键因素。三是经济增长和城镇化推进对产业结构升级的积累、学习效应。经济增长、城镇化对产业结构的影响也是众多学者研究的热点，如高远东等（2015）通过分析产业结构高级化对经济增长的影响机理，蓝庆新和陈超凡（2013）通过空间自相关检验和空间局域 LISA 地图，研究发现新型城镇化和产业结构升级存在显著的空间相关性。同时也有部分学者研究了经济增长、城镇化与产业结构的互动影响，如戴志敏（2016）采用静态面板数据模型，研究表明了中部地区的经济增长、产业结构升级对推进城镇化发展均具有积极的促进作用；产业结构与经济增长的交互项对城镇化存在阻碍作用；工业化对中部地区城镇化作用不显著，工业化滞后于城镇化发展。

## 一、样本数据和变量选取

本书研究过程采用 1981~2016 年的中国有关数据为样本，选取经济增长、城镇化和产业结构三个变量分别作为解释变量和被解释变量，数据来源于相关年度的《中国统计年鉴》。经济增长（gnp），本书选取人均 GDP 作为衡量经济增长的指标，单位为万元。城镇化水平（urb），选取城镇人口数占总人口数的比重。产业结构水平，选择产业结构合理化（tl）和产业结构高级化（ts）两个指标衡量，产业结构高级化（ts）指标核算借鉴周昌林和魏建良（2007）的做法，测算公式如式（6-12）所示：

$$ts = \sum_{i=1}^{3} i \times \frac{X_i}{X} \quad (i=1, 2, 3) \qquad (6-12)$$

产业结构合理化（tl）指标，构造产业结构的泰尔指数，借鉴干春晖（2011）的方法，测算公式如式（6-13）所示：

$$tl = \sum_{i=1}^{n} \left( \frac{X_i}{X} \right) \ln \left( \frac{X_i}{R_i} / \frac{X}{R} \right) \quad (i=1, 2, 3) \qquad (6-13)$$

式中，X 表示产业产值，R 表示就业人数，i 表示产业，$X_i/X$ 表示产业产出结构，X/R 表示产业劳动生产率。当产业结构处于均衡合理的理想状态时，三大产业的劳动生产率相等，则 tl＝0。反之，当产业结构偏离均衡状态程度越大时，tl 值也就越大，产业结构就越不合理。

## 二、研究方法设计

1. 协整分析

（1）ADF 检验（Augmented Dickey-Fuller Test）。为了避免回归分析存在伪回归，在回归分析前首先进行单位根检验，单位根检验主要包括 DF 检验和 ADF 检验，考虑 DF 检验无法区别时间序列的平稳性，本书引入 ADF 检验，构建时间序列回归模型，如式（6-14）所示：

$$y_t = c + \alpha_1 y_{t-1} + \alpha_2 y_{t-2} + \cdots + \alpha_p y_{t-p} + \varepsilon_t \qquad (6-14)$$

将式（6-14）写成单位根检验的形式，如式（6-15）所示：

$$\Delta y_t = c + \rho y_{t-1} + \sum_{i=2}^{p} \varphi_i \Delta y_{t-(i-1)} + \varepsilon_t \qquad (6-15)$$

$$\rho = \left( \sum_{i=2}^{p} \alpha_i \right) - 1; \quad \varphi_i = \sum_{j=i+1}^{p} \alpha_j$$

$$H0: \rho = 0; \quad H1: \rho = 1$$

（2）协整校验。状态空间模型估计要求考察的变量为平稳序列变量，若变量为非平稳的时间序列，应进行差分或去除趋势，使非平稳序列转化为平稳序列，然后进行模型估计分析，本书考察城镇化、产业结构和经济增长三个时间序列变量，采用 Johansen 检验进行分析变量之间是否存在长期稳定的均衡关系。

2. 状态空间模型

自 20 世纪 70 年代开始，状态空间模型的理论和应用在多个领域受到众多学者的关注。Harvey（1989）将状态空间模型应用到了时间序列中的经济结构分析，Andrew（2004）对状态空间模型的理论和应用做了更为深入全面的讨论。

对于时间序列的经济增长、产业结构和城镇化的研究来说，在一个较长的周期里，由于经济改革、各种各样的外界冲击和政策变化等因素的影响，时间序列数据会逐渐发生变化，本书通过构建时变参数状态空间模型估计各种不同的状态向量来分析考察变量之间的关系。分别建立经济增长关于产业结构和城镇化、城镇化关于产业结构和经济增长、产业结构合理化关于城镇化和经济增长、产业结构高级化关于城镇化和经济增长这四个时变参数状态空间模型。

建立 gnp 关于 urb、ts 和 tl 的状态空间模型，如式（6-16）、式（6-17）所示：

$$gnp_t = c(1) + sv1 \times urb_t + sv2 \times ts_t + sv3 \times tl_t + \mu_t \tag{6-16}$$

$$\begin{aligned} sv1 &= sv1 \,(-1) \\ sv2 &= sv2 \,(-1) \\ sv3 &= sv3 \,(-1) \end{aligned} \tag{6-17}$$

式中，gnp 表示经济增长，urb、ts、tl 分别表示城镇化水平、产业结构高级化、产业结构合理化。式（6-16）为测量方程，表示经济增长与城镇化、产业结构之间的一般关系，其中 c 表示固定参数的解释变量。式（6-17）为状态方程，随机系数 sv1、sv2 和 sv3 是状态向量，称其为可变参数，是随时间改变的不可观测变量，$\mu_t$ 是扰动项，服从均值为零、方差是常数的正态分布。

## 三、联动效应实证结果

### （一）变量单位根和协整检验

采用状态空间模型参数估计之前需要进行平稳性检验，采用 ADF 检验方法检验 gnp、urb、ts 和 tl 的平稳性，检验结果如表 6-2 所示。

表 6-2　各变量及其差分序列的 ADF 单位根检验

| 序列 | t 统计量 | 1% 显著性水平的临界值 | 5% 显著性水平的临界值 | p 值 | 是否有单位根 | 检验结果 |
|---|---|---|---|---|---|---|
| gnp | 2.294 | −3.700 | −2.976 | 0.9999 | 有 | 不平稳 |
| $\Delta$gnp | −0.385 | −3.662 | −2.960 | 0.9000 | 有 | 不平稳 |
| $\Delta^2$gnp | −7.039 | −3.662 | −2.960 | 0.0000 | 无 | 平稳 |
| ts | −1.161 | −3.639 | −2.951 | 0.6796 | 有 | 不平稳 |
| $\Delta$ts | −4.895 | −3.646 | −2.954 | 0.0004 | 无 | 平稳 |
| $\Delta^2$ts | −7.150 | −3.654 | −2.957 | 0.0000 | 无 | 平稳 |

续表

| 序列 | t 统计量 | 1%显著性水平的临界值 | 5%显著性水平的临界值 | p 值 | 是否有单位根 | 检验结果 |
|---|---|---|---|---|---|---|
| tl | -1. 129 | -3. 639 | -2. 951 | 0.6927 | 有 | 不平稳 |
| Δtl | -4. 390 | -3. 646 | -2. 954 | 0.0015 | 无 | 平稳 |
| $\Delta^2$tl | -6. 511 | -3. 662 | -2. 960 | 0.0000 | 无 | 平稳 |
| urb | 1. 562 | -3. 646 | -2. 954 | 0.9991 | 有 | 不平稳 |
| Δurb | -2. 185 | -3. 646 | -2. 954 | 0.2151 | 有 | 不平稳 |
| $\Delta^2$urb | -8. 713 | -3. 654 | -2. 957 | 0.0000 | 无 | 平稳 |

注：Δ 和 $\Delta^2$分别表示对应变量做一阶和二阶差分，平稳性判定依据5%的显著性水平。

从表 6-2 ADF 单位根检验的结果可以看出，gnp、urb、ts 和 tl 变量本身都是非平稳序列，只有 ts 和 tl 一阶差分序列平稳，而二阶差分序列都是平稳序列，即四个变量都是二阶单整序列，同阶单整可以进行进一步的协整分析。为了避免 gnp、ts、tl 和 urb 出现"伪"回归，进一步使用 Johansen 协整检验，检验确定这四个非平稳时间序列变量是否存在协整关系，Johansen 协整检验包括 Johansen 协整迹检验和最大特征值检验，具体检验结果如表 6-2 和表 6-3 所示。

表 6-3　Johansen 协整迹检验结果

| 原假设 | 特征根 | 迹统计量 | 5%临界值 | p 值 |
|---|---|---|---|---|
| 0 个协整向量 | 0. 436494 | 49. 58143 | 47. 85613 | 0. 0378 |
| 最多 1 个协整向量 | 0. 290907 | 20. 65339 | 29. 79707 | 0. 1296 |
| 最多 2 个协整向量 | 0. 243011 | 9. 309011 | 15. 49471 | 0. 1376 |
| 最多 3 个协整向量 | 0. 003678 | 0. 121599 | 3. 841466 | 0. 2273 |

表 6-3 是迹统计量的检验结果，可以看出原假设 None 表示没有协整关系，该假设下计算的迹统计量值为 49.58143，大于临界值 47.85613，且概率 p 值为 0.0378，可以拒绝原假设，认为至少存在一个协整关系；At most1 原假设下计算的迹统计量值 9.309011，小于临界值 15.49471，且概率 p 值为 0.1296，可以接受原假设，认为至少存在一个协整关系。

表 6-4　最大特征值检验结果

| 原假设 | 特征根 | 最大特征根统计量 | 5%临界值 | p 值 |
|---|---|---|---|---|
| 0 个协整向量 | 0.436494 | 28.92804 | 27.58434 | 0.0201 |
| 最多 1 个协整向量 | 0.290907 | 11.34438 | 21.13162 | 0.613 |
| 最多 2 个协整向量 | 0.243011 | 9.187412 | 14.2646 | 0.2709 |
| 最多 3 个协整向量 | 0.003678 | 0.121599 | 3.841466 | 0.7273 |

同样，表 6-4 最大特征值的检验结果认为，四个变量间至少存在一个协整关系。不论是使用 Johansen 协整的迹检验还是 Johansen 协整的最大特征值来检验，四个变量在 5%的显著性水平下都拒绝不存在协整关系，接受存在一个协整方程，urb、ts、tl 与 gnp 四个变量间存在长期均衡关系，进而可以判定构建的量测方程（6-17）不存在"伪回归"问题。

（二）状态空间模型的参数估计

对于经济增长（gnp）关于产业结构（ts、tl）和城镇化（urb）的状态空间模型，我们利用 EViews 软件进行估计，EViews 中的语句如下所示：

@ signalgnp=c(1)+sv1 * urb+sv2 * ts+sv3 * tl+[var=exp(c(2))]

@ statesv1=sv1(-1)

@ statesv2=sv2(-1)

@ statesv3=sv3(-1)

@ paramc(1)6c(2)-1

利用 KALMAN 滤波算法得到状态空间模型的参数估计，结果如表 6-5、表 6-6 和图 6-1、图 6-2、图 6-3 所示。

表 6-5　状态空间模型 gnp 的参数估计结果

| | 系数 | 标准误差 | Z 统计量 | p 值 |
|---|---|---|---|---|
| C（1） | 4.955570 | 1.694333 | 2.924792 | 0.0034 |
| C（2） | -0.968907 | 0.204089 | -4.747470 | 0.0000 |

续表

|  | 一步向前预测值 | 均方根误差 | Z 统计量 | p 值 |
|---|---|---|---|---|
| SV1 | 14.78490 | 1.255318 | 11.77781 | 0.0000 |
| SV2 | −3.352111 | 0.397888 | −8.424766 | 0.0000 |
| SV3 | −2.170672 | 1.896066 | −1.144830 | 0.2523 |
| 极大对数似然估计值 | −55.48831 | AIC 准则 | | 3.193795 |
| 参数 | 2 | Schwarz 准则 | | 3.281768 |
| 初始扩散系数 | 3 | HQ 准则 | | 3.224500 |

从表 6-5 中可以看出，所估计的状态空间模型估计系数对应的 p 值均小于 0.01，即它们在 1% 的显著性水平下均通过了系数显著性检验。模型参数估计结果显示的 AIC 值和 SC 值均较小，表明所构建的模型拟合效果也很好。

**表 6-6 状态空间模型 gnp 的各时变参数模型估计结果**

| 年份 | SV1F | SV2F | SV3F |
|---|---|---|---|
| 1980 | −0.13791 | −2.57931 | −0.69726 |
| 1981 | −0.13159 | −2.55609 | −0.78439 |
| 1982 | 3.868456 | −2.85242 | −0.47478 |
| 1983 | 2.837011 | −2.78375 | −0.5245 |
| 1984 | 1.708678 | −2.70598 | −0.58884 |
| 1985 | 8.364601 | −3.19169 | −0.09746 |
| 1986 | 1.792754 | −2.59229 | −1.113 |
| 1987 | 0.642354 | −2.4531 | −1.44845 |
| 1988 | 7.492139 | −2.99603 | −0.7576 |
| 1989 | 7.995282 | −3.03823 | −0.69576 |
| 1990 | 8.46145 | −3.07696 | −0.64106 |
| 1991 | 8.366411 | −3.06891 | −0.65262 |

续表

| 年份 | SV1F | SV2F | SV3F |
|---|---|---|---|
| 1992 | 9.011084 | −3.13152 | −0.53087 |
| 1993 | 9.283761 | −3.15959 | −0.47243 |
| 1994 | 9.555059 | −3.18551 | −0.42935 |
| 1995 | 9.580742 | −3.18719 | −0.43018 |
| 1996 | 9.847937 | −3.20656 | −0.42918 |
| 1997 | 10.41683 | −3.2611 | −0.34483 |
| 1998 | 11.05357 | −3.33152 | −0.18874 |
| 1999 | 11.71212 | −3.40733 | −0.00843 |
| 2000 | 12.36474 | −3.49525 | 0.243471 |
| 2001 | 13.22047 | −3.62297 | 0.648149 |
| 2002 | 13.90604 | −3.7199 | 0.929523 |
| 2003 | 14.36775 | −3.78316 | 1.094866 |
| 2004 | 14.88122 | −3.84968 | 1.247257 |
| 2005 | 12.36514 | −3.56704 | 0.944481 |
| 2006 | 11.70112 | −3.49261 | 0.867432 |
| 2007 | 11.72757 | −3.49466 | 0.864342 |
| 2008 | 12.06399 | −3.52681 | 0.863560 |
| 2009 | 12.41029 | −3.54761 | 0.779014 |
| 2010 | 12.86143 | −3.56113 | 0.574216 |
| 2011 | 13.36850 | −3.55016 | −0.163788 |
| 2012 | 13.82158 | −3.52334 | −0.324030 |
| 2013 | 14.14268 | −3.45490 | −1.013670 |
| 2014 | 14.48921 | −3.39889 | −1.636720 |
| 2015 | 14.78490 | −3.35211 | −2.170670 |
| 2016 | 14.87190 | −3.52161 | −2.330100 |
| 2017 | 15.13610 | −3.52714 | −2.572130 |

通过表6-6的参数估计结果，可以分析近37年来山东经济增长与产

业结构、城镇化之间的联动效应。城镇化对经济增长的边际回归系数最大，产业结构合理化和产业结构高级化对经济增长的边际回归系数相对接近，为了更清晰地观察产业结构和城镇化对经济增长的影响，图6-1 刻画了边际回归系数。

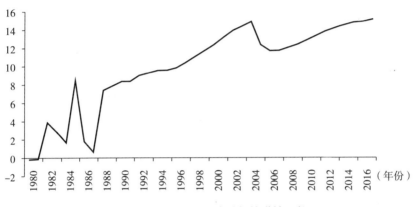

图 6-1　城镇化对经济增长的弹性系数

图 6-1 为城镇化对经济增长变化的弹性曲线，反映了经济增长受城镇化水平变化的影响，从图中可以看出，相比产业结构合理化、产业结构高级化的影响，城镇化对经济增长的弹性系数最大，城镇化水平是促进经济增长的主要因素。1981~1988 年考察期内，城镇化水平对经济增长的影响波动较大，城镇化、产业结构联动影响经济增长时，只有 1980 年、1981 年对经济增长的弹性系数为负，且影响较小，其他年份城镇化水平均不同程度地促进经济增长；1989~2017 年考察期内，城镇化水平对经济增长的弹性系数呈现平稳态势，弹性系数整体呈现增加态势，考察期内城镇化水平对经济增长具有积极的促进作用。

图 6-2 反映了经济增长受产业结构高级化程度变化的影响，可以看出，多数年份产业结构高级化与经济增长负相关，考察期内产业结构高级化并不能有效地促进经济增长，弹性系数呈加剧的变化态势，产业结构高级化弹性系数 SV2F 从 1980 年的 -2.57 减弱到 2017 年的 -3.52，即产业结构高级化水平每提高 1%，经济增长幅度由 1980 年的 2.57 个单位下降到 2017 年的 3.52 个单位。1980~2017 年考察期内，产业结构高级化对经济

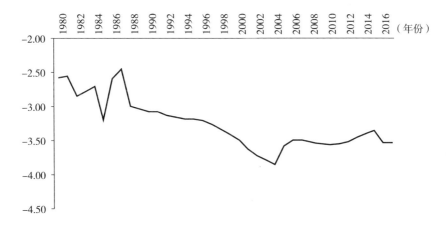

**图6-2 产业结构高级化对经济增长的弹性系数**

增长影响的弹性系数均为负值，产业结构高级化水平提高没有对经济增长发挥积极的促进作用，影响程度呈现上升下降的交替更迭态势。

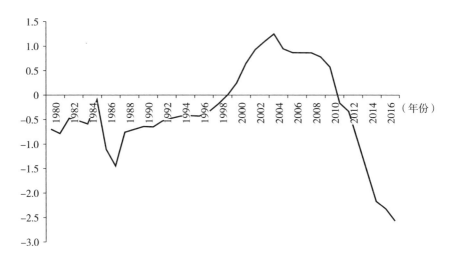

**图6-3 产业结构合理化对经济增长的弹性系数**

图6-3反映了经济增长受产业结构合理化水平的影响情况，可以看出，产业结构合理化对经济增长影响弹性系数分三个阶段：第一阶段为1980~1999年，泰尔指数与经济增长负相关，泰尔指数降低即产业结构合理化程度

增加，产业结构合理化促进了经济增长；第二阶段为 1999～2011 年，泰尔指数与经济增长正相关，泰尔指数降低即产业结构合理化程度增加，产业结构合理化抑制了经济增长；第三阶段为 2011～2017 年，泰尔指数与经济增长负相关，影响强度逐年上升，2017 年弹性系数上升到最大，弹性系数值为-2.57，产业结构合理化程度每提高 1%，经济增长提高 2.57%。

# 本章小结

本章在第三章的基础上，初步分析了山东经济发展绿色全要素生产率产生的影响关系，首先采用传统面板回归模型分析山东经济发展绿色全要素生产率的影响因素，然后进一步采用状态回归模型考察了产业结构与城镇化水平对山东绿色全要素生产率的联动效应，研究结果显示：

（1）产业结构高级化对经济发展效率的影响是正向的，产业结构合理化对经济发展效率提升具有积极的促进作用，且影响显著；城镇化对山东经济发展效率的影响为正向，人口素质与科技投入对经济发展效率正相关，环境规制对经济发展效率的影响为负向，外商投资与经济发展效率正相关，环境规制、外商投资对经济发展效率的影响均不显著。

（2）城镇化对经济增长的影响大于产业结构合理化、产业结构高级化的影响程度，城镇化水平对经济增长具有积极的促进作用，产业结构高级化与经济增长负相关，产业结构合理化与经济增长正相关。

# 产业结构对经济高质量发展
# 溢出效应的门槛特征

上一章首先采用传统面板回归模型分析山东经济发展绿色全要素生产率的影响因素，然后进一步采用状态回归模型考察产业结构与城镇化水平对山东绿色全要素生产率的联动效应，研究结果显示产业结构高级化水平和合理化程度均促进了经济高质量发展，但其促进关系是简单的正相关吗？故本章要进一步采用门槛面板模型考察产业结构对经济高质量发展的门槛效应。

## 第一节　分析方法与样本数据

### 一、计量方法：面板门限回归

本章利用 Hansen（1999）提出的面板门槛回归模型，依据样本数据本身的规律估计门槛值，同时对其显著性进行统计检验，然后根据门限值将样本一分为二（或分成更多子样本），并在不同的区间内实证分析产业结构对山东经济发展质量的作用效果，检验产业结构与山东经济高质量发展之间的非线性关系。

本章的面板门槛模型基于 Hansen（1999）提出的门槛回归模型基础上进行设定，构造式（7-1）。

$$\ln TECH_{it} = \tau_i + \kappa Z_{it} + v_1 \ln OPEN_{it} \times I\ (q_{it} \leqslant \gamma)\ + v_2 \ln OPEN_{it} \times I\ (q_{it} > \gamma)\ + \varepsilon_{it}$$

$$(7-1)$$

式中，$i = 1, 2, \cdots, n$ 为不同的省份，$t = 1, 2, \cdots, t$ 为时间（年份），$TECH_{it}$（工业碳排放效率）为因变量，$OPEN_{it}$ 为受门槛变量影响的自变量，$Z$ 为控制变量，本章所选的控制变量有城镇化水平、人口素质、环境规制和对外贸易、技术创新水平。$\varepsilon_{it}$ 为服从方差为 $\sigma^2$、均值为 0、独立同分布的随机干扰项；$I\ (\cdot)$ 为指标函数，括号内的相应条件不成立时取值为 0，否则取值为 1。依据门槛估计值 $\gamma$ 的大小和门槛变量 $q_{it}$，将所选取的样本分为两个不同区间，$v_1$ 和 $v_2$ 回归系数反映不同区域间的对外贸易溢出效应，进一步将式（7-1）改写成为式（7-2）：

$$\ln TECH_{it} = \begin{cases} \tau_i + \kappa Z_{it} + v_1 \ln OPEN_{it} + \varepsilon_{it} \\ \tau_i + \kappa Z_{it} + v_2 \ln OPEN_{it} + \varepsilon_{it} \end{cases} \quad (7-2)$$

1. 门槛模型估计

首先，为了剔除个体效应，将每一观测值减去其组内均值，即消除不随时间变化的个体效应，得到参数的一致估计量，如式(7-3) 所示：

$$\overline{\ln TECH_{it}} = \tau_i + \kappa \overline{Z}_i + v_1 \overline{\ln OPEN}_i \times I\ (q_{it} \leqslant \gamma)\ \times v_2 \overline{\ln OPEN_{it}} \times I\ (q_{it} > \gamma)\ + \overline{\varepsilon_{it}}$$

$$(7-3)$$

其中，$\overline{\ln TECH_{it}} = \dfrac{1}{T} \sum\limits_{t=1}^{T} \ln TECH_{it}, \overline{Z} = \dfrac{1}{T} \sum\limits_{t=1}^{T} Z_{it}, \overline{\varepsilon_{it}} = \dfrac{1}{T} \sum\limits_{t=1}^{T} \varepsilon_{it}\ \overline{\ln TECH_{it}} =$

$$\begin{cases} \dfrac{1}{T} \sum\limits_{t=1}^{T} \ln TECH_{it} I( q_{it} \leqslant \gamma) \\ \dfrac{1}{T} \sum\limits_{t=1}^{T} \ln TECH_{it} I( q_{it} > \gamma) \end{cases}$$

其次，为了消除个体效应，用式(7-1) 减去式(7-3)，得到式(7-4)：

$$\ln TECH_{it}^* = \kappa Z_{it}^* + v_1 \ln OPEN_{it}^* \times I\ (q_{it} \leqslant \gamma)\ \times I\ (q_{it} > \gamma)\ + \varepsilon_{it}^* \quad (7-4)$$

其中，$\ln TECH_{it}^* = \ln TECH_{it} - \overline{\ln TECH_i}$，$Z_{it}^* = Z_{it} - \overline{Z}_i$，$\varepsilon_{it}^* = \varepsilon_{it} - \overline{\varepsilon}_i$，$\ln OPEN_{it}^* - \overline{\ln OPEN_i}$。

根据 Hansen 的处理方法，在限定门槛值 $\gamma$ 的前提下，通过普通最小二乘法估计得到参数 $v$，$\hat{v}\ (\gamma)\ =\ (X^*(\gamma)' \ln OPEN^*\ (\gamma))^{-1} \ln OPEN^*\ (\gamma)'$

lnTECH$^*$，此时，相对应的残差向量为：$\hat{e}^*(\gamma) = \text{lnTECH}^* - \text{lnOPEN}^*(\gamma)$
$\text{v}^*(\gamma)$，残差平方和为：$\hat{\sigma}^2 = \dfrac{1}{n(T-1)}\hat{e}^{*\prime}\hat{e}^* = \dfrac{1}{n(T-1)}S_1(\hat{\gamma})$，$S_1(\hat{\gamma}) = \hat{e}^*$
$(\gamma)'\hat{e}^*(\gamma)$。通过最小化残差平方和可得 $\gamma$ 的估计值$\hat{\gamma}$，$\hat{\gamma} = \text{argmins}_1(\gamma)$，进
而得到系数 $\nu$ 的估计值$\hat{\nu} = \hat{\nu}(\hat{\gamma})$、残差平方和的估计值和残差向量 e 的估计
值$\hat{e}^* = \hat{e}^*(\gamma)$。

2. 门槛效应检验

上述估计是以存在门槛效应假设为前提的，此时参数估计值是可以获
取的。但仍然需要进行两方面的检验以考察门槛效应是否存在：一是检验
门槛效应是否存在，即门槛效应在统计上是否显著；二是对门槛真实值与门
槛估计值的一致性进行检验。

针对门槛效应检验，原假设为 $H_0: \upsilon_1 = \upsilon_2$，即门槛效应并不存在，备选假
设为 $H_1: \upsilon_1 \neq \upsilon_2$，即门槛效应存在。在原假设 $H_0$ 下，相当于在式(7-1)中增
加 $\upsilon_1 = \upsilon_2$ 额外的约束条件，此时门槛值不能唯一确定，传统的检验统计量也
不再为标准分布。Hansen(1996)建议运用"自体抽样法"模拟似然比检验的
渐进分布，构造似然比检验 F 统计量，如式(7-5)所示：

$$F_1 = \frac{S_0 - S_1(\hat{\gamma})}{\sigma^2} = \frac{S_0 - S_1(\hat{\gamma})}{S_1(\hat{\gamma}) / n(T-1)} \tag{7-5}$$

因为 $F_1$ 的分布是非标准的，所以临界值并不能通过查表的方式获取，其
显著性也不能推断，Hansen(1996)的研究表明，非标准 F 统计量的一阶渐进
分布可以通过自助法得到，假设门槛效应并不显著存在，相反门槛效应存
在。因为 $F_1$ 的分布是非标准的，所以临界值并不能通过查表的方式获取，其
显著性也不能推断。Hansen(1996)的研究表明，非标准 F 统计量的一阶渐
进分布可以通过自助法得到，基于此，构造的 p 值也具有渐进有效性，假如 p
值大于设定的临界值，那么就可以接受原假设，认为门槛效应并不显著存
在，相反门槛效应存在。

接下来，检验门槛值估计值 $\hat{\gamma}$ 与真实值 $\gamma_0$ 的一致性。原假设为 $H_0: \hat{\gamma} = \gamma_0$，$H_1: \hat{\gamma} \neq \gamma_0$ 为备选假设，Hansen(1997)认为门槛效应存在的条件下，$\hat{\gamma}$ 为

$\gamma_0$ 的一致估计量,但是其渐进分布并非标准的 $\chi^2$ 分布,但其提出使用极大似然比检验(LR)统计量,如式(7-6)所示:

$$LR_1(\gamma) = \frac{S_0 - S_1(\hat{\gamma})}{\hat{\sigma}^2} \qquad (7-6)$$

拒绝域为 $LR_1(\gamma) > c(\alpha)$ , $c(\alpha) = -2\ln(1-\sqrt{1-\alpha})$ , $\alpha$ 为显著水平,门槛估计不等于其真实值,拒绝原假设。同时,为了展现门槛值的置信区间以及拒绝域,可以画出似然比检验图进行观察。

3. 多重门槛模型的设定与检验

上述是基于存在一个门槛值的模型设定与检验,实际情况下极可能存在双重甚至多重门槛,参照式(7-1),双重门槛模型设定如下:

$$lnTECH_{it} = \tau_i + \kappa Z_{it} + v_1 lnOPEN_{it} \times I(q_{it} \leq \gamma_1) + v_2 lnOPEN_{it} \times I(\gamma_1 < q_{it} \leq \gamma^2) + v_3 lnOPEN_{it} \times I(q_{it} > \gamma_2) + \varepsilon_{it}$$

$$(7-7)$$

式中, $\gamma > \gamma_2$ ,双重门槛以及多重门槛存在情况下的模型依然可以运用单一门槛模型的估计与检验方法。估计原理如下:首先,在单一门槛模型中通过最小化残差平方和 $S_1(\gamma)$ ,获得第一个门槛估计值 $\hat{\gamma}_1$ ,随后将第一门槛值固定,继续搜索第二个门槛的估计值 $\hat{\gamma}_2$ ,残差平方和最小依然是选择第二个门槛值的标准,如式(7-8)所示。

$$S_2^{\gamma}(\gamma_2) = \begin{cases} S(\hat{\gamma}_1, \gamma_2) \text{ if } \hat{\gamma}_1 < \gamma_2 \\ S(\hat{\gamma}_2, \gamma_1) \text{ if } \gamma_2 < \hat{\gamma}_1 \end{cases} \qquad (7-8)$$

继而获取第二个门槛值的估计值 $\hat{\gamma}_2^{\gamma} = \text{argmin} S_2^{\gamma}(\gamma_2)$ 。Bai(1997)的研究表明, $\hat{\gamma}_2^{\gamma}$ 是渐进有效的,但 $\hat{\gamma}_1$ 并不满足渐进有效性质,此时固定 $\hat{\gamma}_2^{\gamma}$ ,再次搜索第一门槛值,根据残差平方和最小的原则,重新得到第一门槛值 $\hat{\gamma}_1^{\gamma}$ ,此时 $\hat{\gamma}_1^{\gamma}$ 是渐进有效的。此时单一门槛模型的估计与检验可以扩展至双重门槛、三重以及多重门槛模型中,如式(7-9)所示:

$$S_1^{\gamma}(\gamma_1) = \begin{cases} S(\gamma_1, \hat{\gamma}_2^{\gamma}) \text{ if } \gamma_1 < \hat{\gamma}_2^{\gamma} \\ S(\hat{\gamma}_2^{\gamma}, \gamma_1) \text{ if } \hat{\gamma}_2 < \gamma_1 \end{cases} \qquad (7-9)$$

## 二、门槛变量选取和数据说明

门槛变量选取。依据已有理论和分析结果得知产业结构对经济发展质量的门槛效应主要通过城镇化、经济水平等因素的差异而产生。

国内外学者从不同角度对城镇化、产业结构和经济增长之间的影响进行了研究。在城镇化与经济增长的相关关系研究方面,Lampard(2015)认为,近百年来美国经济发展程度与城镇化阶段之间具有很大的一致性。Bruckner(2012)研究发现,非洲地区经济发展对城镇化具有显著的推动作用;王锐等(2016)分析表明,城镇化水平与经济发展呈正相关关系,城镇化水平与经济增长呈现倒"U"型关系。费清和卢爱珍(2016)以乌鲁木齐经济数据为基础,通过构建误差修正模型与因果检验,发现乌鲁木齐城镇化对经济发展的带动不足。杨浩昌(2016)分别研究了人口城镇化和土地城镇化对经济增长的影响及其区域差异,现阶段人口城镇化和土地城镇化均能显著促进经济增长。陈耀(2014)构建面板数据模型,实证分析了城镇化对经济增长的影响机理,结果表明城镇化与经济增长呈现显著正相关关系。任晓聪(2016)研究表明中部地区城镇化水平与经济增长之间呈现出倒"U"型非线性关系。周慧(2016)研究发现城镇化对经济增长具有显著的正向促进作用。程莉(2016)认为从长期来看,人口城镇化质量与经济增长之间表现为一种正向线性关系。曲岩(2016)认为我国城镇化发展速度没有明显滞后于经济增长的速度;马勇(2016)指出城镇化和经济增长之间呈现出显著的倒"U"型关系。产业结构与经济增长的关系研究方面,Hoffmann(1958)分析了产业结构变动的"工业化"阶段,李翔和邓峰(2017)从测度产业结构优化入手,采用空间计量模型对比不同区域以及不同经济规模下的产业结构高级化和合理化对经济增长的影响。李献波等(2016)采用面板回归模型定量测算我国省域、城市群、城市等不同空间尺度三大产业结构变动对经济增长的影响。王业雯(2016)研究发现产业结构与经济增长之间存在双向作用机制。邢军伟(2016)认为产业结构升级在减弱经济波动的同时促进了经济长期增长。曹文彬(2016)构建了产业结构与经济增长的计量经济模型,从产业结构合理化和高级化视角研究无锡产业结构变迁对经济增长的影响,研究结果表明,产业结构与经济增长之间存在长期协同的均衡关系,其中产业结构合理化对经济增长的作用大于产业结构高级化。在产业结构和城镇化的相互关系研究方面,Bruchner(2012)以非洲为例,通过实证检验后发现农业总产值和城镇化率之间成反比。肖功为和贺翀(2013)采用面板分位数计量模型考察了产业结构引致的城镇化效应。温涛(2015)运用中国 2001~2012 年 31 个省份的面板数据实证分析发现产业结构、经济增长对中国城镇化发展具有促进作用。夏泽义(2016)实证分析城镇化、农业现代化和产业结构三者之间的相互影响关系。肖国东(2014)通过理论分析和实证分析结合来研究城镇化与产业结构的互动关系。张宗益(2015)通过 GMM 估计分析东、中、西部地区各城镇化对产业结构升级的影响,研究发现,人口、经济城镇化正向推动 3 个地区产业结构升级。社会城镇化正向推动中西部地区产业结构升级。而环境城镇化正向推动东西部地区产业结构升级。蓝庆新(2013)通过构建空间滞后模型和空间误差模型,分析新型城镇化对中国产业结构升级的影响。田坤明(2010)通过文献资料法和线性回归模型分析了新疆城镇化发展和产业结构升级之间的关系。王立新(2014)从全国及东、中、西部三个区域对我国经济增长、产业结构与城镇化之间的关系进行分析,研究发现,经济增长对城镇化具有正向影响,产业结构与经济发展协调发展,则会加快城镇化推进。戴志敏(2016)采用静态面板数据模型,考察了中部地区经济增长、产业结构与城镇化之间的互动关系,经济发展水平与产业结构升级对中部地区城镇化均有显著的正向影响。

门槛模型设定与数据说明。前文分析表明,产业结构高级化对山东绿色全要素生产率的影响十分复杂,传统研究大多是在区域同质性前提下进行分析,考虑到各个地区在地理禀赋、环境规制、技术水平和经济规模等方面都存在一定差异,不同地区的产业结构高级化水平对绿色全要素生产率的影响效果会有所不同,即便是在同一地区,产业结构高级化水平对绿色全要素生产率水平也并非是单一的线性关系。鉴于山东各个区域的不同特点和区情,产业结构高级化对绿色全要素生产率的影响受到诸多因素制约,面临着差异化的阈值。本书选取 Hansen 提出的面板门槛回归模型,一方面能估计门槛值,另一方面也检验内生门槛效应。

本书选取城镇化水平(URB)作为门槛测定对象,建立以城镇化水平作

为门槛变量的单一门槛面板数据模型,如式(7-10)所示:

$$\ln MI_{it}=\theta_0+\theta_1\ln HUM_{it}+\theta_2\ln FDI_{it}+\theta_3\ln SCI_{it}+\theta_4\ln ER_{it}+\beta_1\ln STR_{it}I(URB_{it}\leqslant\gamma_1)+$$
$$\beta_2\ln STR_{it}I(URB>\gamma_1)+\varepsilon_{it} \qquad (7-10)$$

考虑到门槛变量可能存在多个门槛值,在式(7-10)的基础上,将其进一步扩展为双门槛模型,其基本模型如式(7-11)所示:

$$\ln MI_{it}=\theta_0+\theta_1\ln HUM_{it}+\theta_2\ln FDI_{it}+\theta_3\ln SCI_{it}+\theta_4\ln ER_{it}+\beta_1\ln STR_{it}I(URB_{it}\leqslant\gamma_1)+$$
$$\beta_2\ln URB_{it}I(\gamma_1<PGDP_{it}\leqslant\gamma_2)+\beta_3\ln STR_{it}I(URB_{it}>\gamma_2)+\varepsilon_{it} \quad (7-11)$$

式(7-11)中,城镇化水平 URB 为门槛变量;$\gamma_1$ 为第一门槛值、$\gamma_2$ 为第二门槛值,且假定第二个门槛值大于第一门槛值;I(·)为指示函数;$\varepsilon_{it}$ 为随机误差项。多重门槛以此类推,接下来我们将逐一检验。各个变量的具体含义如下:

被解释变量:本书中,绿色全要素生产率是面板门槛模型中的被解释变量,具体数据来源于第三章基于非期望产出的 SBM 方法测算得来的全要素生产率 MI 指数。

门槛变量:这一部分实证分析目的是基于非线性层面上检验不同门槛变量前提下产业结构对绿色全要素生产率的影响,门槛变量城镇化水平(URB),选取城镇人口数占总人口数的比重。

门槛依赖变量:产业结构(STR)采用产业结构高级化来度量,指标计算为第三产业产值与第二产业产值的比值,其值越大,经济服务化的程度就越高。区域经济(GNP)用人均地区生产总值表示,单位为万元。

控制变量:根据历史文献研究可以看出,全要素生产率不但受产业结构的影响,而且受其所处的区域环境因素(劳动者素质和对外贸易环境等)的影响,同时政府部门的科技投入有关政策方针引导都会对绿色全要素生产率产生影响。因此,本书设定的影响山东绿色全要素生产率的控制变量有以下几点:一是劳动者素质(HUM)。李习保(2007)认为劳动者素质与省区创新能力关系是正相关关系。对于经济发展活动而言,所在省区教育水平越高,员工消化吸收先进的创新理念和相应的技术创新能力越强。目前的研究中,经常使用"知识禀赋""受教育程度""经验积累"和"在校人数"等来区分劳动者素质差异。本书用平均受教育年限表示劳动者素质的指标变量。二是对外贸易(FDI),包括采用每年流入各地区的实际外商投资额、采用地区 FDI 的净流入占该地区 GDP 的比重和采用各省区进出口总额与当年该省区的国内生产总值的比率，本书拟采用最后一种变量指标作为对外贸易的代理变量。三是科技投入（SCI），科技水平是环境绩效的重要影响因素之一，科技进步也为经济发展提供支持。科技进步为技术创新等提供技术支持，从而有利于提高经济发展水平，本书选择科技投入作为控制变量，采用各省区人均科技投入作为科技水平的表征值。四是环境规制（ER）指标方面，相关研究主要分为两大类，一类是蒋伏心（2013）等的综合规制指标；另一类是利用 Bu 等（2013）、张成等（2011）的污染投资占区域产值的比重来测度，借鉴马大来等（2015）的做法，用工业污染治理投资占比区域 GDP 来表征环境规制强度。

本章继续将 2008~2017 年山东省 17 个地市的面板数据作为研究样本，环境规制、经济水平和工业规模门槛变量指标数据来自于相应年份的《山东统计年鉴》和地方统计年鉴。

# 第二节　计量结果与分析

## 一、门槛值的识别

在利用面板门槛模型进行计量分析之前，需要先确定门槛效应是否存在以及具体门槛值的个数。本节依次在不存在门槛、存在单一门槛、存在双重门槛以及存在多重门槛的假设下对模型进行估计，分别得到以城镇化水平（URB）为门槛变量的门槛效应 F 统计量检验值[1]，采用自抽样法得出 p 值和临界值（见表 7-1）。由门槛检验结果可以看到，单一门槛和双重门槛效应分别在 5% 和 10% 的显著性水平上显著，而三重门槛模型却不

---

[1]　三种条件下的假设分别是不存在门槛值（原假设）或者存在一个门槛值（备选假设）、仅存在一个门槛值（原假设）或者两个门槛值（备选假设）和存在两个门槛值（原假设）或者有三个门槛值（备选假设）。

显著，自抽样 p 值为 0.390。因此，选择双重门槛效应进行分析讨论。

表 7-1　门槛存在性检验

| 模型 | F 值 | p 值 | BS 次数[①] | 临界值 | | |
|---|---|---|---|---|---|---|
| | | | | 1% | 5% | 10% |
| 单一门槛 | 12. 196** | 0. 023 | 100 | 15. 916 | 7. 168 | 3. 648 |
| 双重门槛 | 12. 186*** | 0. 003 | 100 | 11. 280 | 6. 746 | 4. 424 |
| 三重门槛 | 6. 266** | 0. 050 | 100 | 8. 682 | 6. 040 | 4. 502 |

注：模型中的解释变量采用自然对数形式；***、**和*分别代表在1%、5%和10%的水平下显著。

为了更为清晰地观测门槛值的估计和置信区间构造经过，利用最小二乘的似然比统计量 LR 识别门槛值，门槛估计值就是 LR 为零时 $\gamma$ 的取值，接下来分别绘制三个门槛估计值的似然比函数图（见图 7-1、图 7-2 和图 7-3）。

表 7-2 报告出三个门槛估计值以及 95% 的置信区间，结合图 7-1、图 7-2 和图 7-3 可以看出，三个门槛估计值 $\gamma_1$、$\gamma_2$、$\gamma_3$ 的 95% 的置信区间分别为 [0. 247，0. 599]、[0. 695，0. 703] 和 [0. 328，0. 705]，LR 值均小于 7. 35，即 5% 显著水平下的临界值（图中的虚线）。

表 7-2　三个门槛值和置信区间

| 门槛变量 | 估计值 | 95%的置信区间 |
|---|---|---|
| 门槛值 $\gamma_1$ | 0. 569 | [0. 247，0. 599] |
| 门槛值 $\gamma_2$ | 0. 691 | [0. 695，0. 703] |
| 门槛值 $\gamma_3$ | 0. 703 | [0. 328，0. 705] |

可见，城镇化水平的单一门槛值为 0.569，95% 的置信区间为 [0. 247，

①　Hansen（1999）指出，需要计算估计量的一般统计量，50~200 次自举抽样就足够了。故本书采用抽样 100 次。

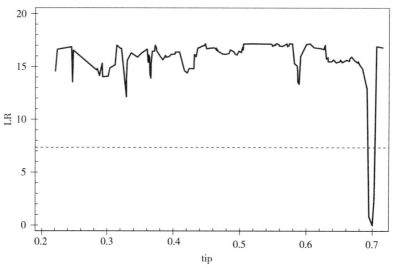

图 7-1　第一门槛值估计值与置信区间

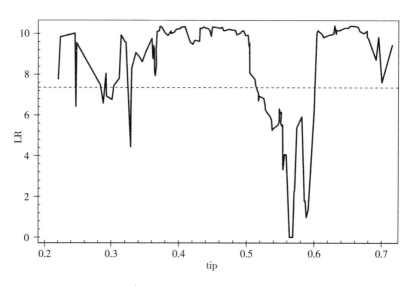

图 7-2　第二门槛值估计值与置信区间

0.599]；城镇化水平的双重门槛值为 0.691，95% 的置信区间为 [0.695，0.703]；城镇化水平的三重门槛值为 0.703，95% 的置信区间为 [0.328，0.705]。

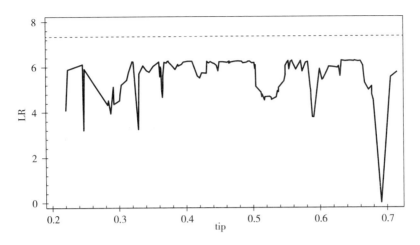

**图7-3　第三门槛值估计值与置信区间**

## 二、门槛模型估计结果

利用门槛面板模型通过 Matlab 编程，分析产业结构高级化对经济发展质量的影响，其模型回归结果如表7-3所示，通过门槛面板模型回归结果可以看出，产业结构高级化对山东经济发展质量的影响不仅仅是线性关系。

**表7-3　门槛面板模型变量系数估计结果**

| 变量 | 估计值 | 标准差 | t | p 值 | 置信下限 | 置信上限 |
|---|---|---|---|---|---|---|
| TL | 0.079 | 0.045 | 1.750 | 0.083 | -0.010 | 0.169 |
| FDI | -0.002 | 0.003 | -0.590 | 0.059 | -0.007 | 0.004 |
| EDU | 0.011 | 0.000 | -2.060 | 0.041 | 0.000 | 0.001 |
| ER | 0.917 | 1.646 | 0.560 | 0.578 | -2.337 | 4.172 |
| SCI | 1.736 | 2.612 | 0.410 | 0.082 | -0.909 | 2.381 |
| urb_ 1 | 0.057 | 0.192 | 0.300 | 0.068 | -0.322 | 0.435 |
| urb_ 2 | 0.196 | 0.180 | 1.090 | 0.078 | -0.159 | 0.551 |

续表

| 变量 | 估计值 | 标准差 | t | p 值 | 置信下限 | 置信上限 |
|---|---|---|---|---|---|---|
| urb_ 3 | 0.015 | 0.187 | 0.080 | 0.936 | − 0.354 | 0.385 |
| urb_ 4 | 0.390 | 0.180 | 2.170 | 0.032 | 0.035 | 0.745 |
| _ cons | 0.972 | 0.150 | 6.460 | 0.000 | 0.675 | 1.270 |

注：urb_ 1、urb_ 2、urb_ 3、urb_ 4 分别代表低、较低、较高、高的区域城镇化水平条件下，产业结构高级化对绿色全要素生产率的影响系数。

　　表 7-3 报告出三重门槛模型参数估计，门槛依赖变量产业结构高级化对山东经济绿色全要素生产率的增长有着显著影响，且存在显著的非线性关系，即显著的三重门槛效应。控制变量产业结构合理化、人口素质、环境规制和科技投入对绿色全要素生产率均有着显著的正向影响，环境规制并未通过 10% 的显著性检验，产业结构合理化、人口素质和科技投入水平分别通过 10% 和 1% 的显著性水平检验，环境规制对绿色全要素生产率的影响不显著。控制变量对外贸易与绿色全要素生产率负相关，且通过 10% 的显著性检验。

　　产业结构合理化与绿色全要素生产率呈现正相关关系，且通过 5% 的显著性水平检验。随着中国经济发展，产业结构悄然改变，"七五"时期的第一产业、第二产业和第三产业占 GDP 的比重分别为 26.1%、42.9% 和 31.0%，"十五"时期各产业占 GDP 的比重分别为 13.1%、46.1% 和 40.8%，第三产业的比重相对而言在不断加大。山东产业结构也在不断优化，1999 年，第一、第二、第三产业占地区生产总值的比重分别为 16.29%、48.63% 和 35.08%，而 2018 年，三次产业占比分别为 6.47%、43.99% 和 49.53%，第一、第二产业产值占比大幅下降，第三产业产值占比不断增加。本书产业结构合理化核算借鉴干春晖（2011）的做法，构造产业结构的泰尔指数来测度，当产业结构处于均衡合理的理想状态时，三大产业的劳动生产率相等，则泰尔指数为 0。反之，当产业结构偏离均衡状态程度越大，泰尔指数值也就越大，表示经济结构偏离程度越大，产业结构就越不合理。1980 年，山东产业结构合理化水平泰尔指数为 0.479，下降到 1999 年的 0.306，而后持续下降到 2017 年的 0.150，表明了山东产业结构合理化水平的不断提升。可以看出泰尔指数呈现震荡下行特征，意味着山东产业结构合理化水平不断优化提升，1980~1989 年，产业结构合理化水平大幅提升，泰尔指数从 1980 年的 0.479 下降到 1989 年的接近 0.2，1989~2003 年，山东产业结构合理化水平处于盘整阶段，泰尔指数在 0.3 左右震荡；2003~2013 年的泰尔指数急剧下降，产业结构合理化水平大幅提升，2013~2017 年山东产业结构合理化水平保持平稳，泰尔指数值稳定在 0.15 左右，产业结构合理化处于较高水平区间。泰尔指数越大产业结构合理化水平越低，泰尔指数与经济发展绿色全要素生产率正相关，故而产业结构合理化与绿色全要素生产率负相关，产业结构合理化水平每提高 1 个百分点，绿色全要素生产率下降 0.079 个百分点，产业结构合理化水平提高并没有促进绿色全要素生产率水平的提高，这与于斌斌（2015）的研究结论产业结构合理化调整对经济增长的影响为负一致。这一研究结论表明，山东经济增长的动力正由产业结构调整转换为绿色全要素生产率提升，并且山东产业结构从工业向服务业调整所释放的"结构红利"无法持续为山东经济的高速增长提供动力，这也同时验证了产业结构服务化趋势是导致山东经济发展进入"结构性减速"的重要原因之一。其他可能的原因：一是山东经济增长与产业结构的转变和恶化同时存在，呈现出总量增长与结构分化此起彼伏的"结构性失衡"特征，即山东经济发展与不太匹配的产业结构之间存在明显的依存关系；二是资本要素驱动型的经济发展惯性，导致山东发展投资向非生产性部门过度分流以及对廉价劳动力过度依赖，使得分割性的劳动力资源开发方式扭曲了人力资本的配置效率，并成为山东经济增长的主要障碍。

对外贸易对山东绿色全要素生产率的影响为负，且通过 10% 的显著性水平检验，实际利用外商投资每提高 1 个百分点，绿色全要素生产率降低 0.002 个百分点，边际回归系数较小。本书对外贸易指标采用实际利用外商投资额来度量，意味着山东实际利用外商投资额并没有有效地促进山东经济发展绿色全要素生产率的提高，山东省"双招双引"工作稳步推进，"稳外资"措施持续发力，2018 年全省利用外资再创新高。2018 年，山东省新设外商投资企业 2156 家，同比增长 45.8%。全省实际使用外资 123.9 亿美元，同比增长 6.5%，增速在全国实际使用外资百亿级以上省市中位列第二。其中，2018 年 12 月山东实际使用外资 21.5 亿美元，在全国各省市中位居首位，同比增长 47.5%。从利用外资结构看，2018 年山东制造业实际使用外资 46.5 亿美元，占全省比重达到 37.5%，制造业实际使用外资占比高于全国 7 个百分点，利用外资结构呈现向好发展态势。建议山东更多地关注技术、知识和管理等要素对产出的作用，拥有或创造更多接触FDI 先进技术的机会，也要考虑如何较好地吸收技术和提高消化能力，同时借鉴赵文军和于津平（2012）的研究结论，FDI 增加会带动中国工业经济增长方式转型，资本和技术密集型、平均规模较大的工业行业 FDI 对本行业经济增长方式转型的拉动作用大于资源和劳动密集型、平均规模较小的工业行业。

人口素质与山东经济发展绿色全要素生产率正相关，边际回归系数为0.011，且通过 5% 的显著性水平检验，人口素质每提高 1 个百分点，绿色全要素生产率提高 0.011 个百分点，人口素质的提升促进绿色全要素生产率水平的提高，山东的一般公共预算教育经费总量较大，但人均和增幅均低于全国平均水平，2017 年全国一般公共预算教育经费（包括教育事业费、基建经费和教育费附加）为 29919.78 亿元，比上一年增长 8.01%。山东省 2017 年一般公共预算教育经费为 1888.83 亿元，比上年增长3.60%。这一状况在 2018 年和 2019 开始出现好转，在 2018 年的数据中，教育支出占比达到了 19.9%，在各项支出中排名第一，而在 2019 年的预算中，这一比例达到了 20.1%，这可以为山东绿色生产率水平的提高准备条件。人口素质对提高山东绿色全要素生产率具有积极的促进作用，同逯进和苏妍（2017）的研究结论基本一致，但这一结论不同于叶明确和方莹（2013）基于省域面板的研究，他们认为人力资本只有在高分位点 0.9 时才对全要素生产率的增长没有显著的影响。在其他分位点都产生了显著的影响，但影响是负的，而且回归系数随着分位点的提高呈现"U"型。

本书采用环保支出占财政支出比重度量，从门槛面板回归结果可以看出，环境规制与山东经济发展绿色全要素生产率正相关，"波特假说"得到佐证，但影响不显著，未通过 10% 的显著性水平检验。技术投入采用科技人员占比测度，科技水平是经济发展绩效的重要影响因素之一，科技进步为经济发展效率的提升提供支持。门槛面板回归结果也反映了这一现象，科技投入对经济发展绿色全要素生产率水平提升具有显著的促进作用，显著水平通过10%的显著性检验，边际回归系数为1.736，科技投入每提高1个百分点，绿色全要素生产率提高1.736个百分点，这与张优智（2014）和范柏乃等（2013）的研究结论基本相符。

门槛依赖变量产业结构高级化对绿色全要素生产率水平的提高有着显著影响，且存在显著的非线性关系，即显著的三重门槛效应。山东产业结构高级化水平不断提高，20年来，第三产业产值占比第二产业产值，从1999年的72.13%提高到2018年的112.59%，增幅超过50%，产业结构高级化水平不断提高，有利于绿色全要素生产率水平的提高。目前，中国的第二产业的比重还是很大，而工业的发展依然是以环境污染、资源消耗为代价的粗放型生产模式，随着经济发展的重点趋向于发展知识密集型产业和污染产出较低的服务业，完善产业结构，减少能源消耗和污染物的排放已经刻不容缓。总体而言，产业结构高级化对山东绿色全要素生产率提升有着积极的促进作用，但影响又不是简单的线性相关关系，在不同区域城镇化水平区间，产业结构高级化对山东经济发展绿色全要素生产率的回归系数分别是0.057、0.196、0.015和0.390，只有城镇化水平高于第二门槛未超过第三门槛时，影响未通过10%的显著性水平检验，未跨过第二门槛时均通过10%的显著性水平检验，城镇化水平跨过第三门槛后，产业结构高级化水平对绿色发展效率的影响更加显著，通过5%的显著性检验。

当区域城镇化水平低于第一门槛值即低于0.569，处于第一区间时，产业结构高级化水平每增加1%，绿色全要素生产率水平将会提高0.057个单位，且影响显著，通过10%的显著性水平检验；当区域城镇化水平跨越第一门槛时，产业结构高级化水平对绿色全要素生产率水平提高的影响加剧，产业结构高级化水平每增加1%，绿色全要素生产率水平会提高0.196个单位，依然通过10%的显著性水平检验；当区域城镇化水平跨越第二门槛值0.691，但不到第三门槛值时，产业结构高级化对绿色全要素生产率水平提高的影响又会减弱，产业结构高级化水平每增加1%，绿色全要素生产率水平将会提高0.015个单位，产业结构高级化水平的持续提高促进了经济发展绿色全要素生产率水平的提高，但遗憾的是未通过显著性水平检验；当区域城镇化水平继续提升，超过第三门槛并达到第四区间时，产业结构高级化水平对绿色全要素生产率水平的提高又开始转向显著影响，并且影响程度加剧，边际回归系数高达 0.39，产业结构高级化水平每提高 1 个单位，绿色全要素生产率就提高 0.39 个单位，城镇化水平越高，应越发重视产业结构高级化水平提高、重视第三产业发展，从而更大程度地驱动区域经济绿色发展效率的提升。

## 三、样本的内生分组结果

从上述面板门槛模型估计结果来看，从地市层面证明产业结构对山东经济发展绿色全要素生产率的影响存在相应门槛效应的判断，但更多从静态角度评价产业结构高级化对绿色全要素生产率的影响状况。本书的地市级样本跨度为 2008~2017 年，考察期内地区产业结构和城镇化水平都发生了较大的改变，所以需要从动态上判定不同时期产业结构对山东经济发展绿色全要素生产率的影响变化趋势，本节依据前述门槛变量的不同门槛估计值，对考察期内处于不同区间的地市数量进行统计，更好地评断产业结构对地市区域经济发展绿色全要素生产率提高影响效应的动态变化。

由表 7-3 的估计结果可知，随着城镇化水平的不断提高，产业结构高级化水平的增加会促进区域经济发展全要素生产率水平的提高，且城镇化水平跨越 0.703 时，产业结构高级化对经济发展绿色全要素生产率的促进作用更强烈，因此通过分析处于这两类区间地市数量的变化，可以考察产业结构高级化通过城镇化门槛效应渠道对经济发展绿色全要素生产率的变化。表 7-4 显示 2008~2017 年三类地市总数的变化。由表 7-4 可知，城镇化水平较低的省份数量呈现下降趋势，从 2008 年的 16 个下降至 2017 年的 3 个。近年来，山东新型城镇化综合试点地区积极探索、大胆实践，截至 2018 年底，全省常住、户籍人口城镇化率分别达到 61.18% 和 50.94%，新型城镇化工作取得明显成效。并通过深化户籍制度改革、深入实施居住证制度、推进城镇基本公共服务常住人口全覆盖等措施，进一步推进重点人群落户城镇，加快农业转移人口市民化；通过促进城乡要素流动、推动城镇设施延伸、改善农村人居环境等破除城乡一体化发展阻力，推进城乡融合发展，城镇化水平高和较高的地市数量上升态势明显，2015 年以后的济南、青岛和淄博等地市陆续上升到城镇化水平高和较高的水平。依据这种变化可知，受城镇化水平持续走高的影响，产业结构高级化的产业结构门槛渠道对山东经济发展绿色全要素生产率的促进影响正在逐渐增强。

**表 7-4 城镇化水平不同区间地市个数统计（2008~2017 年）**

| 年份 | urb<0.569 | 0.569<urb≤0.691 | 0.691<urb≤0.703 | urb>0.703 |
|------|-----------|-----------------|-----------------|-----------|
| 2008 | 16 | 1 | 0 | 0 |
| 2009 | 16 | 1 | 0 | 0 |
| 2010 | 16 | 1 | 0 | 0 |
| 2011 | 16 | 1 | 0 | 0 |
| 2012 | 16 | 1 | 0 | 0 |
| 2013 | 11 | 6 | 0 | 0 |
| 2014 | 11 | 6 | 0 | 0 |
| 2015 | 9 | 7 | 1 | 0 |
| 2016 | 8 | 7 | 1 | 1 |
| 2017 | 3 | 11 | 0 | 3 |

# 本章小结

立足环境与技术进步视角，探析产业结构对山东经济发展绿色全要素生产率产生的复杂影响关系。上节利用改进的非角度、非径向的超效率 SBM 模型度量山东 17 个地市 2008~2017 年的全要素生产率指数，本章进一步采用门槛回归技术实证分析产业结构对经济发展绿色全要生产率的作用机制，实证研究结果显示：

（1）通过研究全要素生产率的影响机制，分析了产业结构高级化对其产生的非线性影响。研究表明，门槛依赖变量产业结构高级化对绿色全要素生产率水平的提高有着显著影响，且存在显著的非线性关系，即显著的三重门槛效应，随着区域城镇化水平的提高，产业结构高级化对经济发展绿色全要素生产率的影响总体呈现强度增加的特征，显著性也从"显著"到"不显著"，然后演化为"更显著"的动态变化特征。

（2）控制变量产业结构合理化、人口素质、环境规制和科技投入对绿色全要素生产率均有着显著的正向影响，环境规制并未通过显著性检验，对外贸易与绿色全要素生产率负相关，且影响显著。

# 山东经济高质量发展的政策建议

参考国内外研究成果，依据经济发展基础理论分析，通过本书第三、第四、第五、第六、第七章经济高质量发展的测度评价、产业结构对经济高质量发展的线性和非线性影响关系，并借鉴发达国家和我国高质量发展的省域的发展经验，提出了驱动山东经济高质量发展的产业结构调整优化建议。

## 第一节　比较借鉴

### 一、发达国家

1. 美国：信息化巩固经济霸主地位

20 世纪 80 年代日本的迅速崛起，形成了对美国经济"霸主地位"的挑战，美国痛定思痛，紧抓以计算机技术、网络技术等为支撑的现代高新技术革命机遇，制定了一系列推动信息产业化、产业信息化的政策措施，确定了美国在全球 IT 领域的领先地位，由此带动了美国经济的全面转型，促进了美国经济发展质量的全面提升，造就了美国 20 世纪 90 年代"新经济"的兴起，推动了美国经济进入史无前例的"最长扩张期"，使美国由"二战"后的世界制造业大国成功转型成为知识技术、品牌服务为主的知识型、创新型国家。美国信息化及其经济发展现状可以概括为以下几个方面：首先，美国 IT 技术长期领跑世界。数据处理、存储、传输技术，是支撑信息化发展的核心技术。美国在数据处理、存储、传输技术方面，不仅长期领跑世界，而且持续更新、进步。其次，美国企业信息资源存量持续增加。随着美国信息化的快速发展，企业信息化程度越来越高。随着近年来国际经济形势的恶化，特别是受美国次贷危机、希腊主权债务危机等国际性经济、金融危机的影响，美国企业整体利润率明显下降，企业投资（包括科技研发投资）出现明显萎缩，企业信息化进程虽然有所减缓，但却并没有减少对信息资源的使用。事实上，信息技术在企业生产、经营中发挥着越来越重要的作用。再次，美国社会信息化过程持续深化。伴随着美国经济结构、产业结构的持续调整，信息技术在更深的程度向社会各领域扩散、渗透，信息产业化、产业信息化的步伐不仅没有停止，反而越来越快。最后，美国信息化影响领域持续扩散。随着美国网络热潮的逐渐消退，美国信息化也步入了结构调整的新阶段，并逐渐形成了以电子商务"虚拟企业"等为代表的新兴商业形式。特别是以互联网为支撑的"虚拟企业"，由于不需要厂房、机械、设备等硬件设施，投资门槛和投资风险较低，大批"虚拟企业"如雨后春笋般涌现出来，由于"虚拟企业"市场"无界"，一些企业被投资银行和风险资本看好，投资银行和风险资本的介入，进一步促进了产业结构调整和优化升级。从目前情况来看，美国信息革命推动产业结构调整方兴未艾，信息化的影响领域持续扩散，更推动了美国持续 20 多年的生产率"复活"，为美国"衰退期"生产率的强劲增长提供了新的活力，也为美国新经济复苏并保持未来经济强势奠定了良好基础。

美国在信息化道路上领跑世界，并将信息化深入渗透到美国的各个产业。在很大程度上，源于美国政府对信息化建设的大力推进：美国信息产业发展，以及以信息产业为主导的产业结构调整，始终是在美国政府的引导、参与下完成的。具体来讲，美国信息化建设的政策措施，可以概括为以下四个主要方面：一是信息化政策、计划的颁布实施。20 世纪 80 年代以来，美国政府颁布、实施了一系列旨在促进高新技术产业发展的政策和计划。二是构建多元化的投融资渠道。信息产业的发展离不开资金支持，尤其需要风险资金支持，美国采取了"加大政府财政投入、带动民间资本介入"的战略，为信息产业的发展构建了多元化的投融资渠道。三是强化科技转化和知识产权保护。在信息化道路上，美国特别重视科技成果转化和知识产权保护。四是强化人力资源开发、鼓励技术创新。信息化建设对劳动力素质提出了较高的要求。为了满足信息化建设对人才的需求，美国政府加快了教育改革进程、加大了教育投资力度，促进了人力资源的开发。

信息化建设不仅促进了美国信息产业化发展，而且推动了美国产业信息化进程；不仅促进了美国经济的持续增长，而且提升了美国经济增长的质量。信息化降低了美国企业的生产成本，促进了低碳经济发展；延缓了美国经济衰退，缓解了美国经济的周期性波动；推动了产业结构升级，促进了投资结构优化；降低了通货膨胀水平，促进了就业率的提升和就业结构的改善。因此，信息化不仅促进了美国经济数量的增长，更促进了美国经济增长质量的提升，巩固了美国在世界经济中的"霸主地位"。

2. 日本：技术创新推动经济飞跃发展

日本近年来始终以"赶超型国家"姿态出现。"二战"以后，依靠其独特的技术创新战略，日本成功地实施了赶超战略，并在较短时间内达到（甚至在某些方面超越）欧美发达国家水平。在这个过程中，日本不仅实施了一系列旨在赶超欧美国家的财政金融政策、产业扶持政策、经济计划政策，还从政府组织、制度设计等层面进行了相应调整，不仅实现了经济总量的快速增长，也实现了经济质量的全面提升。在整个赶超战略中，日本坚持贸易立国，遵循"技术推动型经济增长"的原则，通过持续的技术创新，实现了资源优化配置和高效利用，推动了产业结构的持续升级，也促进了国内经济的高速增长。

"二战"后，日本在经济增长方面的突出成绩在很大程度上要归功于其独特的技术创新模式，以及独特的技术创新制度环境。可以说，良好的制度环境，是日本技术创新取得成功的"土壤"。深入分析日本技术创新的制度环境，将有利于我们更好地把握日本技术创新与经济增长规模扩张、质量提升之间的动态关系。良好的市场环境，是日本技术创新得以市场化运作的基础，也是日本技术创新取得成功的关键所在：首先，从市场竞争与技术创新的关系来看，从某种程度来讲，日本企业间独特的市场竞争环境，成功塑造了日本经济的制度特征。其次，从企业规模与技术创新的关系来讲，战后日本企业经历了"财团解散"与"合理化重组"，形成了独具日本特色的企业规模结构。最后，从市场开放与技术创新的关系来讲，战后日本确立了"贸易立国"战略：一方面，是坚持"市场开放"的原则，主要是利用市场竞争机制，形成对企业强有力的鞭策，使企业在"自由化压力"中成长、壮大；另一方面，在坚持"市场开放"的同时，日本也注重对"新兴产业"的保护和培育。

日本战后经济的高速度、高质量增长，在很大程度上要归功于持续的技术创新，而技术创新的源泉在于良好的政策环境。作为后进国家，为落实其经济赶超战略，日本将"引导产业技术发展方向，推动技术发展和赶超"列为政府工作的重点。可以说政府政策是日本技术创新的源泉，也是日本技术创新体系高效运转的基础。

日本产业结构调整的突出特点就是根据经济发展的目标和市场需求，制定相应的产业政策从而促进经济的发展，日本的产业政策可以分为产业结构政策和产业组织政策，产业结构政策对产业结构调整的成功起到了关键性的作用；产业组织政策则是整个产业政策实施的重要保障。第一，合理选择主导产业，给予政策扶持。在日本战后的经济发展中，日本政府采用了佐贯利雄的"战略产业领先增长论"，随着经济增长和产业结构的变化，适时地调整主导产业。"二战"后，日本的主导产业从轻工业转到火力发电业、石油加工业、石油化学工业、钢铁工业等重化工业，之后又把主导产业自觉地转为汽车、家用电器业等机械、电子工业，各种主导产业为其他关联产业和基础产业创造着机会和条件，整个国家的经济规模也随之扩大，制定科学的以发展主导产业为中心的产业结构政策，在此过程中发挥了巨大的作用。第二，根据产业发展规律确定调整产业结构的方向。日本产业结构调整初期生产力低下，产业结构落后。为了打破这种产业结构的后进性，筱原三代平在研究了产业发展动力的基础上提出了两条规划产业结构的标准：收入弹性基准和生产率上升率基准。根据这两个标准，日本政府确定了当时需要促进发展的主导产业和潜在主导产业。这些产业中的许多产业在当时并非是日本的优势产业，但很有发展前途，于是，日本政府采取了全力扶植的办法，一方面对这些弱小产业进行保护，另一方面鼓励这些产业走上出口导向的发展路径。第三，通过技术进步促进产业结构演变。在日本的产业结构演进过程中，技术进步是一个重要因素。"二战"后，日本的技术水平已经大大落后于欧美发达国家，为了弥补这一差距，产业结构调整初期，日本提出了新商品、新工艺、新工厂的良性循环设想，通过从美国和西欧购买大量技术和设备，对国外先进技术进行引进、吸收和改造，倡导"技术立国"，短期内实现了重工业化。同时，日本的产业技术水平得到了迅速提高，在汽车制造、钢铁生产、家用电器制品、半导体技术和电子产品、原子能技术和精密机械等主要支柱产业部门中，其生产技术和产品质量都居世界前列，在世界市场上极具竞争力。第四，依靠市场机制，加强政府引导。日本产业政策能够发挥作用的一个重要原因在于政府适度的宏观调控作用。它通过财政金融政策控制社会总需求，通过产业政策发展重点产业部门，调控社会总供给，实现社会供需的总体平衡。但日本政府的宏观调控采用适度和间接诱导的方式，即制定的产业政策只是为国民经济各行业的发展指明一个大方向，为达到产业政策的目的，通过税收、信贷等手段鼓励相关产业的发展，并通过各种形式进行沟通和协调，说服相关产业与其合作。

在日本技术创新的过程中，政府扮演了重要的角色。不仅直接参与、协调了技术研发活动，同时也对企业技术创新行为提供强有力的保护和支持，不仅提升了日本在国际市场上的技术竞争力，也提升了日本经济增长的技术含量和质量。

3. 欧盟：低碳经济战略铸就美丽欧洲

欧盟是当今最大的经济体，其经济总量基本与美国持平。作为发展低碳经济的先驱，欧盟早在 20 世纪 70 年代，就开始重视环境保护问题。尽管过程并非一帆风顺，一些欧盟国家曾经选择"先发展后治理"的道路，但在经济发展遭到环境破坏后，又竭力治理环境，最终步入了"低能耗、低排放、低污染"的低碳经济发展道路。20 世纪 70 年代以来，针对工业化给经济社会、生态环境造成的一系列负面影响，欧盟各国纷纷意识到生态环境对经济社会发展的重要性，并将低碳经济视为"新工业革命"的开端，并采取了一系列推进低碳经济、绿色经济发展的对策措施。欧盟在发展低碳经济的过程中，不仅构建碳排放市场交易机制，采取了支持低碳经济发展的多种举措，而且还得到了企业和公众力量的广泛参与。通过发展低碳经济、绿色经济，推动了整个欧盟产业结构的转型和升级，在取得经济总量持续增长的同时，也实现了经济质量的持续提升：一是构建碳排放市场交易机制。二是多举措支持低碳经济发展。经济手段是欧盟促进低碳经济发展的主要措施。与此同时，欧盟还围绕节约能源、提高能源利用效率、发展新能源等，采取了包括法律、财税、金融等多种支持手段，以此促进低碳经济的发展。三是企业和公众力量广泛参与。低碳经济的推行，需要企业和公众的广泛支持、参与。

## 二、中国高质量发展省域

### 1. 广东

广东省为贯彻落实《国务院关于印发质量发展纲要（2011～2020）的通知》，大力提升广东省经济发展质量，全面推进质量强省建设，制定了本省的发展目标，部署了主要任务，并制定了保障措施。树立了产品质量、工程质量和服务质量三个方面的发展目标。一是产品质量方面的目标。指出生产加工环节及流通领域的产品质量安全水平稳步提高、质量发展基础进一步牢固，每年新增采用国际或国外先进标准的产品认可数量不少于1300个。2020年，产品质量保障体系更加完善，产品质量安全指标全面达到国家强制性标准要求，质量创新能力和品牌竞争力明显提高，品种、质量、效益显著改善，节能环保能力大幅提升，能基本满足人民群众日益增长的质量需求。农产品和食品实现优质、生态、安全，传统优势产业和战略性新兴产业的产品质量水平达到或接近国际先进水平，实现从制造业大省向制造业强省转变。二是工程质量方面的目标。广东省提出工程质量水平要显著提升、工程质量技术创新能力明显增强，到2020年，建设工程质量水平全面提升，国家重点工程质量达到国际先进水平，人民群众对工程质量满意度显著提高。三是服务质量方面的目标。生产服务业质量全面提升，生活性服务业质量显著改善，到2020年全面实现服务业的标准化、规范化和品牌化，服务业质量水平显著提升，建成若干国家级综合服务业标准化试点，骨干服务企业和重点服务项目达到或接近国际先进水平，服务业品牌价值和效益大幅提升，推动实现服务业大发展。

广东省为了推进质量强省建设，部署八项主要任务和三项保障措施。主要任务包括：强化企业质量主体作用、创新质量发展机制、加强质量安全监管、优化质量发展环境、深入实施技术标准战略、全面提升产品质量、大力提升工程质量、重点提升服务质量，通过加强组织领导、加大政策扶持力度、加强宣传引导保障质量发展主要任务的完成。

2. 浙江

浙江省全面推进标准强省、质量强省、品牌强省建设，不断转变经济发展方式，提高发展质量和效益。首先落实供给侧结构性改革，以创新实现动力转换，推动"三强"建设；破解资源要素制约瓶颈，以绿色引领速度换挡；补齐经济社会发展短板，以协调推动结构优化；接轨国际领域发展前沿，以开发拓展发展空间；保障人民群众切身利益，以共享增进民生福祉。其次建立起主体融合、任务协同、支撑科学的"三强"建设新体系，推进标准、质量、品牌"三位一体"融合发展，促进浙江制造、浙江服务、浙江环境、浙江工程"四大"任务协同提升，统筹推进信用体系、质量监管、技术支撑、社会共治、人文保障"五大"支撑体系建设，不断开创"三强"建设新局面。实现三大目标：一是由"标准大省"向"标准强省"转变，率先迈入标准时代；二是由"质量大省"向"质量强省"转变，率先迈入质量时代；三是由"品牌大省"向"品牌强省"转变，率先迈入品牌时代。

浙江省为了推进质量强省建设，部署了四大任务，并建设了五大支撑体系。具体为：推进"浙江制造"提质增效，扩大"浙江服务"优质供给，深化"浙江环境"保护治理和提升"浙江工程"标准品质；完善信用浙江体系、夯实质量管理体系、强化技术支撑体系、构建社会共治体系和健全人文保障体系。

3. 上海

上海推动"创新驱动，转型发展"提高上海总体质量水平。部署实施"以质取胜""品牌发展"和"标准引领"三大战略，完善质量工作体制、推进质量法制建设和加快质量人才培养等任务。提出产品质量、工程质量、服务质量和人居质量四大质量发展目标，2020 年，产品质量安全可靠，结构更趋合理，性质更趋完善，附加值大幅提升，产品质量总体水平全国领先，形成一批具有较强竞争力的自主品牌；建设工程质量水平全面提升，重大工程质量创优率稳步提升，建筑行业实现从高消耗、高排放向绿色低碳和集约化发展；在服务质量方面，服务业标准化建设深入推进、服务质量综合评价体系基本建立，供应链质量管理不断加强，质量水平及顾客满意度显著提升，培育形成一批具有自主知识产权和国际影响力的知名服务品牌。在人居质量方面，实现交通运输、居住环境、生态环境明显改善，资源节约型、环境友好型城市的建设目标基本实现，生态更加优质健康。

上海为了推进质量强市，强化企业质量主体作用从四方面进行：严格企业质量主体责任、提高企业质量管理水平、加快企业技术创新、推动企业履行社会责任。加强质量安全监管，切实加强源头治理，强化市场监督管理，对涉及公共安全、人身健康和生命财产安全的产品和企业，实施最严的准入、最严的管理、最严的执法、最严的处罚、最严的问责，不断提高质量安全水平。另外不断提高质量发展能力，不断完善质量发展制度，实施质量发展工程，做好组织实施和配套。

4. 江苏

江苏为全面加强质量工作，提升质量总体水平，促进经济发展方式转变，进一步增强江苏经济社会发展综合实力，充分认识推进质量强省重要性的同时，部署系列举措，首先，强化质量安全监管，完善质量安全监管机制，加强质量诚信体系建设，打击质量违法行为；其次，创新质量发展机制从五个方面开展：完善质量工作体制机制、健全质量评价考核机制、强化质量准入退出机制、创新质量发展机制和完善品牌发展机制；再次，加强质量基础建设、加强质量创新能力、加强标准化工作、加强技术基础工作、加快公共服务平台建设和实施质量提升工程；最后，部署保障质量强省建设措施，从加强组织领导、加大政策扶持力度和优化质量发展环境方面入手。

综上所述，各省在探索经济高质量发展道路上，既有成功经验可供参考，也有失败案例可资借鉴。在上述分析中，我们仅仅对样本国家和省域的某个方面进行了阐述。事实上，任何国家或省域在经济建设领域取得的成功，绝不是依靠某一种具体的措施或手段，而是多管齐下，采取多项措施取得的综合效果。同样，在经济建设领域走向失败，而不是单一因素、偶然因素作用的结果。

# 第二节　产业结构视角的高质量发展路径建议

本节在测度山东各地市经济发展质量的基础上，并基于对产业结构与经济发展质量耦合关系及影响的研究，借鉴国内外经济高质量发展经验，从产业结构视角提出如下山东经济高质量发展的建议。

## 一、牢固树立高质量发展理念

2015 年 7 月 17 日，习近平总书记在吉林考察时指出，"质量是企业的立身之本"。在告别短缺经济、进入相对丰裕社会的现代市场洪流中，围绕产品质量的竞争更加激烈，过硬的产品质量成为市场竞争力的直接砝码。质量不仅是一个微观问题，而且是一个宏观问题、一个中观问题。在如何处理经济发展速度、质量和效益三维关系上，习近平总书记立足于我国经济已由高速增长阶段转向高质量发展阶段的新时代实践，在党的十九大报告中明确提出必须坚持"质量第一、效益优先"，确立了质量和效益在新时代发展三维关系中的战略位置。在 2017 年 12 月召开的中央农村工作会议上，习近平总书记进一步指出，"质量就是效益，质量就是竞争力"[①]，科学阐释了质量与效益的统一关系，再次强调了质量的重要性。我们必须而且始终坚持社会效益的首要位置，坚持社会效益和经济效益的有效结合，经济效益绝不能代替社会效益成为衡量保护实践成败的最主要因素，要坚决避免出现"端祖宗碗，吃子孙饭"的现象[②]。只有树立高质量发展替代高速发展的理念，才能从正面系统地讨论习近平新时代中国特色社会主义经济思想，才能实现山东经济高质量发展。

---

① 中国质量报评论员. 质量就是效益就是竞争力 [N]. 中国质量报, 2018-02-26（001）.
② 张兆林. 非物质文化遗产保护实践中的商业活动探究——以我国传统木版年画为核心个案 [J]. 艺术百家, 2018, 34（1）: 240-245.

## 二、强化促进"产城"联动

产业结构、城镇化对经济发展的联动效应研究发现，相较于产业结构合理化、产业结构高级化的影响，城镇化对山东经济发展的弹性系数最大，城镇化水平是促进经济发展的主要因素，城镇化水平对经济发展具有积极的促进作用。产业结构高级化对经济发展影响的弹性系数均为负值，产业结构高级化水平提高没有有效对经济发展发挥积极的促进作用，影响程度呈现上升下降的交替更迭态势。2008 年以来山东省第一产业产值占比逐渐降低，从 2008 年的 9.7 个百分点降低到 2017 年的 6.7 个百分点，第二产业产值占比从 2008 年的 56.8% 降低到 2017 年的 45.4%，第一、第二产业产值占比不断降低，第三产业产值不断增加，第三产业产值从 2008 年的 10358.6 亿元增加到 2017 年的 34858.6 亿元，年产值增加 24499.9 亿元，增幅高达 236.5%。产业结构高级化指标也在不断提高，产业结构高级化水平采用第三产业占比第二产业比值来衡量，高级化水平指数也从 2008 年的 2.238 提高到 2017 年的 2.41。山东城镇化水平不断提高，自 2008 年的 49% 提高到 2017 年的 60%，城镇化水平不断提高为城市发展提供源源不断的劳动力，第一产业产值占比不足 10%，劳动力占比却高于 35%，意味着超过 1/3 的人口创造的产值不足 10%，劳动生产率严重偏低，农村人口城镇化转移，需要为转移人口提供更多的就业岗位，他们主要聚集于第三产业技术要求不高的行业，所以要实现山东经济高速高质量发展，一方面要不断推进新型城镇化；另一方面也要不断优化产业结构，提高产业结构高级化水平，产业结构调整和城镇化联动推进。尤其在中国普遍存在的"结构性减速"的大时代背景下，山东实现新型城镇化与信息化、现代农业的联动发展，推进产业结构和城镇化融合，充分发挥产业发展与城镇化"协同效应"，对于促进山东经济高质量发展具有重要意义。因此，山东政府管理要转变职能，一方面要建立健全市场经济体制，并积极创造合理的营商政策环境，着力区域人口素质提高，尤其是农村人口技术水平提高，为城镇化转移提供条件；另一方面，要制定合理的援助激励政策，促进山东创新企业发展，实现产业结构现代化。

## 三、深入推进产业结构调整

党的十九大提出，要深化供给侧结构性改革，建设现代化经济体系，加快建设制造强国，支持传统产业优化升级，加快发展现代服务业，促进我国产业迈向全球价值链中高端，形成节约资源和保护环境的空间格局、产业结构。山东落实党的十九大精神制定并出台一系列支持引导政策，加快了现代化产业体系的布局，积极发展信息技术、新能源和新材料等战略性新兴产业，但是山东各地市经济发展水平存在显著差异，并非所有地区均达到较高的发展阶段。山东西部等经济欠发达地区，由于受到自身发展条件及区位劣势的限制，摒弃自己传统的优势产业而一味地盲目追求产业结构高级化，以牺牲本地经济绿色发展代价，不利于区域经济的高质量发展。因此，各地市要按照"创新、协调、绿色、开放、共享"的新理念，结合本地实际，制定符合产业发展规律的财税政策、融资政策、技术政策、人才政策、环保政策等产业发展政策工具[1]，因地制宜地发展区域特色产业，不断壮大优势产业，积极培植新兴产业，不断推动产业结构的合理化和高级化，提高经济发展效率，实现绿色协调发展，实现区域经济高质量发展。

## 四、建立区域产业协调机制

山东区域经济发展表现为空间梯度格局，高经济绩效主要集中在东营、烟台、威海和青岛等东部沿海区域，潍坊、淄博、济南等中部省域经济发展效率其次，经济发展效率较低的区域主要集中在山东中西部地区。经济发展质量综合指数整体也呈现出东高西低的特征，均值最低的是菏泽市，最高的是青岛市，从空间格局角度来看，"蓝区"的经济发展质量综合指数均值最高，然后是"黄区""一圈"和"一带"依次递减，有一定的地理区位上的集聚性。山东应重点挖掘空间梯度格局下的"一圈"和

---

① 张宪昌．我国新能源产业发展政策研究［M］．北京：经济科学出版社，2018：60．

"一带"的经济发展潜力，未来山东应该充分认识和利用空间梯度发展格局下的区域要素转移机遇，要特别对中部经济"塌陷"向中部效率"凹地"转变这一现象给予高度重视。山东经济发展要提升"蓝区"创新水平，重点解决"一圈"和"一带"等资源型地区和欠发达区域产业结构升级问题，这也将是引领山东第二次快速发展的重点区域。

# 本章小结

山东经济高速发展，取得了一定的成绩，但经济发展质量工作还存在一些问题和差距，主要表现在：经济总量大，但质量竞争力不够强，质量发展状况不平衡；片面追求发展速度和数量，忽视发展质量和效益的现象在有些地区仍然存在、制约质量创新和发展的深层次矛盾还没有根本解决。本章根据第三章至第七章的相关研究结论，思考如何从产业结构视角促进山东经济提质增效，并提出牢固树立高质量发展理念、强化促进"产城"联动、深入推进产业结构调整和建立区域产业协调机制四个方面的产业发展建议。

# 结论与展望

本书的结论总体上可以归纳为两大部分：第一部分回答的是山东经济发展质量如何，受到哪些因素的影响，产业结构如何影响山东经济发展质量；第二部分回答的是如何提高山东经济发展质量。

## 第一节　主要结论

本书在分析国内外相关研究成果的基础上，以经济发展的区域经济发展理论、经济增长理论、高质量发展理论等为理论支撑，在构建经济高质量发展评价指标体系的基础上，运用熵值法测度 17 个地市经济高质量发展综合指数；利用 2007～2017 年山东省 17 个地市的经济绩效和全要素生产率面板数据，构建非期望产出的超效率 SBM 模型和全要素生产率评价模型，测度各指标统计值，对比分析了山东省各地市和"两区一圈一带"的空间区域差异和随时间的变动趋势；采用灰色关联分析考察产业结构合理化、产业结构高级化与山东经济发展质量的耦合协调关系，采用状态空间模型分析产业结构、城镇化对经济增长的联动效应，并进一步采用门槛面板模型分析产业结构对经济发展效率的非线性复杂影响。从产业结构视角下提出山东经济高质量发展的路径建议，以期为山东省经济高质量发展对政策制定提供决策参考。本书的主要研究结论如下。

（1）山东省经济绩效具有显著的区域差异性。"蓝区"处于领先地位，"黄区""一圈""一带"依次递减，各区域大体上都呈现"U"型变化趋势；各地市的ML指数存在明显的区域差异性，且随时间推移波动幅度较大，但各区域变化趋势较为一致，多数年度存在全要素生产率的降低；各地市技术效率的区域差异性不明显，大部分城市都存在技术效率的改善，"一带"的技术效率统计值的波动明显比其他三个地区更为强烈；四个区域的技术进步统计值是所有指标中变化趋势最为一致的，2010～2016年，几乎所有区域都存在技术退步，这一情况需要引起重视。

（2）山东省17个地市、"两区、一圈、一带"四个区域，在全部六项指标上的变动趋势都较为一致，2008～2016年经济发展质量波动平稳，2017年，经济发展质量的各个方面都得到了显著提升。"两区、一圈、一带"四个区域中，"蓝区"在各指标上的表现都较为优秀，除共享指数次于"黄区"外，其他五项指标的统计均值均居全省首位，说明山东半岛蓝色经济区以其地理区位优势为依托，加上合理的发展路径和政策方向，在创新、协调、绿色、开放和共享五个方面的发展已颇具成效，经济发展质量较高；而"一带"大多数指标都排名全省末位，说明经济增长质量有待提高，需要引起重视。

（3）山东省产业结构与经济高质量发展系统之间的耦合协调度的均值为0.677，处于初级协调水平，这表明产业结构与经济高质量发展之间存在明显的互动关系。产业结构与经济高质量发展之间的耦合协调度处于磨合耦合阶段，两者的协调水平等级为初级协调。山东产业结构与经济高质量发展系统之间的耦合协调度呈"W"型变化特征，表现为大幅度震荡、小幅度震荡和后期的持续上升。

（4）山东经济增长与产业结构、城镇化之间的联动效应。城镇化对经济增长的边际回归系数最大，产业结构合理化和产业结构高级化对经济增长的边际回归系数相对接近。相比产业结构合理化、产业结构高级化的影响，城镇化对经济增长的弹性系数最大，城镇化水平是促进经济增长的主要因素，1989～2017年考察期内，城镇化水平对经济增长的弹性系数呈现平稳态势，弹性系数整体呈现增加态势，考察期内城镇化水平对经济增长具有积极的促进作用；产业结构高级化对经济增长影响的弹性系数均为负值，产业结构高级化水平提高没有对经济增长发挥积极的促进作用，影响程度呈现上升下降的交替更迭态势；产业结构合理化对经济发展的影响呈现"U"型特征，第一阶段产业结构合理化促进了经济增长，第二阶段产业结构合理化抑制了经济增长，第三阶段产业结构合理化再次对经济发展具有积极的促进作用，并且影响系数增加。

（5）通过研究全要素生产率的影响机制，分析产业结构高级化对其产生的非线性影响。研究表明，门槛依赖变量产业结构高级化对绿色全要素生产率水平的提高有着显著影响，且存在显著的非线性关系，即显著的三重门槛效应，随着区域城镇化水平的提高，产业结构高级化对经济发展绿色全要素生产率的影响总体呈现强度增加的特征，显著性也从"显著"到"不显著"，然后演化为"更显著"的动态变化特征。控制变量产业结构合理化、人口素质、环境规制和科技投入对绿色全要素生产率均有着显著的正向影响，环境规制并未通过显著性检验，对外贸易与绿色全要素生产率负相关，且影响显著。

# 第二节　不足及展望

本书通过历史统计数据研究了山东经济高质量发展综合指数，并考察了产业结构与经济高质量发展的耦合协调关系，及其产业结构对经济发展影响的门槛溢出效应，取得了些许的研究成果。虽然如此，但本书还有很多有待继续完善之处：

第一，高质量发展指标设计。在高质量发展指标体系设计的研究中，采用熵值法测度各地市经济高质量发展指数，本书根据经验和历史文献进行了指标体系构建，数据的采集还存在不足，并且由于采集数据存在局限性，服务质量和产品质量等数据没有纳入体系，未完全充分反映区域经济高质量发展情况。

第二，高质量发展的其他影响因素。在高质量发展的影响因素研究中，本书选择了灰色关联，对状态空间模型和门槛面板模型进行分析，考虑了产业结构与经济高质量发展的耦合协调关系与门槛效应，没有涉及较为复杂的其他因素。除此之外，经济高质量发展还可能受更多不确定因素的影响，以后经济高质量发展的研究可以考虑采用更多的影响因素。

# 参考文献

［1］ Astor J T, Lovel C A K. Aglobal malmquist productivity index ［J］. Ecnomics Letters, 2005 （88）: 266-271.

［2］ Bai J. Estimating multiplea time ［J］. Econometric Theory, 1997, 13 （3）: 315-352.

［3］ Barro R J. Quality and quantity of economic growth ［R］. Central Bank of Chile, 2002: 3-5.

［4］ Bruckner M. Economic growth, size of the agricultural sector, and urbanization in africa ［J］. Journal of Urban Economics, 2012, 71 （1）: 26-36.

［5］ Bu M L, Liu Z B, Wagner M, Yu X. Corporate social responsibility and the pollution haven from multinationals' investment decision in China ［J］. Asia-Pacific Journal of Accounting & Economics, 2013, 20 （1）: 85-99.

［6］ Fare R , Grcosskopf S. Nonparametric productivity analysis with undesirable outputs: Comment: Paraetric Malmquist approach ［J］. Journal of productivity Analysis, 1992 （3）: 85-101.

［7］ Gunnar Alexdersson . The industrial structure of American cities ［M］. Beijing: Routledge, 2015.

［8］ Hansen B E. Inference in TAR Models ［J］. Studies in Nonlinear Dynamics & Econometrics, 1997, 2 （1）: 1-14

［9］ IIansen B E. Inference when a nuisance parameter is not identified under the null hypothesis ［J］. Econometrics: Journal of the Econometric Society, 1996, 64 （2）: 413-430

［10］ Hansen B E. Threshold effects in non-dynamic panels: Estimation, testing, and inference ［J］. Journal of Econometrics, 1999, 93 （2）:

345-368.

［11］Hoffmann R S. The role of reproduction and mortality in population fluctuations of voles ［J］. Ecological Mono-graphs, 1958, 28 (1): 79-109.

［12］Mlachila M, Tapsoba R, Tapsoba S J A. A quality of growth index for developing countries: A proposal ［R］. IMF Working Paper, 2014: 172.

［13］Tone K. Slacks -based measure of efficiency in data envelopment a-nalysis ［J］. European Journal of Operational Research, 2001 (130): 498-509.

［14］Wen-Jing Yi, Le-Le Zou, Jie Guo, Kai Wang, Yi-Ming Wei. How can China reach its $CO_2$ intensity reduction targets by 2020? A regional allo-cation based on equity and development ［J］. Energy Policy, 2011, 39 (5): 2407-2415.

［15］干春晖, 郑若谷, 余典范. 中国产业结构变迁对经济增长和波动的影响 ［J］. 经济研究, 2011 (3): 4-15.

［16］高璇. 我国共享经济发展难题及其应对策略研究 ［J］. 中州学刊, 2018 (9): 31-35.

［17］郭亚军. 综合评价理论、方法及应用 ［M］. 北京: 科学出版社, 2008.

［18］韩立达, 牟雪淞, 闫俊娟. 经济增长、产业结构升级对人口城镇化的影响研究——基于四川省数据的分析 ［J］. 经济问题探索, 2016 (10): 105-112.

［19］韩永辉, 黄亮雄, 王贤彬. 产业政策推动地方产业结构升级了吗？——基于发展型地方政府的理论解释与实证检验 ［J］. 经济研究, 2017, 52 (8): 33-48.

［20］贺晓宇, 沈坤荣. 现代化经济体系、全要素生产率与高质量发展 ［J］. 上海经济研究, 2018 (6): 25-34.

［21］付宏, 毛蕴诗, 宋来胜. 创新对产业结构高级化影响的实证研究——基于2000~2011年的省际面板数据 ［J］. 中国工业经济, 2013 (9): 56-68.

［22］华坚, 胡金昕. 中国区域科技创新与经济高质量发展耦合关系

评价［J］.科技进步与对策，2019，36（8）：19-27.

［23］华坚，任俊，徐敏，Eric Fong.基于三阶段 DEA 的中国区域二氧化碳排放绩效评价研究［J］.资源科学，2013，35（7）：1447-1454.

［24］黄聪英.中国实体经济高质量发展的着力方向与路径选择［J］.福建师范大学学报（哲学社会科学版），2019（3）：51-61+168.

［25］黄健柏，贺稳彪，丰超.全球绿色发展格局变迁及其逻辑研究［J］.南方经济，2017（5）：35-49.

［26］黄杰.中国绿色发展效率的区域差异及动态演进［J］.地域研究与开发，2018，37（4）：13-18+31.

［27］黄清煌，高明.环境规制对经济增长的数量和质量效应——基于联立方程的检验［J］.经济学家，2016（4）：53-62.

［28］黄群慧."新经济"基本特征与企业管理变革方向［J］.辽宁大学学报（哲学社会科学版），2016，44（5）：1-7.

［29］黄少安.新旧动能转换与山东经济发展［J］.山东社会科学，2017（9）：101-108.

［30］黄跃，李琳.中国城市群绿色发展水平综合测度与时空演化［J］.地理研究，2017，36（7）：1309-1322.

［31］霍国庆，杨阳，张古鹏.新常态背景下中国区域创新驱动发展理论模型的构建研究［J］.科学学与科学技术管理，2017，38（6）：77-93.

［32］蒋伏心，王竹君，白俊红.环境规制对技术创新影响的双重效应——基于江苏制造业动态面板数据的实证研究［J］.中国工业经济，2013（7）：44-55

［33］蒋金荷.中国碳排放量测算及影响因素分析［J］.资源科学，2011（4）：597-604.

［34］金乐琴.高质量绿色发展的新理念与实现路径——兼论改革开放 40 年绿色发展历程［J］.河北经贸大学学报，2018，39（6）：22-30.

［35］匡远配，唐文婷.中国产业结构优化度的时序演变和区域差异分析［J］.经济学家，2015（9）：40-47.

［36］蓝庆新，陈超凡.新型城镇化推动产业结构升级了吗？——基

于中国省级面板数据的空间计量研究 [J]. 财经研究, 2013, 39 (12): 57-71.

[37] 蓝庆新. "一带一路" 经济合作共谱和谐世界新篇章 [J]. 人民论坛, 2017 (27): 87-88.

[38] 冷崇总. 构建经济发展质量评价指标体系 [J]. 宏观经济管理, 2008 (4): 43-45.

[39] 李斌, 苏珈漩. 产业结构调整有利于绿色经济发展吗? ——基于空间计量模型的实证研究 [J]. 生态经济, 2016, 32 (6): 32-37.

[40] 李广培, 吴金华. 个体视角的绿色创新行为路径: 知识共享的调节效应 [J]. 科学学与科学技术管理, 2017, 38 (2): 100-114.

[41] 李娟伟, 任保平, 刚翠翠. 提高中国经济增长质量与效益的结构转化路径研究 [J]. 经济问题探索, 2014 (4): 161-167.

[42] 李璐. 经济波动与最优城镇化水平和速度研究 [J]. 中国人口·资源与环境, 2016, 26 (3): 145-152.

[43] 李平, 付一夫, 张艳芳. 生产性服务业能成为中国经济高质量增长新动能吗 [J]. 中国工业经济, 2017 (12): 5-21.

[44] 李献波, 林雄斌, 孙东琪. 中国区域产业结构变动对经济增长的影响 [J]. 经济地理, 2016, 36 (5): 100-106.

[45] 李献刚. 基于 RS-DEA 的我国寿险公司经营效率评价研究 [D]. 山东财经大学硕士学位论文, 2012.

[46] 李香菊, 杨欢. 助推我国经济高质量发展的税收优化研究 [J]. 税务研究, 2019 (5): 18-24.

[47] 李翔, 邓峰. 中国产业结构优化对经济增长的实证分析 [J]. 工业技术经济, 2017 (2): 3-9.

[48] 李小平, 卢现祥. 国际贸易、污染产业转移和中国工业 $CO_2$ 排放 [J]. 经济研究, 2010 (1): 15-26.

[49] 李习保. 区域创新环境对创新活动效率影响的实证研究 [J]. 数量经济技术经济研究, 2007 (8): 13-14.

[50] 李由. 开放条件下的中国区域经济发展问题 [J]. 北京师范大学学报 (社会科学版), 2006 (3): 74-82.

［51］李子豪，刘辉煌．FDI 对环境的影响存在门槛效应吗——基于中国 220 个城市的检验［J］．财贸经济，2012（9）：101-108.

［52］林卡，李骅，李勇．共享经济、共享发展与社会发展的导向——从共享经济案例看共享发展的关键［J］．福建论坛（人文社会科学版），2017（11）：107-113.

［53］刘明磊，朱磊，范英．我国省级碳排放绩效评价及边际减排成本估计：基于非参数距离函数方法［J］．中国软科学，2011（3）：106-114.

［54］刘帅．中国经济增长质量的地区差异与随机收敛［J］．数量经济技术经济研究，2019，36（9）：24-41.

［55］刘思明，张世瑾，朱惠东．国家创新驱动力测度及其经济高质量发展效应研究［J］．数量经济技术经济研究，2019，36（4）：3-23.

［56］刘习平，管可．湖北长江经济带绿色发展效率测度与评价［J］．统计与决策，2018，34（18）：103-106.

［57］刘友金，周健．"换道超车"：新时代经济高质量发展路径创新［J］．湖南科技大学学报（社会科学版），2018，21（1）：49-57.

［58］卢慧．基于 AHP-DEA 的高职院校校企合作伙伴选择研究［J］．对外经贸，2013（12）：151-153

［59］逯进，苏妍．人力资本、经济增长与区域经济发展差异——基于半参数可加模型的实证研究［J］．人口学刊，2017，39（1）：89-101.

［60］吕明元，陈维宣．中国产业结构升级对能源效率的影响研究——基于 1978－2013 年数据［J］．资源科学，2016，38（7）：1350-1362.

［61］罗军，陈建国．研发投入门槛、外商直接投资与中国创新能力——基于门槛效应的检验［J］．国际贸易问题，2014（8）：135-146.

［62］马大来，陈仲常，王玲．中国省际碳排放效率的空间计量［J］．中国人口·资源与环境，2015（1）：67-77.

［63］马东山，韩亮亮，张胜强．政府审计能够抑制地方政府债务增长吗？——财政分权的视角［J］．审计与经济研究，2019，34（4）：9-21.

[64] 马骏，蒋晓花，陈盼. 产业结构转换与经济发展新动力关系的实证分析 [J]. 工业技术经济，2018，37（5）：11-18.

[65] 马勇，李振. 城镇化、金融杠杆与经济增长 [J]. 金融评论，2016（3）：1-19.

[66] 裴庆冰，谷立静，白泉. 绿色发展背景下绿色产业内涵探析 [J]. 环境保护，2018，46（Z1）：86-89.

[67] 彭宇文，谭凤连，谌岚，李亚诚. 城镇化对区域经济增长质量的影响 [J]. 经济地理，2017，37（8）：86-92.

[68] 蒲晓晔，Jarko Fidrmuc. 中国经济高质量发展的动力结构优化机理研究 [J]. 西北大学学报（哲学社会科学版），2018，48（1）：113-118.

[69] 钱振华. 基于 DEA 的国家大学科技园创新绩效评价 [J]. 北京科技大学学报（社会科学版），2011（6）：86-92.

[70] 秦佳，李建民. 中国人口城镇化的空间差异与影响因素 [J]. 人口研究，2013，37（2）：25-40.

[71] 曲岩，王前. 城市扩张、城镇化与经济增长互动关系的动态分析 [J]. 大连理工大学学报（社会科学版），2016，36（4）：67-72.

[72] 任保平，李禹墨. 经济高质量发展中生产力质量的决定因素及其提高路径 [J]. 经济纵横，2018（7）：27-34.

[73] 任保平，李禹墨. 新时代我国高质量发展评判体系的构建及其转型路径 [J]. 陕西师范大学学报（哲学社会科学版），2018，47（3）：105-113.

[74] 任保平，文丰安. 新时代中国高质量发展的判断标准、决定因素与实现途径 [J]. 改革，2018（4）：5-16.

[75] 任晓聪. 中部地区城镇化对经济增长的影响研究 [J]. 工业技术经济，2016（4）：134-144.

[76] 阮云婷，徐彬. 城乡区域协调发展度的测度与评价 [J]. 统计与决策，2017（19）：136-138.

[77] 沈国云. 外商直接投资、对外开放与经济增长质量——基于中国汽车产业的经验实证 [J]. 经济问题探索，2017（10）：113-122.

[78] 师博, 任保平. 中国省际经济高质量发展的测度与分析 [J]. 经济问题, 2018 (4): 1-6.

[79] 师博, 张冰瑶. 新时代、新动能、新经济——当前中国经济高质量发展解析 [J]. 上海经济研究, 2018 (5): 25-33.

[80] 宋文飞, 李国平, 韩先锋. 价值链视角下环境规制对 R&D 创新效率的异质门槛效应——基于工业 33 个行业 2004-2011 年的面板数据分析 [J]. 财经研究, 2014 (1): 93-104.

[81] 宋旭光, 赵雨涵. 中国区域创新空间关联及其影响因素研究 [J]. 数量经济技术经济研究, 2018, 35 (7): 22-40.

[82] 随洪光, 余李, 段鹏飞. 外商直接投资、汇率甄别与经济增长质量——基于中国省级样本的经验分析 [J]. 经济科学, 2017 (2): 59-73.

[83] 孙国茂, 孙同岩. 经济增长中的全要素生产率研究——以山东省经验数据为例 [J]. 东岳论丛, 2017, 38 (11): 137-143.

[84] 孙金岭. 数据包络分析法的经济背景与应用 [J]. 生产力研究, 2012 (11): 29-30.

[85] 孙久文, 张可云, 安虎森, 贺灿飞, 潘文卿. "建立更加有效的区域协调发展新机制" 笔谈 [J]. 中国工业经济, 2017 (11): 26-61.

[86] 孙晓雷, 何溪. 新常态下高效生态经济发展方式的实证研究 [J]. 数量经济技术经济研究, 2015, 32 (7): 39-56.

[87] 孙叶飞, 夏青, 周敏. 新型城镇化发展与产业结构变迁的经济增长效应 [J]. 数量经济技术经济研究, 2016 (11): 23-40.

[88] 覃成林, 崔聪慧. 粤港澳大湾区协调发展水平评估及其提升策略 [J]. 改革, 2019 (2): 56-63.

[89] 田坤明, 阿不都热扎克·铁木尔. 新疆农村城镇化与产业结构关系研究 [J]. 新疆社会科学, 2010 (5): 38-43.

[90] 涂斌. 基于 DEA-Tobit 模型的文化事业财政支出效率的评价 [J]. 统计与决策, 2011 (12): 75-77.

[91] 汪发元, 郑军, 周中林, 裴潇, 叶云. 科技创新、金融发展对区域出口贸易技术水平的影响——基于长江经济带 2001-2016 年数据的时

空模型 [J]. 科技进步与对策, 2018, 35（18）: 66-73.

［92］王兵, 黄人杰. 中国区域绿色发展效率与绿色全要素生产率: 2000-2010——基于参数共同边界的实证研究 [J]. 产经评论, 2014, 5（1）: 16-35.

［93］王定祥, 黄莉. 我国创新驱动经济发展的机制构建与制度优化 [J]. 改革, 2019（5）: 80-91.

［94］王洪庆. 我国地区开放型经济发展水平动态变化趋势研究 [J]. 江西财经大学学报, 2015（4）: 3-12.

［95］王辉. 产业结构升级与经济增长关系的实证研究 [J]. 统计与决策, 2014（16）: 138-140.

［96］王惠, 王树乔, 苗壮, 李小聪. 研发投入对绿色创新效率的异质门槛效应——基于中国高技术产业的经验研究 [J]. 科研管理, 2016（2）: 63-71.

［97］王军, 李萍. 新常态下中国经济增长动力新解——基于"创新、协调、绿色、开放、共享"的测算与对比 [J]. 经济与管理研究, 2017, 38（7）: 3-13.

［98］王立新. 经济增长、产业结构与城镇化——基于省级面板数据的实证研究 [J]. 财经论丛, 2014（4）: 3-8.

［99］王锐, 朱显平. 产业结构、城镇化与经济增长 [J]. 中国流通经济, 2016, 30（4）: 64-71.

［100］王夏晖, 何军. 生态环保推动中国经济高质量发展的路径与行动 [J]. 环境保护, 2018, 46（11）: 7-10.

［101］王雄飞, 李香菊, 杨欢. 中国经济高质量发展下财政模式创新与政策选择 [J]. 当代财经, 2018（11）: 25-34.

［102］王业雯. 产业结构、消费结构与经济增长——基于广东省的实证分析 [J]. 经济问题探索, 2016（7）: 22-27.

［103］王一鸣. 深化改革推动经济高质量发展 [J]. 理论视野, 2018（11）: 9-13.

［104］王勇, 李海英, 俞海. 中国省域绿色发展的空间格局及其演变特征 [J]. 中国人口·资源与环境, 2018, 28（10）: 96-104.

[105] 魏婕，许璐，任保平．财政偏向激励、地方政府行为和经济增长质量 [J]．经济科学，2016 (3)：5-18.

[106] 魏伟，黄亚玲．当代中国经济社会协调发展研究综述 [J]．南京社会科学，2007 (11)：18-22.

[107] 温涛，王汉杰．产业结构、收入分配与中国的城镇化 [J]．吉林大学社会科学学报，2015，55 (4)：134-143.

[108] 邬晓霞，张双悦．"绿色发展"理念的形成及未来走势 [J]．经济问题，2017 (2)：30-34.

[109] 吴传清，黄磊．长江经济带工业绿色发展绩效评估及其协同效应研究 [J]．中国地质大学学报（社会科学版），2018，18 (3)：46-55.

[110] 吴传清，黄磊．长江经济带工业绿色发展效率及其影响因素研究 [J]．江西师范大学学报（哲学社会科学版），2018，51 (3)：91-99.

[111] 吴传清，宋筱筱．长江经济带城市绿色发展影响因素及效率评估 [J]．学习与实践，2018 (4)：5-13.

[112] 吴晓华．实施城乡协调发展政策加快二元经济结构转换 [J]．宏观经济研究，2009 (1)：14-20.

[113] 夏泽义，赵曦．城镇化、农业现代化、产业结构三角关系实证研究 [J]．社会科学家，2013 (8)：54-58.

[114] 肖功为．中国产业结构优化升级引致的城镇化效应研究——一个省级面板分位数模型的实证检验 [J]．财经理论与实践，2013 (9)：90-94.

[115] 肖国东．我国城镇化与产业结构互动关系研究 [J]．甘肃理论学刊，2014 (9)：154-157.

[116] 谢里，王瑾瑾．中国农村绿色发展绩效的空间差异 [J]．中国人口·资源与环境，2016，26 (6)：20-26.

[117] 邢军伟．产业结构升级、对外开放对经济增长及波动的影响效应分析 [J]．统计与决策，2016 (4)：144-147.

[118] 徐建伟．当前我国产业结构升级的外部影响及对策 [J]．经济纵横，2014 (6)：56-62.

[119] 徐志向，丁任重．新时代中国省际经济发展质量的测度、预判

与路径选择［J］. 政治经济学评论，2019，10（1）：172-194.

［120］许荻迪. 共享经济政策目标、政策导向与体系优化［J］. 改革，2018（4）：92-101.

［121］杨浩昌. 中国城镇化对经济增长的影响及其区域差异——基于省级面板数据的分析［J］. 城市问题，2016（1）：58-63.

［122］杨孟禹，张可云. 服务业集聚、空间溢出与经济增长质量——基于中国省际空间面板杜宾模型的经验研究［J］. 财经论丛，2016（3）：3-10.

［123］杨世迪，韩先锋，宋文飞. 对外直接投资影响了中国绿色全要素生产率吗［J］. 山西财经大学学报，2017，39（4）：14-26.

［124］杨文举，文欢. 长江经济带高质量发展的理论探索和现实思考——"2018·长江经济带高质量发展研讨会"综述［J］. 西部论坛，2019，29（1）：116-119+124.

［125］杨艳琳，赵荣钧. 我国产业结构合理化综合测评体系研究［J］. 工业技术经济，2017，36（8）：74-82.

［126］杨志江，文超祥. 中国绿色发展效率的评价与区域差异［J］. 经济地理，2017，37（3）：10-18.

［127］叶明确，方莹. 出口与我国全要素生产率增长的关系——基于空间杜宾模型［J］. 国际贸易问题，2013（5）：19-31.

［128］于斌斌. 产业结构调整与生产率提升的经济增长效应——基于中国城市动态空间面板模型的分析［J］. 中国工业经济，2015（12）：83-98.

［129］于扬，吴鸣然，吴兆丹. 中国农业经济增长的动力分析［J］. 统计与决策，2019，35（16）：120-124.

［130］袁润松，丰超，王苗，黄健柏. 技术创新、技术差距与中国区域绿色发展［J］. 科学学研究，2016，34（10）：1593-1600.

［131］岳书敬，邹玉琳，胡姚雨. 产业集聚对中国城市绿色发展效率的影响［J］. 城市问题，2015（10）：49-54.

［132］张车伟. 理解中国的创新和创新经济［J］. 中国人口科学，2017（6）：7-12.

［133］张车伟，赵文，王博雅．经济转型背景下中国经济增长的新动能分析［J］．北京工商大学学报（社会科学版），2019，34（3）：117-126．

［134］张成，陆旸，郭路，于同申．环境规制强度和生产技术进步［J］．经济研究，2011（2）：113-124．

［135］张红．长江经济带经济发展质量测度研究［J］．上海金融，2015（12）：19-24．

［136］张红霞，王丹阳．要素投入、产业结构合理化与产业结构高级化——基于山东省面板数据的动态 GMM 检验［J］．华东经济管理，2016，30（3）：57-62．

［137］张华，丰超，时如义．绿色发展：政府与公众力量［J］．山西财经大学学报，2017，39（11）：15-28．

［138］张文宇，于琦，杨风霞，樊海燕．创新驱动战略下区域制造业绿色创新能力评价——基于 30 个地区数据的复杂网络建模分析［J］．工业技术经济，2018，37（8）：86-94．

［139］张先锋，韩雪，张庆彩．基于偏最小二乘模型的碳排放区域差异及影响因素的实证分析［J］．工业技术经济，2013（7）：100-109．

［140］张优智．我国科技投入与经济增长的动态关系研究［J］．科研管理，2014，35（9）：58-68．

［141］张月友，董启昌，倪敏．服务业发展与"结构性减速"辨析——兼论建设高质量发展的现代化经济体系［J］．经济学动态，2018（2）：23-35．

［142］张志，龚健．国内外城乡协调发展理论与模式研究综述［J］．资源开发与市场，2014，30（2）：198-201．

［143］张宗益，伍焓熙．新型城镇化对产业结构升级的影响效应分析［J］．工业技术经济，2015（5）：101-109．

［144］赵东明，白雪秋．城乡协调发展的理论基础及启示［J］．经济纵横，2015（4）：73-76．

［145］赵可，徐唐奇，张安录．城市用地扩张、规模经济与经济增长质量［J］．自然资源学报，2016，31（3）：390-401．

[146] 赵文军，于津平．贸易开放、FDI 与中国工业经济增长方式——基于 30 个工业行业数据的实证研究 [J]．经济研究，2012，47 (8)：18-31.

[147] 赵显洲．我国城市化与经济发展相互关系的动态分析 [J]．中国软科学，2006 (9)：116-121.

[148] 周慧，苗洪亮，曾冰．创新驱动、城镇化与区域经济增长——基于空间溢出及门槛效应的实证分析 [J]．经济问题探索，2017 (4)：95-102.

[149] 周慧．中部地区城镇化对经济增长的空间溢出效应——基于地级市面板数据分析 [J]．经济问题探索，2016 (4)：79-87.

[150] 朱子云．中国经济增长质量的变动趋势与提升动能分析 [J]．数量经济技术经济研究，2019，36 (5)：23-43.